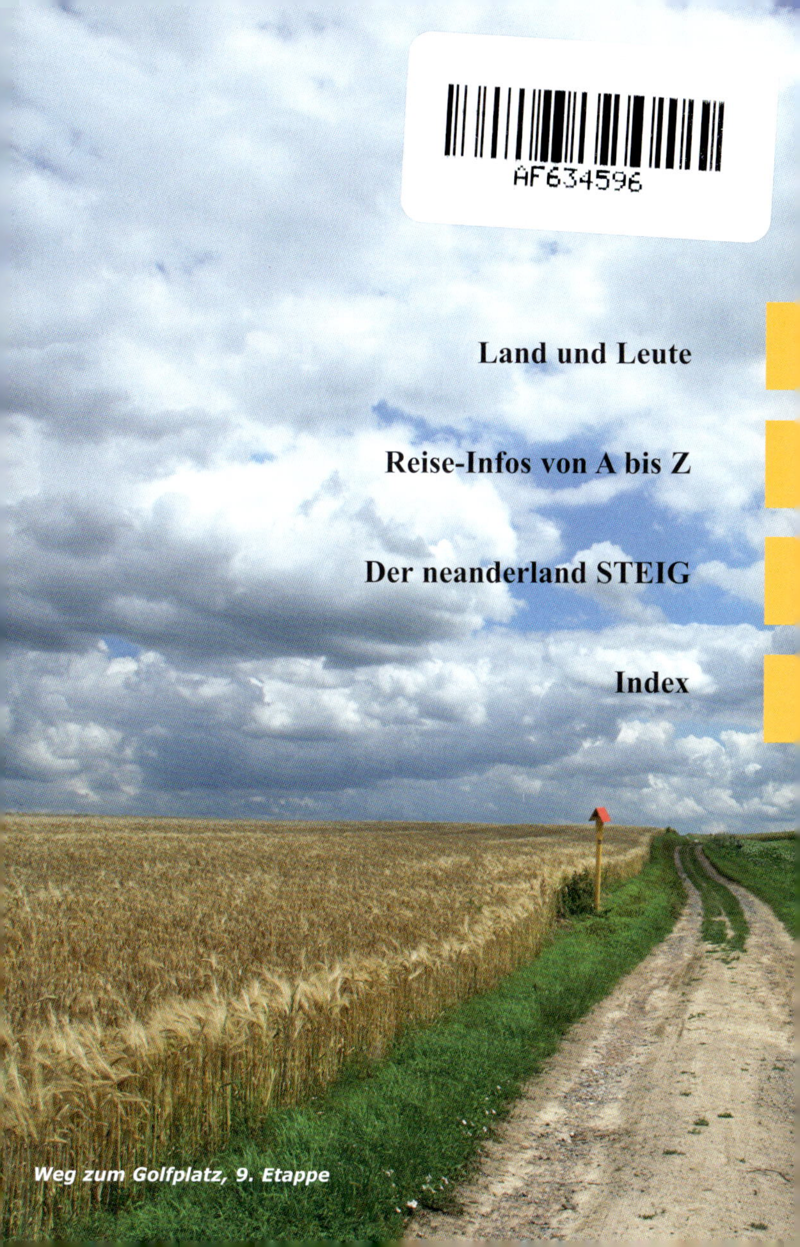

Land und Leute

Reise-Infos von A bis Z

Der neanderland STEIG

Index

Weg zum Golfplatz, 9. Etappe

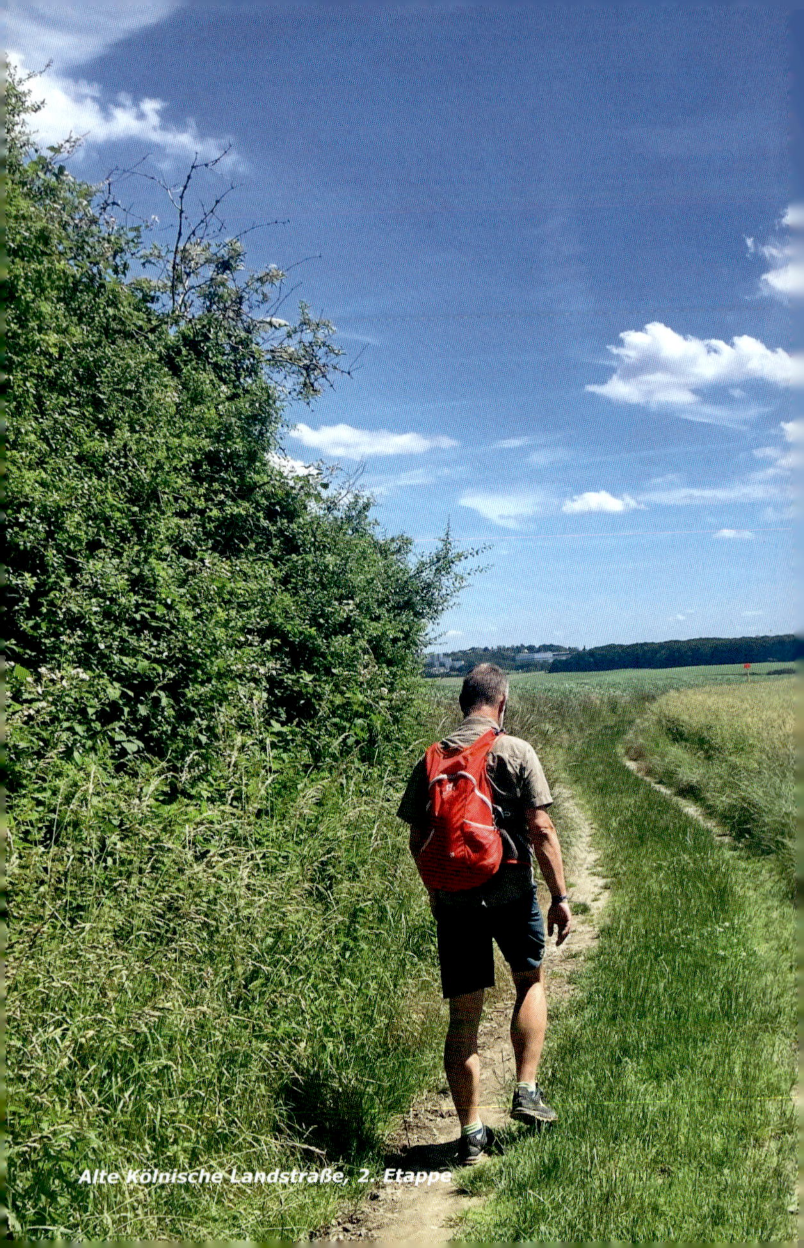

Alte Kölnische Landstraße, 2. Etappe

Band 477

OutdoorHandbuch

Michael Driever

neanderland STEIG

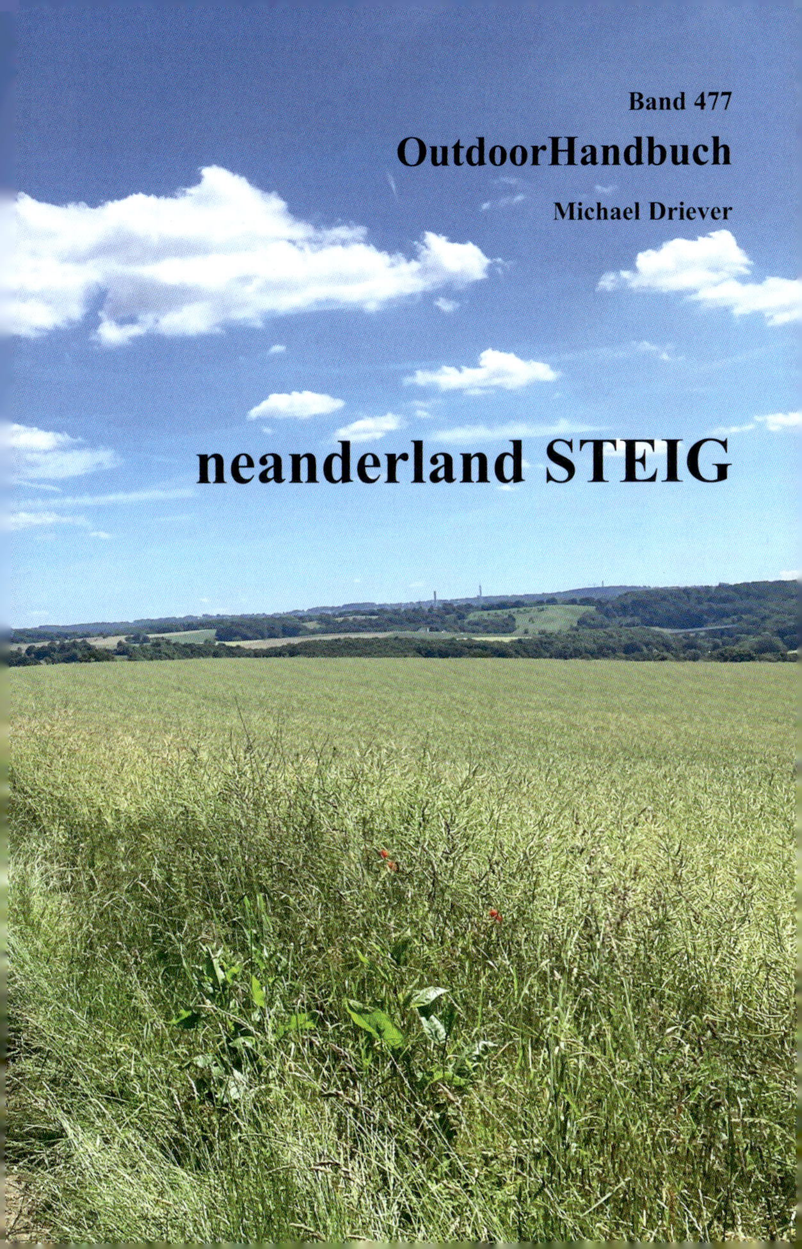

neanderland STEIG

Dieses OutdoorHandbuch wurde konzipiert und redaktionell erstellt vom:

Conrad Stein Verlag GmbH
Kiefernstr. 6, 59514 Welver
☎ 023 84/96 39 12
info@conrad-stein-verlag.de
www.conrad-stein-verlag.de
www.facebook.com/outdoorverlag
www.instagram.com/outdoorverlag

Klimaneutral Druckprodukt ClimatePartner.com/53106-2212-1002

Als Outdoor-Verlag sind uns der Schutz und die Erhaltung der Natur seit jeher ein besonderes Anliegen. Auch in Sachen Klimaschutz haben wir eine Vorreiterrolle inne: Wir sind der einzige Buchverlag in Deutschland, der bereits seit 2008 seine Bücher konsequent klimaneutral in Deutschland produzieren und transportieren lässt. Dabei wird nicht nur klimaneutral, sondern auch nachhaltig, d. h. so umweltschonend wie möglich produziert, z. B. durch die Auswahl von umweltfreundlichen Materialien. Die bei der Produktion der Bücher entstandenen CO_2-Emissionen werden durch die Unterstützung von zertifizierten Klimaschutzprojekten ausgeglichen. Jedes Buch wird daher mit dem Logo „klimaneutral" und einer Climate-Partner-Zertifikatsnummer versehen. Mithilfe dieser Nummer können Sie unter www.climatepartner.com Informationen zu der eingesparten CO_2-Menge und dem Projekt finden, das mit der Abgabe gefördert wird.

Das Engagement des Conrad Stein Verlags wurde im Rahmen des Projekts „Klimaneutraler Buchverlag" mit dem Westenergie Klimaschutzpreis 2022 ausgezeichnet.

OutdoorHandbuch Band 477

ISBN 978-3-86686-731-4 1. Auflage 2023

Text und Fotos: Michael Driever
Karten: Manuela Dastig
Lektorat: Anna-Lena Ebner
Layout: Alexandra Sauerland

Gesamtherstellung: AZ Druck und Datentechnik GmbH, Kempten

Dieses OutdoorHandbuch hat 160 Seiten mit 47 farbigen Abbildungen sowie 23 farbigen Kartenskizzen im Maßstab 1:50.000, 17 farbigen Höhenprofilen und einer farbigen, ausklappbaren Übersichtskarte.

Autor und Verlag freuen sich über Ihr Feedback. Schreiben Sie Ihre Tipps und Verbesserungen an info@conrad-stein-verlag.de oder nutzen Sie unsere Social-Media-Kanäle. Bitte nennen Sie dabei Titel, Auflage und Seitennummer.

Dieses Buch ist im Buchhandel und in Ausrüstungsläden erhältlich und kann im Internet oder direkt beim Verlag bestellt werden.

Titelfoto: In der Elfringhauser Schweiz, 4. Etappe

Inhalt

☺ Eine **Übersichtskarte** des Weges, **Autorenprofil** sowie eine Liste aller verwendeten **Symbole** in diesem Buch finden Sie auf den vorderen und hinteren Umschlagseiten bzw. -klappen.

Unterwegs im Neanderland

Willkommen auf dem neanderland STEIG!

Im Neandertal zwischen Erkrath und Mettmann wurden 1856 die Überreste eines vor 40.000 Jahren ausgestorbenen Urmenschen gefunden. Er erhielt den Namen Neandertaler. Von diesem weltbedeutenden Fundort leitet sich der Name vom Rundweg neanderland STEIG ab. In 17 Etappen führt der Fernwanderweg über 240 km einmal um den Kreis Mettmann herum. Es geht dabei durch Wälder und Moore, vorbei an Seen und Heiden, über Sandberge und alte Handelswege – aber auch zu historischen Stadtkernen, Steinbrüchen und Schlössern.

Der Weg ist aber nicht nur schön, sondern auch spannend: Sie gehen bei der Wanderung auf Zeitreisen durch die Erd- und Menschheitsgeschichte. In Museen tauchen Sie ab in Römerzeit und Mittelalter. Sie werden Scharfrichtern begegnen, Wundärzten, Serienmördern und Raubrittern, Urmenschen und Biberratten. Sie erfahren etwas über die Industrialisierung und Industriespionage, über Scheinflugplätze und Scheinfabriken. Sie sehen Flugzeuge, eine Saubrücke und eine Korkenziehertrasse. Am Wegesrand liegen aber auch Trinkhallen und Trimm-dich-Pfade, Wild- und Erholungsparks, alte jüdische Friedhöfe und die Quelle der Düssel.

Was den neanderland STEIG auch attraktiv macht: Falls Sie in einer der umliegenden Städte wie Düsseldorf, Essen oder Wuppertal wohnen, können Sie den ganzen Weg in Tagesetappen erwandern. Jede Etappe ist gut mit Bus und Bahn zu erreichen. Mit diesem Buch haben Sie alle Informationen für Ihre Wanderung zusammen: eine ausführliche Wegbeschreibung mit Karten, Höhenprofilen und GPS-Tracks. Hinzu kommen Empfehlungen für kurze Abstecher und Informationen zu Kultur und Geschichte, Anreise, Einkehr- und Unterkunftsmöglichkeiten.

Ich wünsche Ihnen eine schöne Wanderung durch Natur und Geschichte.

Michael Driever

Land und Leute

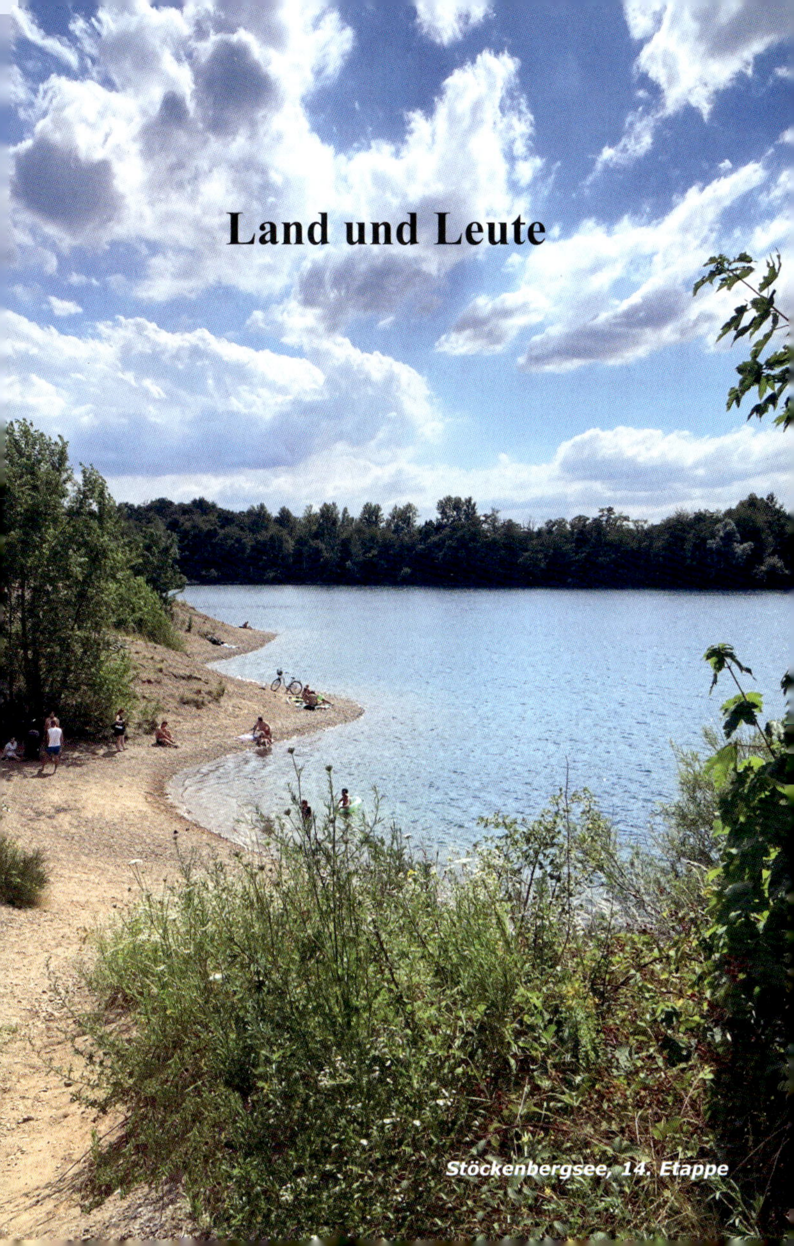

Stöckenbergsee, 14. Etappe

Der Kreis Mettmann und seine Nachbarn

Nordrhein-Westfalen liegt im Westen von Deutschland. In der Mitte des Bundeslandes liegt der Kreis Mettmann, der sich unter dem Namen „neanderland" kulturell und touristisch vermarktet. Der neanderland STEIG verläuft entgegen dem Uhrzeigersinn um den Kreis Mettmann herum. Er führt dabei über das Gebiet aller zehn Gemeinden. In der Reihenfolge des Passierens sind das: Haan, Mettmann, Wülfrath und Velbert, Heiligenhaus, Ratingen, Erkrath und Hilden, Monheim am Rhein und Langenfeld. Und darüber hinaus verläuft der Weg über das Gebiet aller Kommunen, die an den Kreis Mettmann angrenzen – mit Ausnahme der durch den Rhein getrennten Städte Dormagen und Köln.

Um den Kreis Mettmann herum liegen entgegen dem Uhrzeigersinn folgende Kommunen: im Norden die Ruhrgebietsstädte Hattingen, Essen, Mühlheim an der Ruhr und Duisburg, im Westen die Landeshauptstadt Düsseldorf, im Süden durch den Rhein getrennt Dormagen und Köln sowie auf derselben Rheinseite Leverkusen und im Osten Leichlingen, die Obstkammer des Bergischen Landes, und die bergischen Großstädte Solingen und Wuppertal. Die Länge der einzelnen Wanderabschnitte in den angrenzenden Gebieten ist allerdings sehr unterschiedlich. Während Stadtteile von Essen, Mühlheim an der Ruhr, Düsseldorf und Solingen sogar als Etappenziele fungieren, passiert der Weg das Gebiet von Wuppertal und Duisburg nur beiläufig.

Die Regionen am Steig

Sie durchwandern auf dem neanderland STEIG historisch, kulturell und landschaftlich verschieden geprägte Regionen von Nordrhein-Westfalen. Auf Basis kulturhistorisch gewachsener Strukturen hat das Land NRW zehn Kulturregionen definiert. Die Grenzen sind jedoch nicht scharf, sondern fließend. Durch drei Kulturregionen führt der neanderland STEIG: das Bergische Land, das Ruhrgebiet und die Rheinschiene.

Der Kreis Mettmann liegt im Niederbergischen Land, dem Nordteil des Bergischen Landes. Die meiste Zeit wandern Sie in diesem Gebiet. Hier finden sich typisch bergische Fachwerkdörfer und historische Handelswege, idyllische Bachtäler und bewaldete Hügel, zerklüftete Sandberge und große Kalksteinbrüche. Das Bergische Städtedreieck ist eine alte Industrieregion, die ebenfalls zum Bergischen Land gehört. Zu ihr zählt neben Wuppertal und Remscheid auch Solingen, durch dessen Heidelandschaften und Bachtäler der Fernwanderweg führt. Solingen ist seit dem Mittelalter das Zentrum der deutschen Klingenherstellung.

Das Ruhrgebiet, Deutschlands größtes Ballungsgebiet, steht auch auf dem Programm. Sie durchqueren jedoch nur die ländlich geprägten Ausläufer der vom Bergbau und der Stahlindustrie geprägten Region. In Hattingen erwandern Sie die Berge und Täler der Elfringhauser Schweiz. Später geht es dann nach Kettwig im Südwesten der Ruhrmetropole Essen und in das ehemalige Bergmannsdorf Selbeck im Süden von Mühlheim an der Ruhr.

In der Kulturregion Rheinschiene wandern Sie über das Gebiet von Düsseldorf, dem ehemals sogenannten Schreibtisch des Ruhrgebiets. Die Rheinmetropole war früher Verwaltungssitz vieler Ruhrgebietsbetriebe. Die Stadt ist auch heute noch ein Wirtschaftszentrum. Leverkusen, ebenfalls am Rhein gelegen, ist hingegen für seinen Fußballverein und den Bayer-Konzern bekannt.

Vom Neandertaler zum neanderland STEIG

Das Gebiet, durch das der neanderland STEIG führt, lag früher am Äquator – allerdings unter der Meeresoberfläche und vor schon 400 Millionen Jahren. Korallen und andere Lebewesen mit Kalkskeletten bildeten riesige Riffe und ließen so große Kalksteinvorkommen im Kreis Mettmann entstehen. Im Museum Zeittunnel Wülfrath erfahren Sie mehr zu dieser Zeit und den großen Epochen der Erdgeschichte (☞ 2. Etappe). In der Steinzeit streifte dann zunächst der Neandertaler durch diese Gegend. Später machte sich sein entfernter Verwandter Homo sapiens, der moderne Mensch, von Afrika auf den Weg hierhin. Die beiden lebten eine Zeit lang Seite an Seite und vermischten sich auch. Vor rund 40.000 Jahren starb der Neandertaler dann aus. Mehr über die Geschichte der Menschheit lernen Sie auf einem Abstecher zum Neanderthal Museum (☞ 10. Etappe). Welche enorme Bedeutung Schneidwerkzeuge für die gesamte Menschheitsgeschichte hatten, erfahren Sie im Deutschen Klingenmuseum (☞ 17. Etappe).

In der Eisenzeit gab es dann kleine Siedlungen. Der neanderland STEIG passiert das rekonstruierte Eisenzeitliche Gehöft Ratingen und den tief ins Gelände eingeschnittenen Mauspfad, der vermutlich auch aus dieser Zeit stammt (☞ 9. Etappe). Dann kamen die Römer und errichteten als Außengrenze ihres Reichs den Niedergermanischen Limes mit Legionslagern, Wachtürmen und Militärkastellen. Das ehemalige Kastell und heutige Römische Museum Haus Bürgel liegt direkt am Fernwanderweg (☞ 13. Etappe). Seit dem Mittelalter gehörte die Region schließlich zur Grafschaft Berg (später Herzogtum), von der das Bergische Land seinen Namen hat. Herrschaftssitz war unter anderem die sehenswerte Höhenburg Schloss Burg in Solingen – sie liegt etwas abseits vom neanderland STEIG. An vielen anderen Schlössern führt der Weg jedoch direkt vorbei. Eine weitere Attraktion dieser Zeit, das mittelalterliche Städtchen Zons, kann man auf der Wanderung per Fähre erreichen (☞ 13. Etappe).

Im 19. Jahrhundert begann der industrielle Abbau der großen Kalksteinvorkommen. 1856 entdeckten Arbeiter im Neandertal dabei das Skelett eines Urmenschen, was dieser Menschenform den Namen „Neandertaler“ einbrachte. Der Fundort kann besichtigt werden (☞ 10. Etappe). Auch einige Kilometer entfernt in Gruiten wurde Kalk abgebaut. Der Fernwanderweg führt dort am früheren Steinbruch und heutigen Naturschutzgebiet Grube 7 vorbei – ein alter Steinbrecher erinnert noch an die industrielle Vergangenheit (☞ 1. Etappe). Früh entwickelte sich in der Region auch die Textilindustrie und eine bedeutende Kleineisenindustrie. Interessantes dazu erfahren Sie in den Industriemuseen Textilfabrik Cromford (☞ 9. Etappe) und Gesenkschmiede Hendrichs (☞ 17. Etappe) sowie im Deutsche Schloss- und Beschlägemuseum (☞ 5. Etappe).

1816 wurde der Kreis Mettmann gebildet, zunächst als preußischer Landkreis. Nach einer wechselvollen Geschichte mit Auflösungen und Neugründungen gibt es den heutigen Kreis seit einer kommunalen Gebietsreform im Jahr 1975 – Monheim am Rhein stieß im Folgejahr dazu. In Anlehnung an den berühmten Fund des Neandertalers vermarktet sich der Kreis Mettmann seit 2013 touristisch als „neanderland“. Im selben Jahr eröffneten die ersten Teilabschnitte vom neanderland STEIG. Den kompletten Rundweg kann man seit 2014 zum Wandern nutzen.

Reise-Infos von A bis Z

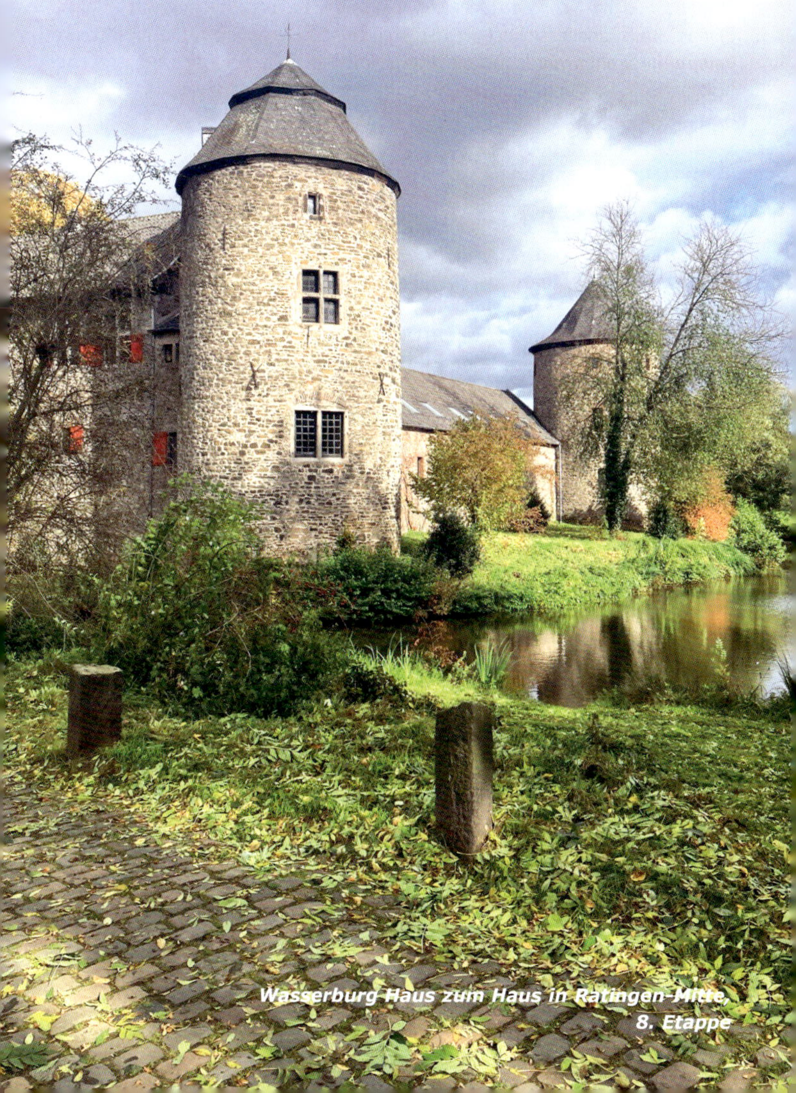

Wasserburg Haus zum Haus in Ratingen-Mitte, 8. Etappe

Anforderung

Der neanderland STEIG ist technisch kein sehr schwieriger Wanderweg. Manche Etappen weisen jedoch eine gewisse Steigung auf. Schauen Sie sich hierzu die jeweiligen Höhenprofile der Etappen an. Der Fernwanderweg ist nicht barrierefrei. Insbesondere im Winter und bei Nässe kann es auch rutschig werden (☞ Wanderzeit).

Anreise und Abreise

Der neanderland STEIG ist ein Rundwanderweg, der von jeder Etappe aus begonnen werden kann. Wer ihn am Stück gehen möchte, kann sich somit einen verkehrsgünstig gelegenen Startort aussuchen – allerdings ist auch die erste Etappe gut zu erreichen. Sie beginnt am Bahnhof Haan-Gruiten, der von Städten wie Köln, Düsseldorf, Solingen, Wuppertal, Neuss oder auch Mönchengladbach per Zug direkt erreicht werden kann (RB48, S8). Köln und Düsseldorf sind mit dem Fernverkehr auch an weiter entfernte Gegenden gut angebunden. Von der Autobahn A46 kann man über die Autobahnabfahrt Haan-Ost den P+R-Parkplatz am Bahnhof Haan-Gruiten ansteuern.

Viele Menschen aus den umliegenden Kommunen begehen den Weg jedoch in Tagesetappen. Hierbei bieten sich zur An- und Abreise zwei Möglichkeiten an:

Wenn Sie mit dem Auto fahren, parken Sie am Startort und nutzen dann abends vom Etappenende Bus, Bahn oder Taxi, um zurück zum Fahrzeug zu gelangen, oder Sie parken am Ziel und fahren von dort morgens mit dem Nahverkehr zum Etappenstart. Wenn Sie mit Bus und Bahn reisen, geht es ganz einfach morgens zum Start und abends vom Ziel zurück. Von den umliegenden Städten aus ist das sehr gut machbar. Alle Etappen vom neanderland STEIG sind mit dem Nahverkehr aus der Umgebung als Tagesausflug gut möglich (☞ Verkehrsmittel unterwegs).

Ausrüstung

Nehmen Sie Schuhe mit gutem Profil, alpines Schuhwerk ist jedoch überflüssig. Neben Wanderschuhen können auch Trailrunner getragen werden. Ansonsten gilt wie bei jeder Wanderung: Packen Sie nicht zu viel Gewicht in Ihren Wanderrucksack, nehmen Sie dem Wetter entsprechende Funktionskleidung und Regensachen mit, ein Notfallset mit Blasenpflastern und genügend Wasser. Tipps zu leichter Ausrüstung für Fernwanderungen finden sich im Ratgeber 🕮 „Trekking ultraleicht“ von Stefan Dapprich und Stefan Kuhn aus dem Conrad Stein Verlag.

Entdeckerschleifen

Die „neanderland STEIG Entdeckerschleifen" sind zwischen 2 und 19 km lange Rundwanderwege, die an verschiedenen Stellen vom Fernwanderweg abzweigen. Es handelt sich also um Ergänzungen zum neanderland STEIG, mit denen die Umgebung erkundet werden kann. Die Entdeckerschleifen haben eine eigene Beschilderung (☞ Wegmarkierung). Sie werden auf Ihrer Wanderung den Abzweigungen immer mal wieder begegnen. Manchmal bieten sich dadurch auch interessante Möglichkeiten, beispielsweise wenn Sie ein alternatives Etappenziel anvisieren (schauen Sie dazu auf die Karten im Buch).

Auf der Webseite vom neanderland STEIG sind alle Entdeckerschleifen (inklusive GPS-Track) zu finden, die aktuell vom Kreis Mettmann vermarktet werden. Die Wege werden gelegentlich überarbeitet, dann sind sie nicht im Internet aufgeführt. Sie können daher unterwegs auch auf Schilder von weiteren Entdeckerschleifen treffen. Die Entdeckerschleifen werden auf der Webseite fortlaufend aktualisiert.

Auf den Entdeckerschleifen können Sie beispielsweise in Haan-Gruiten auf die Suche nach „Kalkspuren" gehen. In Wülfrath besuchen Sie den „Steinbruch Schlupkothen". In Velbert führen Wege zu den „Biohöfen im Windrather Tal" oder auf die „Spuren der Kohlentreiber". Dort gibt es auch einen „Weitblick auf das Ruhrgebiet". Sie können die „Heiligenhauser Runde" drehen und die „Monheimer Altstadtrunde" – oder einfach „Ratingen Pur" genießen. Auf „Denkmalrouten" wandern Sie in Alt-Erkrath und Hochdahl. Ein „Industriepfad und Kunstweg", ein „Panoramaweg" und ein „Evolutionspfad" sind ebenfalls dabei. Alle Infos zu den Entdeckerschleifen finden Sie unter 💻 www.neanderlandsteig.de.

GPS-Tracks

Die GPS-Tracks zu den beschriebenen Wegen können Sie von der Internetseite des Verlags (💻 www.conrad-stein-verlag.de) herunterladen.

📖 Tipps zum Umgang mit dem GPS-Gerät finden Sie in dem Ratgeber „**GPS** – Grundlagen · Tourenplanung · Navigation" von Michael Hennemann, Conrad Stein Verlag, ISBN 978-3-86686-769-7, ca. € 12,90, NEU 2023

Informationen

Die Zuständigkeit für den neanderland STEIG liegt beim Kreis Mettmann. Er betreibt für den Fernwanderweg eine Webseite und eine neanderland-STEIG-App. Dort finden sich auch aktuelle Informationen zu Sperrungen und Umleitungen. Infos unter:

♦ neanderland/Kreis Mettmann, Amt für Kultur und Tourismus, Goldberger Straße 30, 40822 Mettmann, Postanschrift: Düsseldorfer Straße 26, 40822 Mettmann, ☏ 021 04/99 11 99, info@neanderland.de, www.neanderland.de, www.neanderlandsteig.de

Karten

Beim Kreis Mettmann können Sie kostenlose Karten für den neanderland STEIG bestellen (sie finden sich in dem Übersichts- und den Etappenflyern). Diese werden dann per Post zu Ihnen nach Hause geschickt. Sie können die Karten auch aus dem Internet herunterladen. Die Karten bieten eine gute Übersicht, auch wenn noch nicht alle neuen Wegführungen eingezeichnet sind. Bestellbar sind sie unter www.neanderland.de/service/broschueren-karten.

Neanderland

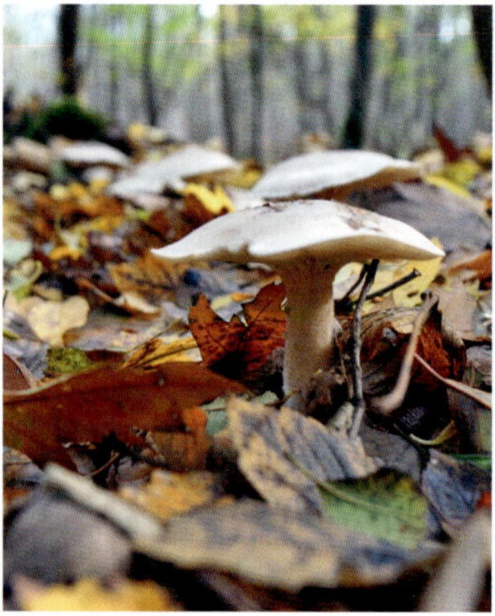

Auch im Herbst ist der Weg reizvoll

Der Kreis Mettmann besteht aus den Städten Haan, Mettmann, Wülfrath und Velbert, Heiligenhaus, Ratingen, Erkrath und Hilden, Monheim am Rhein und Langenfeld. Der Kreis vermarktet sich und seine Städte kulturell und touristisch unter der Marke „neanderland“. Daher heißt der Fernwanderweg auch „neanderland STEIG“. Abgeleitet wurde der Name von der berühmtesten Sehenswürdigkeit der Region – dem Neandertal, wo sich der Fundort des Neandertalers und das Neanderthal Museum befinden. Übrigens: Seit einer Rechtschreibreform vor über einhundert Jahren schreibt sich Tal ohne „h“. Das Neanderthal Museum lehnt sich mit seinem Namen jedoch an die gültige Schreibweise der Zeit an, wo das Skelett vom berühmten Urmenschen entdeckt wurde. Auch der dortige Bahnhof wählt noch die alte Schreibweise. Infos zum Neanderland und seinen Angeboten gibt es unter

www.neanderland.de

Radfahren

Der neanderland STEIG ist vom Kreis Mettmann nicht als Radweg vorgesehen. Für Radtouren bieten sich in der Gegend der PanoramaRadweg niederbergbahn und die Korkenziehertrasse an, denen der Fernwanderweg in seinem Verlauf auch begegnet. Infos zum Radfahren im Neanderland finden Sie unter

💻 www.neanderland.de/radfahren.

Unterkünfte

Am neanderland STEIG sind ausreichend Unterkünfte vorhanden, an manchen Etappen gibt es allerdings nur eine Übernachtungsmöglichkeit. Sie sollten sich vorab bei den Unterkünften melden und gegebenenfalls reservieren. Man kann an dem Fernwanderweg auch günstig unterkommen. Auf vielen Etappen haben Sie die Möglichkeit, in einer Jugendherberge oder einem Naturfreundehaus zu schlafen – oder auch im Zelt (☞ Zeltplätze).

Updates

Der Conrad Stein Verlag veröffentlicht Updates zu diesem Wanderführer, die direkt vom Autor oder von den Lesern des Buches stammen. Sie finden diese auf der Verlagshomepage 💻 www.conrad-stein-verlag.de. Der rechts abgebildete QR-Code führt Sie direkt dorthin.

Verkehrsmittel unterwegs

Jede Etappe vom neanderland STEIG ist gut mit Bus und Bahn zu erreichen. Im Buch sind alle Etappen so beschrieben, dass sie an einer Bushaltestelle oder an einem Bahnhof starten und auch wieder enden. Im Falle einer Bushaltestelle sind häufig zusätzlich noch Bahnhöfe in der Nähe angegeben. Relevant ist besonders das S-Bahn-Netz. Gelegentlich ist es sinnvoll, eine Etappe etwas früher zu beenden und das Stück der folgenden Etappe hinzuzufügen – oder umgekehrt.

Angenommen Sie wohnen in Düsseldorf und gehen die 14. Etappe. Dann bietet es sich an, einige Kilometer vor dem Etappenende zum S-Bahnhof Leverkusen-Rheindorf abzuzweigen. Von dort haben Sie, anders als vom offiziellen Ziel, eine Direktverbindung nach Düsseldorf (bis Sommer 2023 gibt es dort allerdings eine Streckensperrung). Achten Sie auf die Haltestellen-Infos am Etappenende.

Fast der gesamte Weg liegt im Verbundraum vom Verkehrsverbund Rhein-Ruhr (VRR), wo Sie den VRR-Tarif nutzen können. Beachten Sie jedoch: Leverkusen und Leichlingen gehören nicht zum Verbundraum. Falls Sie dort einsteigen, bewegen Sie sich im Verkehrsverbund Rhein-Sieg (VRS). Alle Informationen zu Tarifen und Verbindungen finden Sie auf den entsprechenden Webseiten.

💻 www.vrr.de, www.vrs.de, www.bahn.de.

Verpflegung

Am neanderland STEIG gibt es viele Verpflegungsmöglichkeiten. Auf manchen Etappen müssen Sie allerdings kleine Umwege laufen, um ein Café oder ein Restaurant zu erreichen. Wenn Sie sichergehen möchten, rufen Sie vorab wegen der aktuellen Öffnungszeiten an oder nehmen Sie sich einfach etwas zu essen mit. In den größeren Städten finden Sie auch Supermärkte.

Wandern mit Hund

Hunde dürfen mit auf die Wanderwege vom Kreis Mettmann genommen werden, solange sie besonders in den Naturschutzgebieten an der Leine geführt werden. Ein tierisches Highlight gibt es jeden ersten Freitag im Monat: Dann kann man für € 2 extra den Hund mit in die Dauerausstellung vom Neanderthal Museum nehmen. Mehrere Entdeckerschleifen (☞ Entdeckerschleifen) führen vom neanderland STEIG zum Museum.

Wandern mit Kind

Der neanderland STEIG passiert mehrere Museen, die auch für Kinder interessant sind. In der näheren Umgebung des Fernwanderwegs ist der Rundweg um das Eiszeitliche Wildgehege in Erkrath, nahe dem Neanderthal Museum, empfehlenswert. Ebenfalls spannend ist die mittelschwere Entdeckerschleife „Biohöfe im Windrather Tal" in Velbert, die die 3. Etappe des neanderland STEIGs berührt und auch zum Biohof Zur Hellen führt.

💻 www.hofzurhellen.de

Wanderwoche

Die „neanderland WANDERWOCHE" findet alle zwei Jahre rund um den Fernwanderweg und die Entdeckerschleifen statt. 2022 wurden über 35 geführte Themenwanderungen angeboten. Tourguides folgten mit den Teilnehmern dabei unter anderem den Spuren der Wülfrather Kalkindustrie und des Heiligenhauser Bergbaus.

Angeboten wurden auch Zelten in freier Natur, Suchen von Wildkräutern und Waldbaden. Der Kreis Mettmann gibt zu den Wanderwochen ein Programm mit allen Infos heraus (☞ Informationen).

Wanderzeit

Auf dem neanderland STEIG kann man das ganze Jahr über wandern, aber im Winter kann es durch Schnee und Eis sehr rutschig werden – insbesondere an steilen Wegabschnitten. Auch bei und nach Regen kann es zu Rutschgefahren kommen. Achten Sie auf gutes Schuhwerk (☞ Ausrüstung). Vor allem in den Wäldern kann es bei Stürmen und auch noch längere Zeit danach durch umgestürzte Bäume und herabfallende Äste zu lebensgefährlichen Situationen kommen. Beachten Sie die Wetterinfos und auch die aktuellen Informationen zum Fernwanderweg.

www.neanderlandsteig.de

Wegmarkierung

Der neanderland STEIG ist durchgängig markiert – allerdings kommt es häufig vor, dass Schilder aus den unterschiedlichsten Gründen nicht vorhanden sind. Immer mal wieder gibt es auch Umleitungen. Passen Sie also auf, damit Sie sich nicht verlaufen.

Das Markierungszeichen der Hauptroute vom neanderland STEIG ist ein weißes „n" auf rotem Hintergrund. Darunter ist relativ klein und in Schwarz und Weiß gehalten der Schriftzug „neanderland STEIG" abgebildet. Das Zeichen findet sich auf kleinen Schildern. Auch sieht man gelegentlich das „n" an Bäume gemalt. Zusätzlich gibt es regelmäßig Wegweiser, die auf markante Punkte hinweisen und auch Entfernungen angeben.

Wegmarkierung

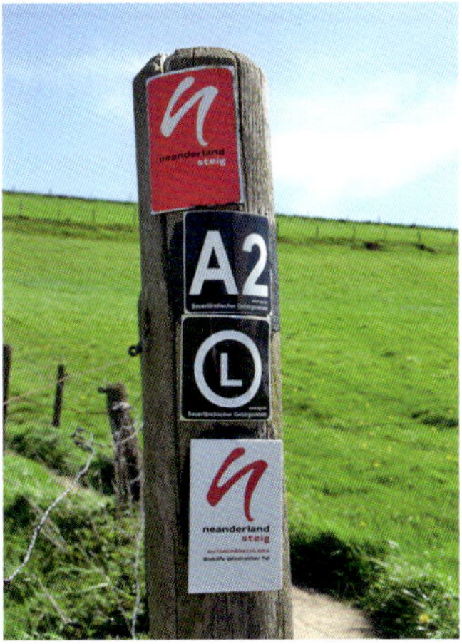

Offizielle Zuwege, die den Fernwanderweg mit Bushaltestellen, Bahnhöfen oder Wanderparkplätzen verbinden, haben als Markierungszeichen ein rotes „n" auf weißem Hintergrund. Ein ähnliches Zeichen nutzen auch die Entdeckerschleifen (☞ Entdeckerschleifen).

Das rote „n" auf weißem Hintergrund wird dort durch einen kleinen in Schwarz und Rot gehaltenen Namenszug der jeweiligen Entdeckerschleife ergänzt. Der Bergische Weg nutzt ein auffälliges oranges Markierungszeichen mit dunkler Schrift. Manche Abzweige vom neanderland STEIG sind jedoch gar nicht ausgeschildert. Nutzen Sie hier gegebenenfalls Karten oder ein Smartphone.

Bergischer Weg

Der Bergische Weg ist ebenfalls ein Fernwanderweg in NRW. Er führt in 14 Etappen und auf rund 260 km vom Essener Baldeneysee zum Drachenfels in Königswinter. Der neanderland STEIG nutzt auf den Etappen bei Haan, Wülfrath und Velbert teilweise die gleichen Wege wie der Bergische Weg. Sie können sich also auch an seiner Beschilderung orientieren. Aber Vorsicht: Der Streckenverlauf ist nicht durchgängig derselbe, immer mal wieder teilen sich die Wegverläufe. Falls Ihnen der neanderland STEIG gefällt, gehen Sie im Anschluss ja vielleicht auch den Bergischen Weg – ein Teil haben Sie dann ja schon geschafft. Sie werden bei der Wanderung übrigens auch auf verschiedene Markierungszeichen lokaler Wanderwege treffen, wie vom Kettwiger Panoramasteig.

Wochenendausflüge

Kleine Outdoor-Abenteuer vor der eigenen Haustüre werden immer beliebter. Ein Wochenende zu wandern und die Nacht auswärts zu verbringen, lässt den Alltag schnell vergessen. Der neanderland STEIG bietet hervorragende Möglichkeiten dazu. Menschen aus dem Ruhrgebiet, aus Düsseldorf oder Wuppertal können per Nahverkehr (☞ Verkehrsmittel unterwegs) in kürzester Zeit einen Etappenstart an einem Bahnhof erreichen, eine schöne Wanderung absolvieren und im Zelt (☞ Zeltplätze), einer Jugendherberge oder einem Naturfreundehaus günstig übernachten – oder komfortabel im Hotel. Am nächsten Tag geht es auf dem Wanderweg weiter zu einer Haltestelle, von wo die Heimreise angetreten wird.

Beispiel: Morgens besichtigen Sie kurz den historischen Stadtkern von Langenberg, nahe dem Bahnhof Velbert-Langenberg. Fahren Sie dann eine Station weiter zum S-Bahnhof Velbert-Nierenhof. Von dort wandern Sie die 5. Etappe vom neanderland STEIG nach Velbert-Mitte. Nachmittags besuchen Sie das Deutsche Schloss- und Beschlägemuseum, danach gehen Sie in der Innenstadt von Velbert-Mitte essen. Die Nacht verbringen Sie in der Jugendherberge Velbert oder im Gästehaus Rohleder, das mit neanderland-STEIG-Sonderpreisen lockt. Am nächsten Tag wandern Sie die 6. Etappe nach Essen-Kettwig, schlendern durch die historische Kettwiger Altstadt und treten vom dortigen S-Bahnhof die Heimreise an.

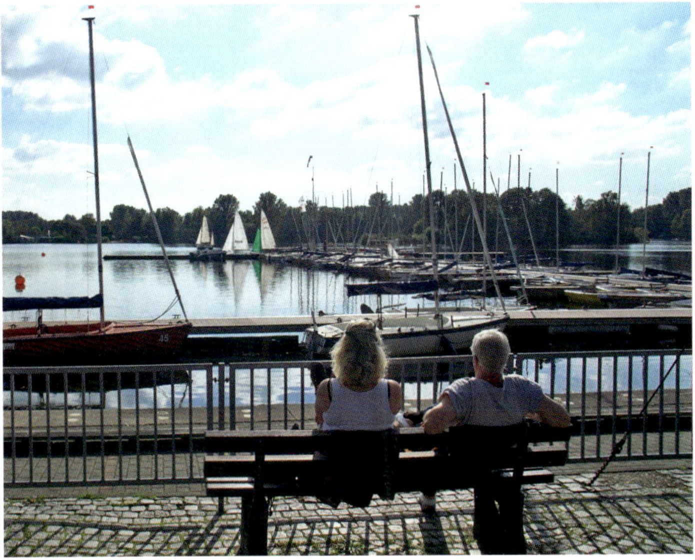

Naherholungsgebiet Unterbacher See, 11. Etappe

Zeltplätze

Zeltmöglichkeiten gibt es auf dem Campingplatz Cammerzell (☞ 6. Etappe), Campingplatz Nord am Unterbacher See (☞ 11. Etappe), Campingplatz Rheinblick (☞ 13. Etappe) und am Naturfreundehaus Leichlingen (☞ 15. Etappe). Möchten Sie eine Mehrtageswanderung machen, bietet sich Folgendes an: Sie starten am S-Bahnhof Erkrath und gehen die 11. Etappe bis zum Campingplatz Nord am Unterbacher See. Am zweiten Tag wandern Sie zum Etappenende und über die moderate 12. Etappe bis zum Campingplatz Rheinblick einige Kilometer nach Beginn der 13. Etappe. Am dritten Tag geht es weiter zur Monheimer Altstadt. Von dort können Sie über die Bleer Straße zum Start der 14. Etappe abkürzen. Dann müssen Sie relativ lange bis zum Zeltplatz am Naturfreundehaus Leichlingen wandern, das etwas abseits der 15. Etappe liegt. Am vierten Tag geht es weiter zum Etappenende in Solingen-Ohligs und zum dortigen Hauptbahnhof. Nehmen Sie vorab Kontakt zu den Campingplätzen auf und reservieren Sie gegebenenfalls.

Der neanderland STEIG

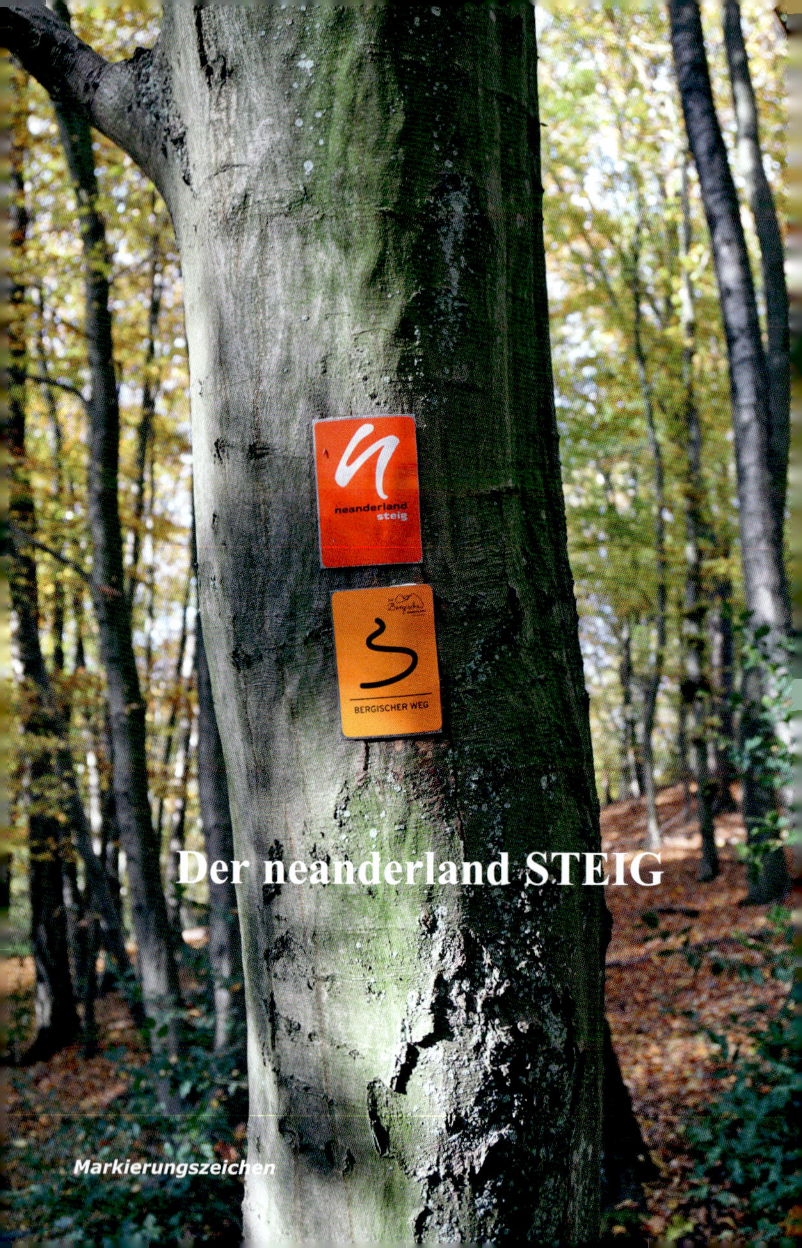

Markierungszeichen

1. Etappe: Haan-Gruiten – Wülfrath-Düssel

16,5 km, 5 Std., ↑ 498 m, ↓ 505 m, ⇧ 109-224 m

0,0 km	⇧ 157 m	Haan-Gruiten, Bahnhof ⌘
1,0 km	⇧ 122 m	Gut Ehlenbeck
4,2 km	⇧ 122 m	Gruiten-Dorf ⌘
5,4 km	⇧ 130 m	Grube 7
7,0 km	⇧ 167 m	Grube 10
9,1 km	⇧ 192 m	Bushaltestelle „Neu Amerika"
12,0 km	⇧ 138 m	↳ Abzweig Rittergut Schöller (0,4 km)
13,3 km	⇧ 174 m	Alte Kölnische Landstraße
16,5 km	⇧ 150 m	Wülfrath-Düssel, Bushaltestelle „Düssel, Wülfrath", ↳ in Wülfrath-Mitte

Nach dem Start am Bahnhof Haan-Gruiten geht es hinab zum Gut Ehlenbeck und weiter auf einem idyllischen Weg entlang der Düssel. Sie wandern dann an den Fachwerkhäusern von Gruiten-Dorf vorbei zum ehemaligen Kalksteinbruch und heutigen Naturschutzgebiet Grube 7. Nach der Quarter-Horse-Ranch geht es zurück zur Düssel. Sie passieren einen Abzweig zum Rittergut Schöller, überqueren ein Feld und treffen auf den historischen Handelsweg Alte Kölnische Landstraße. Es geht weiter zum Fachwerkdorf Wülfrath-Düssel, wo die Etappe endet.

Der **neanderland STEIG** kann als Rundwanderweg von jeder Etappe aus begonnen werden. Die Zieldestination wird immer am Etappenende vorgestellt, inklusive Informationen zu An- und Abreise. Informationen zu Haan-Gruiten finden Sie daher bei der ☞ 17. Etappe (S. 157).

Die 1. Etappe vom neanderland STEIG beginnt am Vorderausgang vom **Bahnhof Haan-Gruiten** (Thunbuschstraße 20, 42781 Haan). Ein Wegweiser zeigt an, dass hier auch der Bergische Weg entlangführt.

↳ Hier startet auch die **Entdeckerschleife „Haan-Gruiten Süd"**, die von Gruiten ins Haaner Stadtzentrum führt und sich durch schöne Weitblicke, alte Höfe und idyllische Bachtäler auszeichnet (Länge des Rundwanderwegs: 10 km, ☞ mehr zu den Entdeckerschleifen in Reise-Infos von A-Z).

Laufen Sie vor der Ampel nach links entlang der Thunbuschstraße. Sie passieren die Venezia Ristorante Pizzeria, die Bushaltestelle „Haan-Gruiten" und einen Parkplatz, hinter dem Sie links auf den Pfad am Neandertalweg abbiegen. Am Pfadende geht es geradeaus auf der Straße weiter.

↬ Hier verläuft nun auch die **Entdeckerschleife „Kalkspuren"**, die dem historischen Kalkabbau gewidmet ist und die Ruine eines Kalkofens, vom Kalkabbau geprägte Felswände und das schöne Gruiten-Dorf passiert (➲ Länge des Rundwanderwegs: 8,7 km).

Nach dem Bistro und den Plätzen vom Tennisclub Gruiten biegen Sie, gegenüber vom Haus an den Bahnschienen, rechts auf einen Pfad ab. Folgen Sie ihm entlang des Weidezauns. Nach einer Linkskurve geht es hinab zu einem großen Fachwerkhaus, dem 1363 erstmals urkundlich erwähnten historischen Bauernhof **Gut Ehlenbeck ❶**.

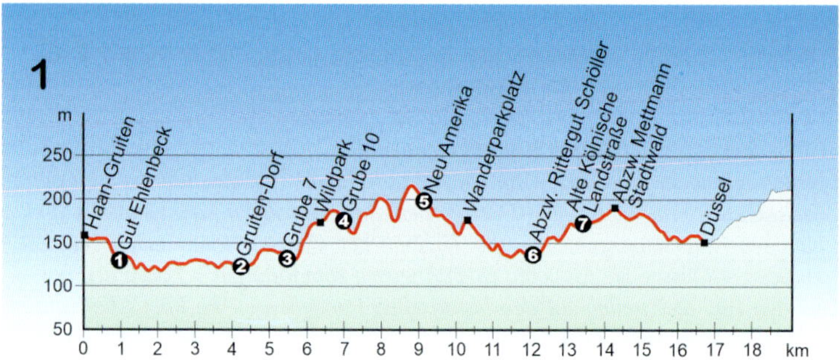

Vor dem Fachwerkhaus folgen Sie links der geteerten Straße entlang der Weiden, bis Sie an einem Haus auf eine Weggabelung mit Wegweiser und zwei ⩩ Bänken treffen.

↬ Links entlang geht es ins **Neandertal** zum Eiszeitlichen Wildgehege (➲ 3,9 km) sowie zum ⌘ Neanderthal Museum (➲ 5 km) und dem ⌘ Fundort vom Neandertaler (➲ 5,4 km) (☞ 10. Etappe, S. 96).

Sie nehmen an der Gabelung jedoch den rechten Weg, der durch einen Buchenwald zu einer Kreuzung führt.

↬ Hier treffen Sie auf die **Entdeckerschleife „Evolutionspfad"**, die das Neandertal mit dem Neanderthal Museum (☞ S. 96), die historische Oberstadt von Mettmann und den S-Bahnhof Mettmann-Stadtwald ansteuert (➲ Länge des Rundwanderwegs: 19,2 km).

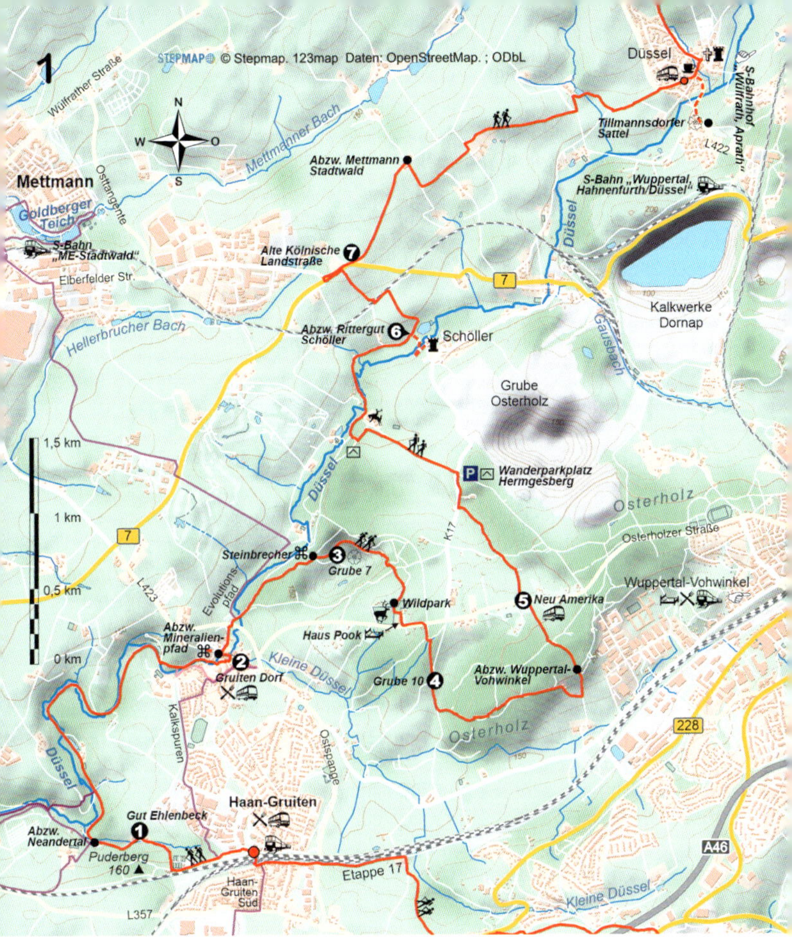

Sie gehen jedoch geradeaus weiter und folgen dem Weg bis zum Ende vor einem Pferdehof, dabei ignorieren Sie alle Abzweigungen. Die meiste Zeit geht es dabei parallel zum Flüsschen Düssel, nach einigen Teichen über kleine Brücken und an Wiesen entlang. Mehrere Bänke bieten sich auf diesem schönen Abschnitt des Fernwanderwegs für eine Rast an. Wenn der Weg vor einem Zaun am Pferdehof endet, gehen Sie links über die Brücke und danach den gepflasterten Weg nach rechts. Nach einer Wiese geht es geradeaus über die Kreuzung auf einen schmalen Weg entlang der Düssel.

Wandern Sie immer geradeaus am Fluss entlang. Sie gehen dann geradeaus über eine Brücke und halten sich danach links zur Wassertretanlage An der kleinen Düssel ⍑ (solange die Brücke gesperrt ist, umgehen Sie sie einfach). Dahinter geht es nach links am Fachwerkhaus Haus am Quall vorbei zur Bushaltestelle „Gruiten-Dorf, Haan". Sie befinden sich nun im Zentrum vom historischen **Gruiten-Dorf** ❷ ✕ ☕ 🚌 ⌘, einem Ortsteil von Haan-Gruiten (☞ 17. Etappe, S. 157). Direkt an der Bushaltestelle liegt die ✕ Gaststätte Palazzo im Wiedenhof.

✕ Palazzo im Wiedenhof, Pastor-Vömel-Straße 30, 42781 Haan, ☏ 021 04/952 45 05, ✉ info@palazzo-im-wiedenhof.de, 💻 www.palazzo-im-wiedenhof.de, 🚪 Di-Fr 18:00-22:00, Sa 13:00-22:00 (je nach Wetter auch erst ab 17:00), So 13:00-22:00, Küche Di-Fr 18:00-21:30, Sa, So 13:00-14:30 und 18:00-21:30

Bergischer Dreiklang

Der neanderland STEIG verläuft in weiten Strecken über den Nordteil des Bergischen Landes, eine historisch bedeutsame Region in Nordrhein-Westfalen. Immer wieder werden dabei schöne Ortskerne mit Fachwerkhäusern durchwandert, wie hier Gruiten-Dorf mit den zahlreichen Häusern aus dem 17. und 18. Jahrhundert – oder auch am Ende dieser Etappe Wülfrath-Düssel. Im Bergischen Land hatte sich eine besondere regionale Gestaltung der Fachwerkhäuser mit einer typischen Farbkombination durchgesetzt, dem sogenannten Bergischen Dreiklang. Er besteht aus schwarzen Fachwerkbalken mit weißen Zwischenräumen, den Gefachen, sowie weißen Tür- und Fensterrahmen. Dazu kommen grüne Fensterläden, oftmals werden auch Dachrinnen und Fallrohre in dieser Farbe gestrichen. Ein weiteres typisches Element sind die Schieferfassaden, als Schutz nur an der windzugewandten Seite oder auch rundherum am gesamten Fachwerkhaus. Der Bergische Dreiklang ist daher: grün, weiß und schwarz – oder schiefergrau.

Sie biegen an der Bushaltestelle nach links in Richtung der zahlreichen Fachwerkhäuser ab. Die meisten der Häuser tragen Hinweisschilder zur Geschichte. Sie erreichen dann eine Rechtsabzweigung.

↳ Weiter geradeaus und dann links im Heinhauser Weg befindet sich der ⌘ **Mineralienpfad Gruiten** (➲ 0,2 km).

⌘ Der Mineralienpfad Gruiten ist ein kleiner geologischer Lehrpfad durch die Erdgeschichte. Am Rand vom Heinhauser Weg werden zwischen Blumen auf einer Natursteinmauer Fundstücke wie Dolomit und Galenit präsentiert und auch Quarzkristalle, die in den Steinbrüchen der Umgebung entdeckt wurden. Schilder ergänzen die Fundstücke.

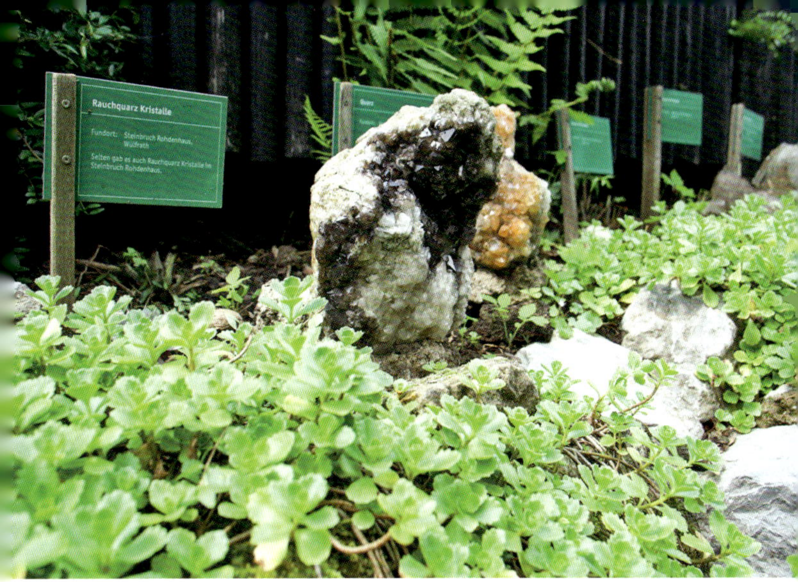

Mineralienpfad Gruiten

Sie biegen an der Abzweigung jedoch nach rechts und laufen dann geradeaus bis zur breiten Mettmanner Straße, welche Sie an der Verkehrsinsel vorsichtig überqueren. Es geht nun weiter, immer geradeaus, über die Straße Am Steinbruch bis zum Rastplatz, wo Sie hinter der Metallschranke rechts dem Weg folgen. Sie passieren Streuobstwiesen und Bänke und gelangen zur Bauruine vom alten ⌘ Steinbrecher. Dort geht es am Wegweiser rechts (nicht der Wiesenweg scharf rechts) zum ehemaligen Kalksteinbruch und heutigen ❀ Naturschutzgebiet **Grube 7 ❸**.

Kalkabbau in Gruiten

Kalk wird in vielen Wirtschaftsbereichen benötigt – in der Bauindustrie, als Zuschlagstoff bei der Stahlerzeugung oder auch in der Landwirtschaft. Im Kreis Mettmann liegen enorme Kalkvorkommen. Im 19. Jahrhundert wurde mit dem industriellen Abbau in der Region begonnen. Im Neandertal entdeckte man dabei den berühmten Neandertaler, in Wülfrath befindet sich noch heute Europas größtes Kalkwerk. Auch für Gruiten war die Kalkindustrie wichtig – das Wappen der Gemeinde zeigt sogar eine Felswand mit Spitzhacke. 1899 wurde auf dem Gemeindegebiet der Kalksteinbruch Grube 7 eröffnet. Tausende Tonnen Gestein wurden Jahr für Jahr abgebaut. Die Kalksteine lud man dann mit Baggern auf spezielle Kraftwagen und fuhr sie zum Steinbrecher.

Dieser zerkleinerte sie im Mahlwerk, danach wurden sie weitertransportiert und für die Verarbeitung im Kalkwerk aufbereitet. In den 1960er-Jahren erfolgte die Stilllegung des Steinbruchs. Später wurden Wanderwege an der Bruchkante angelegt. In der Grube selbst konnte sich die Natur weitgehend ungestört entwickeln. Heute ist der ehemalige Kalksteinbruch ein Naturschutzgebiet mit seltenen Tier- und Pflanzenarten.

Sie laufen entlang der Grube 7 und passieren zwei Aussichtspunkte. Der Weg führt dann an einer Bank vorbei durch einen Wald zu einer Treppe, welche Sie rechts hinaufsteigen. Oben kreuzen Sie einen Schotterweg und gehen immer geradeaus am Feldrand entlang, bis Sie einen kleinen Wildpark erreichen. Sie passieren das Gehege, biegen danach rechts ab und gehen an Haus Poock vorbei zur breiten Osterholzer Straße. Dort gehen Sie nach links bis zum Beginn der Leitplanken, überqueren vorsichtig die Straße und biegen in den schmalen Waldweg ein. Sie halten sich dann links bis unten zum breiten Weg. Diesen gehen Sie nach rechts, am Waldkindergarten vorbei, zur Kreuzung mit dem Hinweisschild zum ehemaligen Kalksteinbruch **Grube 10** ❹.

Es geht weiter geradeaus über die Kreuzung, an einer Metallschranke biegen Sie dann links in den Wald ab. Sie wandern aufwärts und ignorieren den schmalen Pfad, der links abzweigt. Dann halten Sie sich zweimal links und danach einmal rechts. Nun geht es geradeaus über die Waldkreuzung und weiter geradeaus bis zum Waldende. Dort biegen Sie vor dem Haus rechts auf den Schotterweg ab. Er führt in Sichtweite zu Wuppertal-Vohwinkel entlang der Felder zu einer T-Kreuzung. Sie biegen links und gehen an zwei Bänken vorbei wieder in den Wald hinein zu einem Wegweiser.

Rechts ab führt nun ein Zubringer nach Wuppertal-Vohwinkel (➲ 2,8 km).

Sie folgen jedoch dem Waldweg geradeaus den Hügel hinauf. Oben ignorieren Sie die Rechts- und die Linksabzweigung und wandern geradeaus weiter am Waldrand entlang zur breiten Osterholzer Straße und der Bushaltestelle „Neu Amerika, Wuppertal" ❺. Der Name **Neu Amerika** erinnert an eine ehemalige Gaststätte gleichen Namens – sie wurde bereits 1862 gegründet und war bis zum Abriss rund 100 Jahre später ein beliebtes Ziel für Ausflüge.

Sie gehen links über den Parkplatz und überqueren nach rechts vorsichtig die Osterholzer Straße. Folgen Sie dann dem Wanderweg am Waldrand hinab, durch die Kurve an einer Einfahrt vorbei und weiter zwischen Feld und Waldrand bis zum geteerten Hahnenfurther Weg. Dort biegen Sie nach rechts ab.

Es geht erst an der Straße entlang, dann durch ein Waldstück zum Wanderparkplatz Hermgesberg. Sie überqueren vor der ⌂ Rasthütte links vorsichtig den Hahnenfurther Weg und folgen gegenüber der schmalen Asphaltstraße über die Felder in Richtung Quarter-Horse-Ranch, welche auch Rodeos veranstaltet. An den Weiden biegen Sie links auf einen Pfad am Feldrand ab. Laufen Sie durch die Linkskurve um das Feld herum bis zum Wanderwegschild, noch vor der ⌂ Rasthütte. Dort steigen Sie vorsichtig rechts den steilen Pfad hinab. Sie biegen unten nach rechts, ignorieren den rechts abzweigenden Pfad und laufen zur Rückseite der Quarter-Horse-Ranch. Dort geht es links die Stufen hinab zur Düssel. Folgen Sie dann dem Weg über Holzbrücken und vorbei an alten Bäumen durch einen schönen Abschnitt vom Düsseltal. An der kleinen Gabelung geht es rechts zu einer Bank und geradeaus an der Holzbarriere weiter. Dann werden Sie aus dem Wald hinausgeführt. Der Weg führt nun geradeaus an einem alten Fachwerkhaus und Bänken entlang zu einer Rechtsabzweigung mit Wegweiser ❻.

Rechts entlang über die Brücke erreichen Sie das **Rittergut Schöller** (0,4 km).

Das Rittergut Schöller ist ein ehemaliger Adelssitz im heutigen Wuppertaler Stadtteil Schöller. Den noch aus dem 12. Jahrhundert stammenden Schinderhannesturm haben Sie bei Ihrer Wanderung vermutlich schon von Weitem erblickt. Er kann nur von außen besichtigt werden. Der mittelalterliche Rest vom Rittergut wurde im 18. Jahrhundert niedergelegt.

Sie wandern geradeaus weiter, passieren einen Teich und laufen in einer Linkskurve die Felder hinauf. Der Weg führt zu einer Bahntrasse, an der es nach links an einer Bank vorbeigeht. Sie laufen danach rechts durch die Bahnunterführung, folgen dem Weg zur breiten Elberfelder Straße und biegen dort links zur Bushaltestelle „Kölnische Straße, Mettmann" (Busverbindung zum S-Bahnhof Mettmann-Stadtwald und S-Bahnhof Wuppertal-Hahnenfurth/Düssel) ab. Der neanderland STEIG verläuft nun ein kurzes Stück über das Stadtgebiet von Mettmann, später werden Sie noch den Mettmanner Ortsteil Metzkausen durchwandern (☞ 10. Etappe, S. 94). Das von hier rund 3 km entfernte Stadtzentrum passiert der Weg allerdings nicht – dort sind die Fachwerkhäuser der historischen Oberstadt, die sich um die ✞ Kirche St. Lambertus gruppieren, sehenswert. Laufen Sie weiter zur Ampel hinter der Bushaltestelle und wechseln Sie dort die Straßenseite. Sie gehen dann gegenüber zurück entlang der Straße bis zur Kurve und biegen in die **Alte Kölnische Landstraße** (Kölnische Straße) ❼, welche zum mittelalterlichen Wegenetz gehörte (☞ 9. Etappe, S. 88).

Folgen Sie ihr über die Felder bis zur Kreuzung mit Wegweiser.

↳ Geradeaus führt ein Zubringer nach Mettmann-Stadtwald (➲ 4,2 km).

Sie biegen jedoch nach rechts und unterqueren die Stromtrasse. Es bieten sich schöne Fernblicke. An der nächsten Möglichkeit geht es dann nach links. Wenn der Weg eine Kurve zu einem Bauernhof macht, folgen Sie geradeaus dem Feldweg zum Asphaltweg. Dort gehen Sie kurz links, am Wegweiser dann rechts Richtung „Düssel".

Wandern Sie den schmalen Weg nun bis zum Ende durch, vorbei an Feldern, Wiesen und Bänken. Sie biegen am Ende auf den asphaltierten Weg nach links ab und danach vor dem Fachwerkhaus nach rechts. Es geht nun an einem Zaun entlang zu einer Steinbarriere mit Bank am Hahnenfurther Weg. Dort nehmen Sie gegenüber den Pfad, der über das Feld nach links und dann wieder auf den Hahnenfurther Weg führt.

Auf diesem geht es dann geradeaus über die Kreuzung bis zur Hauptstraße, die Wülfrath-Mitte mit Wülfrath-Düssel verbindet. Sie biegen nach rechts und gehen entlang der Tillmannsdorfer Straße zum Etappenziel, der **Bushaltestelle „Düssel, Wülfrath"** (Dorfstraße & Tillmannsdorfer Straße, 42489 Wülfrath).

↳ Wenn Sie der Straße folgen und dann links in die Dorfstraße einbiegen und bis zum Ende der Geraden laufen, dann rechts zur ✞ Kirche St. Maximin gehen und dahinter links, erreichen Sie den historischen Ortskern von Düssel (➲ 0,4 km).

↳ Wenn Sie weiter entlang der Tillmannsdorfer Straße laufen, gelangen Sie zum **Tillmannsdorfer Sattel**, ein als Naturdenkmal geschützter geologischer Aufschluss (➲ 0,5 km).

Wülfrath-Düssel

Café Pützer, Dorfstraße 32, 42489 Wülfrath-Düssel, ☏ 020 58/895 29 35, Mi-Sa 12:00-22:00, So 12:00-19:00

Bushaltestelle „Düssel, Wülfrath", Busverbindung nach Wülfrath (Stadtmitte), Wuppertal (Hahnenfurth/Düssel, Vohwinkel), Haan-Gruiten

S-Bahnhof Wuppertal-Hahnenfurth/Düssel, ➲ 1,3 km vom Etappenziel, weiter entlang der Tillmannsdorfer Straße und immer dem Straßenverlauf folgen, Bahnverbindung mit S28 nach Wuppertal (Hbf, Vohwinkel), Mettmann (Stadtwald, Zentrum, Neanderthal), Erkrath Nord, Düsseldorf Hbf; ☞ siehe auch Abzweig nächste Etappe zum S-Bahnhof Wülfrath-Aprath

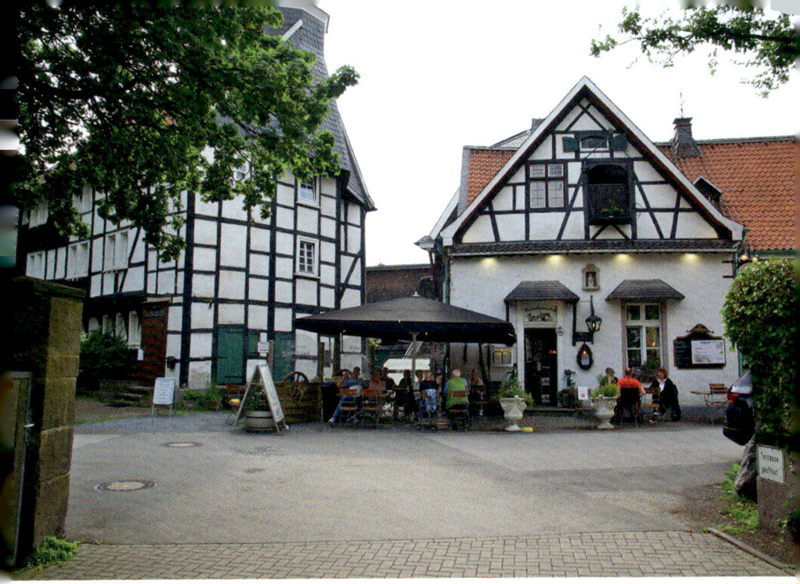

Historischer Ortskern von Wülfrath-Düssel

Wülfrath ist mit rund 22.000 Einwohnern die kleinste Stadt im Kreis Mettmann. Die Kalkindustrie ist für die Stadt bis heute von großer Bedeutung. Ein Ortsteil von Wülfrath ist seit 1809 das Dorf Düssel, welches rund 3 km abseits vom Stadtzentrum an der Grenze zu Wuppertal liegt. Hier endet die heutige Etappe.

Wülfrath-Düssel hat einen schönen historischen Ortskern. Prägend sind die vielen Fachwerkhäuser, die aus dem 12. Jahrhundert stammende katholische ✞ Kirche St. Maximin und die ✞ Evangelische Kirche Düssel sowie die ♜ Wasserburg Haus Düssel (☞ 2. Etappe, S. 34). Es gibt im Dorf Einkehrmöglichkeiten, jedoch keine Hotels.

☺ Mit dem 🚌 Bus gelangen Sie schnell in die Stadtmitte von Wülfrath. Dort können Sie übernachten und es erwartet Sie eine historische Altstadt mit schönen Fachwerkhäusern. Sehenswert ist auch das rund 1,5 km von der Stadtmitte entfernte ⌘ Museum Zeittunnel Wülfrath (☞ 2. Etappe, S. 34).

🛏 Pension Osthoff, Wilhelmstraße 127, 42489 Wülfrath-Mitte, 📱 01 52/645 01 75, 💻 www.pension-wuelfrath.de (Buchung nur über 💻 booking.com gewünscht), EZ ab € 58, DZ ab € 73, Bus 641 von Wülfrath-Düssel bis Wülfrath (Stadtmitte)

2. Etappe: Wülfrath-Düssel – Velbert-Neviges

11,4 km, 4 Std., ↑ 358 m, ↓ 357 m, ⇧ 144-262 m

0,0 km	⇧ 240 m	Abzweig Zeittunnel Wülfrath ⌘ (1,2 km)
4,5 km	⇧ 181 m	PanoramaRadweg niederbergbahn
6,6 km	⇧ 250 m	Abzweig Düsselquelle (0,1 km)
8,0 km	⇧ 215 m	Wiesenbach
9,4 km	⇧ 238 m	Rasthütte
10,3 km	⇧ 145 m	Schloss Hardenberg
11,0 km	⇧ 157 m	Mariendom ✞
11,4 km	⇧ 149 m	Velbert-Neviges, Bahnhof

Vom Fachwerkdorf Wülfrath-Düssel folgen Sie einem schönen Waldweg am Holzer Bach. Dann geht es hinauf zu einem Höhenweg, der Fernblicke und einen Abzweig zum Museum Zeittunnel Wülfrath bietet. Der historische Handelsweg Alte Kölnische Landstraße bringt Sie wieder abwärts, dann wandern Sie durch einen Wald zur Quelle der Düssel. Danach geht es durch Wälder hinab und hinauf. Kurz vor dem Ende der Wanderung am Bahnhof Velbert-Neviges passieren Sie noch das beeindruckende Schloss Hardenberg, den ungewöhnlichen Mariendom und den historischen Kirchplatz.

Die 2. Etappe beginnt an der **Bushaltestelle „Düssel, Wülfrath“** (Dorfstraße & Tillmannsdorfer Straße, 42489 Wülfrath). Sie biegen von der Tillmannsdorfer Straße links in die Dorfstraße, passieren das Café Pützer und das Denkmal des Heimatdichters Carl Schmachtenberg (1848-1933) und gelangen am Ende der Straße an einen Wegweiser.

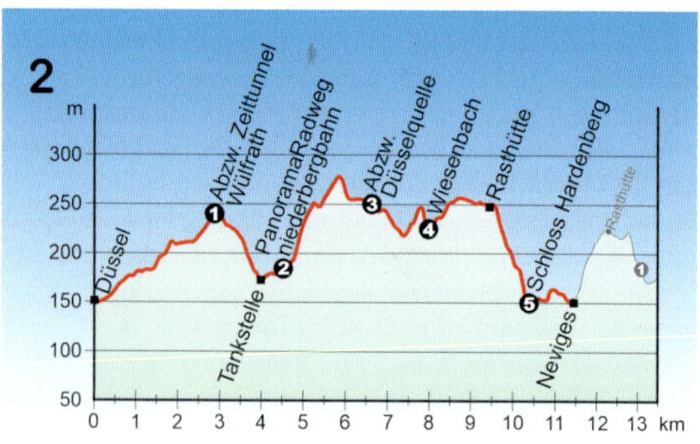

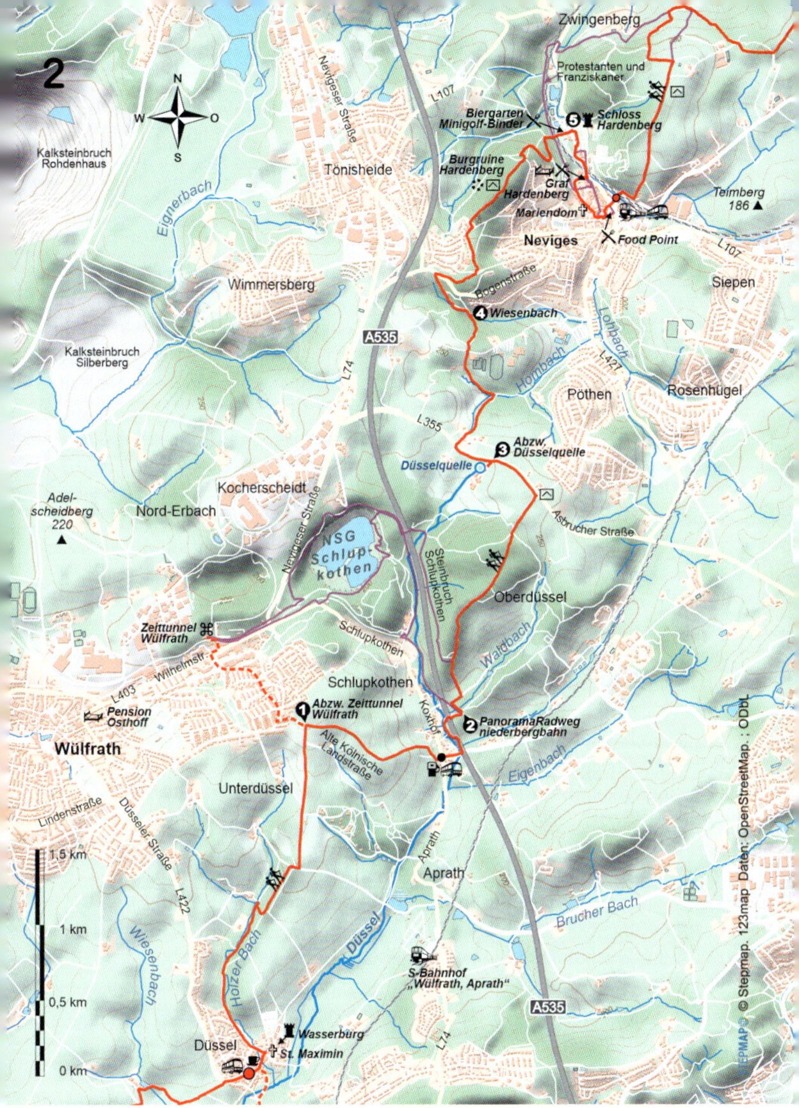

↳ Rechts zweigt ein Zubringer zum S-Bahnhof Wülfrath-Aprath ab (➲ 1,4 km).

S-Bahnhof Wülfrath-Aprath, Bahnverbindung mit S9 nach Wuppertal (Barmen, Hbf, Vohwinkel), Velbert (Neviges, Langenberg, Nierenhof), Essen Hbf

Ebenfalls rechts und hinter der St.-Maximin-Kirche links liegt die **Wasserburg Haus Düssel** (0,2 km).

Mitten im historischen Ortskern von Wülfrath-Düssel befindet sich die Wasserburg Haus Düssel. Der Rittersitz wurde bereits im 12. Jahrhundert erwähnt. Die heute noch erhaltene Vorburg stammt aus dem späten 18. Jahrhundert. Das zweigeschossige Herrenhaus zerstörten Bomben im Zweiten Weltkrieg.

Sie biegen am Wegweiser jedoch links und laufen geradeaus bis zum Zeisigweg Nr. 9. Dort steigen Sie rechts die Stufen hinab und folgen geradeaus dem schönen Waldweg entlang alter Bäume und des Holzer Bachs. Sie halten sich nach einer kleinen gemauerten Brücke zweimal links, passieren eine Bank und wandern geradeaus den schmalen Waldpfad weiter. Dann erreichen Sie eine Holzbarriere, nahe einem Hof. Dort steigen Sie rechts den Pfad hinauf. An der nächsten Holzbarriere folgen Sie links dem Weg und gehen geradeaus durch den Wald zu einer schmalen Asphaltstraße. Es geht nun rechts die Felder hinauf zu einem Wegweiser, wo Sie nach links Richtung „Wülfrath" abbiegen. Genießen Sie den Fernblick, ignorieren Sie Abzweigungen und laufen Sie geradeaus bis zur T-Kreuzung ❶.

Wenn Sie links gehen und nach dem Ortseingangsschild von Wülfrath der Straße Ellenbeek nach rechts bis zum Ende folgen, gelangen Sie zur breiten Wilhelmstraße. Von dort ist das Schild vom ⌘ **Museum Zeittunnel Wülfrath** bereits zu sehen (1,2 km).

Zeitreise durch die Erdgeschichte

Der Bochumer Bruch ist ein ehemaliger Steinbruch in Wülfrath, in dem bis 1958 Kalkstein abgebaut wurde. 2006 übernahm der Deutsche Alpenverein den Steinbruch und machte die 70 m hohen Felswände zum Klettergebiet. In dem 160 m langen Abbautunnel, durch den früher der gewonnene Kalkstein abtransportiert wurde, befindet sich heute das Museum Zeittunnel Wülfrath. Dort geht man auf eine Reise durch die Erdgeschichte. Sie startet vor über 400 Millionen Jahren im Zeitalter des Devon. Deutschland lag damals am Äquator und war in weiten Teilen vom Meer bedeckt. Korallen und andere Lebewesen mit Kalkskeletten bildeten große Riffe, was schließlich zu den Kalksteinvorkommen der Region führte. Im Karbon, das vor 359 Millionen Jahren begann, bewegten sich die Kontinente aufeinander zu und ließen im folgenden Zeitalter Perm den Superkontinent Pangäa entstehen. Vor 252 Millionen Jahren startete die Trias und die Dinosaurier traten bald auf den Plan. Im Zeitalter des Jura brach Pangäa auseinander – die Dinosaurier überlebten jedoch noch bis zur Kreidezeit, wo auch die ersten Blütenpflanzen entstanden. Im Zeittunnel geht es weiter über das Tertiär zum jüngsten Zeitalter Quartär, wo schließlich die Menschen die Bildfläche betraten. Am Ende der Reise durch die Erdgeschichte erreicht man am Tunnelende eine 50 m hohe Aussichtsplattform am Steinbruch.

⌘ Museum Zeittunnel Wülfrath, Hammerstein 5, 42489 Wülfrath, ☏ 020 58/175 46 86, info@zeittunnel.com, www.zeittunnel.com, Di-So 10:00-18:00 (Winterpause Ende Okt-Anfang April), Erwachsene € 6, ermäßigt € 3, Familienkarte € 15

Am Zeittunnel Wülfrath startet auch die **Entdeckerschleife „Steinbruch Schlupkothen"**, die schöne Ausblicke bietet, zum stillgelegten Steinbruch Schlupkothen führt und dann auf den neanderland STEIG trifft (➲ Länge des Rundwanderwegs: 7,3 km).

Sie biegen an der T-Kreuzung jedoch rechts auf die zunächst geschotterte **Alte Kölnische Landstraße** ab, welche als historische Handelsstraße zum mittelalterlichen Wegenetz gehörte (☞ 9. Etappe, S. 88). Folgen Sie diesem Weg dann die Felder hinab, später in Sichtweite zu einer Autobahnbrücke. Nach einer Linkskurve schlängelt sich der Weg durch ein Wäldchen. Am Waldende geht es links neben dem Fachwerkhaus durch ein Metalltor zur Hauptstraße Koxhof, an der eine Tankstelle und die Bushaltestelle „Koxhof, Wülfrath" (Busverbindung nach Wülfrath (Stadtmitte) und Wuppertal Hbf) liegen. Sie überqueren vorsichtig die Straße und gehen über den Oberdüsseler Weg zur Autobahnbrücke. Laufen Sie links zwischen den Brückenpfeilern hindurch und folgen Sie am Ende links dem Pfad. Zunächst geht es zwischen Düssel und A535 entlang, dann rechts unter der Autobahn hindurch. Nach einem kurzen Waldstück stoßen Sie auf den **PanoramaRadweg niederbergbahn** ❷ (☞ 6. Etappe, S. 63).

Biegen Sie direkt hinter dem Radweg links ab. Der Waldweg führt geradeaus zu einer Asphaltstraße, wo es rechts durch eine Birkenallee weitergeht. Wandern Sie an der ersten Abzweigung dann links das Feld hinauf. Der Weg führt in einer Rechtskurve in den Oberdüsseler Wald, wo es an der Bank rechts vorbeigeht. Sie ignorieren nun alle Abzweigungen und wandern den Schotterweg durch den Buchenwald bis zum Ende entlang. Der Weg mündet auf einer breiten Kreuzung mit Wegweiser, wo Sie Richtung „Düsselquelle" den Wald verlassen. Sie passieren Felder und erreichen eine Rasthütte. Laufen Sie dort links den Pfad am Feldrand entlang, parallel zur Asbrucher Straße, bis zu einer Kreuzung mit einem künstlichen Apfel ❸.

↳ Wenn Sie den asphaltierten Weg einige Meter nach links gehen und der Beschilderung vor dem ersten Haus nach rechts folgen, gelangen Sie zur ❀ ⩚ **Düsselquelle** (➲ 0,1 km).

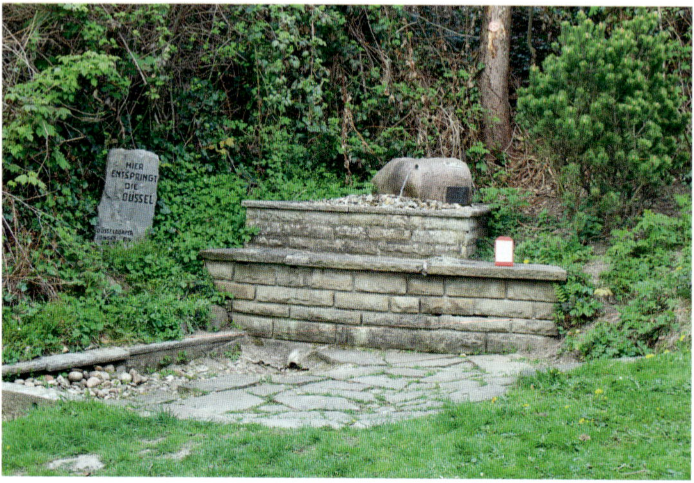

Düsselquelle

Von der Quelle bis zur Mündung

Sie sind der Düssel auf dem neanderland STEIG bereits mehrfach begegnet – allerdings entgegen der Fließrichtung gewandert. Das Wasser fließt von der Quelle nun zunächst durch verschiedene Wülfrather Ortsteile zum heutigen Etappenstart in Wülfrath-Düssel, dem Ort, der dem Fluss seinen Namen verdankt. Dann geht es für die Düssel am Rittergut Schöller und der Quarter-Horse-Ranch vorbei nach Gruiten-Dorf, wo sie von dem Nebenfluss Kleine Düssel gespeist wird. Das nächste Ziel ist das weltbekannte Neandertal. Die dortige Düsselschlucht wurde in der ersten Hälfte des 19. Jahrhunderts zunächst ein beliebtes Motiv der Düsseldorfer Malerschule – in der zweiten Hälfte folgte dann allerdings die Zerstörung der engen Schlucht durch den Kalksteinabbau. Am Neanderthal Museum kommt neues Wasser durch den Mettmanner Bach hinzu, dann geht es am Fundort vom Neandertaler vorbei nach Erkrath, wo die Düssel wieder auf spätere Etappen vom Fernwanderweg trifft. In dem Gebiet der Stadt Düsseldorf, die ihren Namen ebenfalls vom Fluss bekam, teilt sich die Düssel mehrfach und mündet nach rund 40 km in den Rhein.

Sie folgen dem Pfad jedoch weiter geradeaus, überqueren dann nach einer Holzbarriere vorsichtig rechts die breite Asbrucher Straße und laufen gegenüber den asphaltierten Weg zwischen den Höfen hinab. In der Rechtskurve wechseln Sie auf den Pfad, der geradeaus am Zaun entlang- und dann steil durch den Wald hinabführt. Im Tal überschreiten Sie den Hombach zu einer Bank und folgen dann dem Waldweg nach links. Auf dem Weg geht es in einer Kurve eine Anhöhe hinauf zu einer schmalen Straße und direkt gegenüber steil durch den Buchenwald, dem Schotterweg folgend, geradeaus hinab ins nächste Tal. Dort überqueren Sie dann den kleinen **Wiesenbach ❹**.

Nach dem Bach halten Sie sich zunächst links und folgen dann dem Wegverlauf bergauf zur breiten Bogenstraße. Sie wechseln vorsichtig die Straßenseite und folgen schräg rechts dem Schotterweg durch den Wald. Es geht geradeaus über eine Kreuzung, dann erreichen Sie nahe einigen Schulgebäuden eine Weggabelung. Sie halten sich links und wandern geradeaus bis zu einer Weggabelung an einem Wohngebiet. Dort geht es rechts bis zum Grundstücksende und dann links die Stufen hinauf. An der nächsten Weggabelung folgen Sie dem rechten Weg zu einer **Rasthütte**. Nicht weit von dort entfernt stand früher die Burg Hardenberg – heute ist davon, bis auf einige Wälle, jedoch nichts mehr zu erkennen.

Sie passieren die Rasthütte und ein Antennenhäuschen, dann geht es hinab zu einer Kreuzung mit Bank. Folgen Sie dort dem linken Weg zu einer Gabelung und biegen Sie dann scharf rechts ab. Der Schotterweg führt Sie hinab. An der großen T-Kreuzung mit mittiger Baumbepflanzung halten Sie sich dann links. Es geht zu einer weiteren T-Kreuzung, von der es rechts hinab zu einer Brücke geht.

Hier trennen sich die Routen vom neanderland STEIG und dem Bergischen Weg, die längere Zeit gemeinsam verlaufen sind.

Hier treffen Sie auch auf die **Entdeckerschleife „Protestanten und Franziskaner“**, die die christlichen Spuren im historischen Zentrum von Velbert-Neviges erkundet und auf Pfaden durch die schöne Natur der Umgebung führt (➲ Länge des Rundwanderwegs: 4,9 km).

Sie gehen auf der Brücke über die Bahnstrecke Essen-Wuppertal und erreichen den **Biergarten der Minigolfanlage Binder**. Die Minigolfanlage Binder ist die Heimanlage vom Verein BGS Hardenberg-Pötter, der viele nationale und internationale Titel in dem Alternativ-Ballsport holte.

Biergarten Minigolf-Binder, Bernsaustraße 79, 42553 Velbert, ☏ 020 53/24 59, info@minigolf-binder.de, www.minigolf-binder.de, März-April und Okt Mo-Fr 14:00-20:00, Sa, So, Fei 11:00-20:00, Mai-Sept Mo-Fr 14:00-21:00, Sa, So, Fei 11:00-21:00 (Öffnungszeiten können wetterbedingt abweichen)

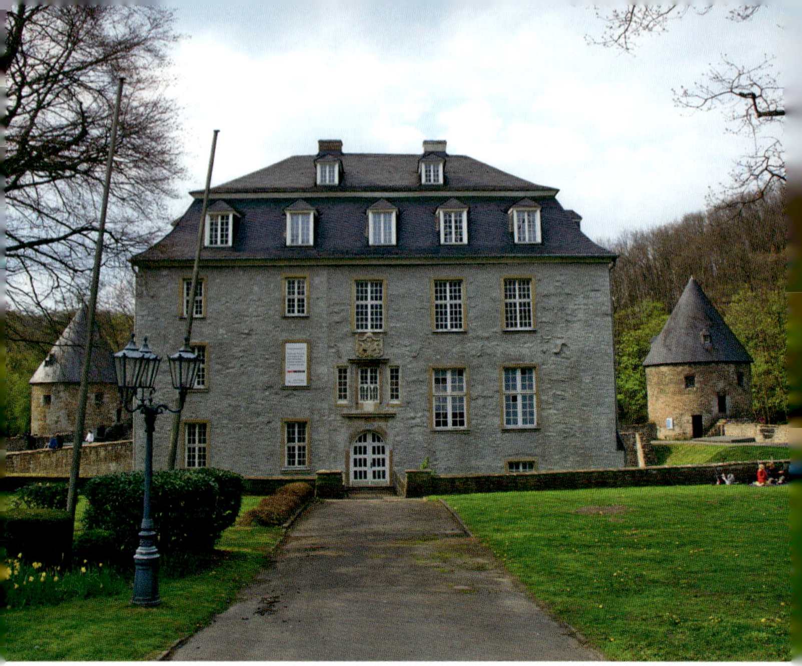

Schloss Hardenberg

Sie passieren die Minigolfanlage und den Biergarten und erreichen die Parkanlage vom ♜ Schloss Hardenberg ❺.

♜ Schloss Hardenberg wurde erstmals am 28. Dezember 1354 urkundlich erwähnt. Das Schloss war ein als Verteidigungsanlage erbauter Wohnsitz der Hardenberger Herren. Die Vorburg liegt hufeisenförmig vor dem Herrenhaus. Im Mittelalter wurde das Schloss häufig verkauft. 1939 erwarb die Stadt Velbert das Anwesen.

Gehen Sie auf dem Schlossgelände den Pfad schräg rechts am Spielplatz vorbei zum Parkplatz. Dort geht es rechts zu den drei Bänken. Folgen Sie dem Weg hinter den Bänken nach links bis zur Bernsaustraße. Es geht weiter rechts durch die Unterführung und dann rechts auf dem gepflasterten Weg zwischen dem Restaurant Alter Bahnhof Neviges und dem Hotel-Restaurant Graf Hardenberg in den kleinen Park.

Am Parkende gehen Sie geradeaus die Treppe hinauf und über den Fußgängerweg zum ✝ **Mariendom**.

✞ Der Mariendom oder Nevigeser Wallfahrtsdom sieht aus wie eine sich auftürmende Felsenskulptur aus Beton. Der experimentelle Entwurf für die 1968 fertiggestellte und architektonisch herausragende Kirche kam von dem renommierten Architekten Gottfried Böhm. Eine angebliche Marienerscheinung des Franziskaners Antonius Schirley ließ Neviges seit dem 17. Jahrhundert zum bedeutenden Wallfahrtsort werden.

Sie folgen hinter dem Mariendom rechts zwischen den Fachwerkhäusern der schmalen Alten Gasse und biegen hinter den Spielgeräten links zum Kirchplatz ab, dem **historischen Stadtkern** von Neviges. Gehen Sie neben der ✞ Stadtkirche Neviges rechts die breiten Treppen bis ganz unten durch und halten Sie sich dann links vorbei am Platz Im Orth auf eine T-Kreuzung zu. Dort geht es nach rechts, vorbei an der Bushaltestelle „Neviges Markt/Bahnhof, Velbert" mit dem Food Point zum Etappenziel, dem **Bahnhof Velbert-Neviges** (Auf der Beek 1, 42553 Velbert).

Velbert-Neviges

Hotel-Restaurant Graf Hardenberg, Bernsaustraße 25, 42553 Velbert-Neviges, ☏ 020 53/412 90, georgiouilias1962@gmail.com, www.graf-hardenberg-neviges.de, EZ € 55, DZ € 75, F € 8

Food Point, Lohbachstraße 8, 42553 Velbert-Neviges, ☏ 020 53/838 38 35, Mo-Fr 11:30-21:30, So und Fei 13:00-22:00

Bushaltestelle „Neviges Markt/Bahnhof, Velbert", 0,1 km vom Etappenziel, Busverbindung nach Wuppertal (Barmen, Hbf), Velbert (Langenberg, Nierenhof, Mitte/ZOB), Hattingen-Mitte

Bahnhof Velbert-Neviges, Bahnverbindung z. B. mit S9 nach Wuppertal (Barmen, Hbf, Vohwinkel), Wülfrath-Aprath, Velbert (Langenberg, Nierenhof), Essen Hbf

Velbert ist eine Stadt im Kreis Mettmann mit rund 85.000 Einwohnern. Ein Stadtbezirk von Velbert ist Neviges, wo die heutige Etappe endet. Das ehemals selbständige Neviges ist seit Jahrhunderten ein bedeutender Wallfahrtsort. Sehenswert sind insbesondere der ✞ Mariendom und das Schloss Hardenberg. Es gibt eine Fußgängerzone, Restaurants, ein ehemaliges ✞ Franziskanerkloster und am Kirchplatz einen historischen Ortskern mit vielen Fachwerkhäusern. 1975 wurde Neviges mit den Städten Velbert und Langenberg zum heutigen Velbert zusammengeschlossen. Die Historie spiegelt sich noch immer im Velberter Stadtbild wider. Neben dünn besiedelten Außenbereichen wie Nordrath (☞ 3. Etappe, S. 45) gibt es die drei weit auseinanderliegenden Siedlungsgebiete: Neviges, Langenberg/Nierenhof (☞ 4. Etappe, S. 52) und Velbert-Mitte (☞ 5. Etappe, S. 60).

3. Etappe: Velbert-Neviges – Velbert-Nordrath

7,4 km, 3 Std., ↑ 311 m, ↓ 184 m, ⇧ 148-279 m

0,0 km	⇧ 149 m	Velbert-Neviges, Bahnhof
0,9 km	⇧ 219 m	Rasthütte
1,7 km	⇧ 179 m	Alter Jüdischer Friedhof
2,3 km	⇧ 192 m	Gut Halfmannsberg
3,6 km	⇧ 213 m	Wanderparkplatz Alaunloch
4,2 km	⇧ 178 m	Forellenhof Bieker
4,6 km	⇧ 202 m	Windrather Kapelle
5,6 km	⇧ 181 m	Biohof Zur Hellen
7,4 km	⇧ 276 m	Velbert-Nordrath, Bushaltestelle „Nordrath, Velbert“

Direkt hinter dem Bahnhof Velbert-Neviges müssen Sie einen steilen Anstieg bewältigen. Dann bieten sich Ihnen schöne Fernblicke und Sie erreichen den Alten Jüdischen Friedhof Neviges. Über die historischen Wege Zwingenbergweg und Alaunstraße geht es in ein ehemaliges Abbaugebiet für Alaunschiefer. Ein schmaler Pfad führt Sie weiter am Forellenhof Bieker vorbei und hinauf zur verschieferten Windrather Kapelle. Dann geht es wieder hinab zu zwei Biohöfen mit Café im Windrather Tal. Nach einem kräftigen Schlussanstieg erreichen Sie das Etappenziel Velbert-Nordrath.

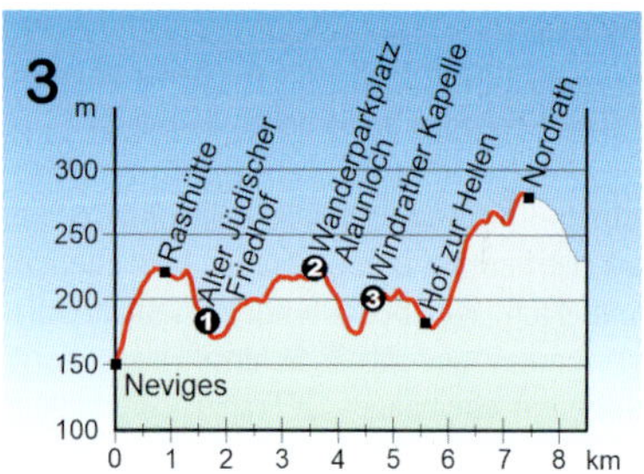

Die 3. Etappe beginnt am **Bahnhof Velbert-Neviges** (Auf der Beek 1, 42553 Velbert). Sie gehen durch die Bahnhofsunterführung und dahinter am grünen Metallgeländer hinauf. Folgen Sie vor dem Privatgrundstück links dem schmalen Waldweg weiter bergauf. Oben wandern Sie geradeaus über die Felder und ignorieren Abzweigungen. Dann führt der Weg nach rechts weiter am Waldrand entlang. Zu Ihrer Linken liegt nun eine Rasthütte. Sie bleiben jedoch auf dem breiten Schotterweg, der nun über Felder zu einem Wegweiser an einer Kreuzung führt. Nehmen Sie den Feld- und Wiesenpfad nach links in Richtung „Windrath“. Es geht über ein Feld, vor dem Wald rechts und dann immer am Waldrand entlang bergab zum **Alten Jüdischen Friedhof Neviges ❶**.

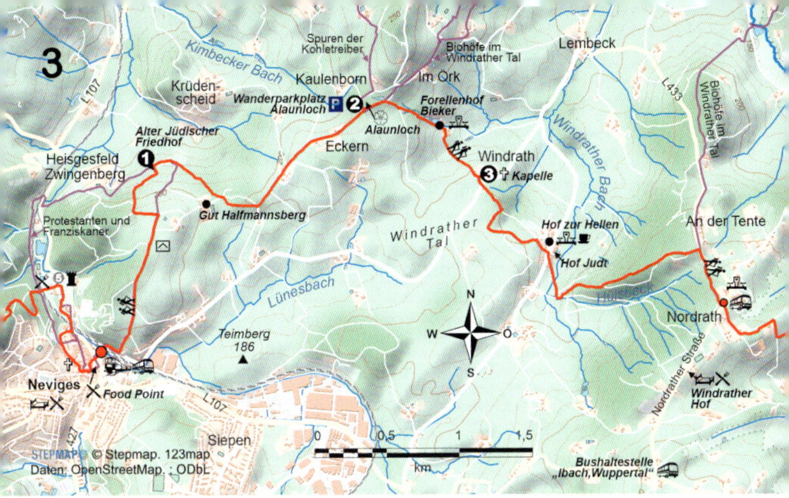

Alte jüdische Friedhöfe

Im Judentum bezeichnet man Friedhöfe als Ort des Lebens, „Bet Hachajim", oder als Ort der Ewigkeit, „Bet Haolam". Die traditionelle Bestattungsform ist die Erdbestattung. Sie soll schnell nach dem Tod erfolgen und die Gräber sollen ewig bestehen bleiben. Statt Blumen legt man kleine Steine auf ein Grab. Um die Ehre der Toten zu wahren, muss man sich auf jüdischen Friedhöfen respektvoll verhalten, so ist essen und trinken verboten und Männer sollen eine Kopfbedeckung tragen. Der neanderland STEIG passiert zwei alte jüdische Friedhöfe. Seit 1791 wurde der Alte Jüdische Friedhof Neviges hier am Zwingenbergweg genutzt. Die letzte jüdische Bestattung erfolgte 1929. Auf dem Friedhofsgelände wurden im Zweiten Weltkrieg auch 30 russische Soldaten und Zivilisten begraben. Auf der 7. Etappe vom Fernwanderweg werden Sie einen nur 400 m langen Zubringer zum Alten Jüdischen Friedhof Kettwig vor der Brücke am Blomericher Weg passieren. Das Grundstück, das die jüdische Gemeinde 1786 für den Friedhof erhielt, lag weit entfernt der Ortsmitte nahe Schloss Landsberg. Der Friedhof wurde rund 100 Jahre genutzt. Aufgrund einer Gebietsreform gehört er heute nicht mehr zu Kettwig, sondern zu Ratingen. In Kettwig vor der Brücke erinnert an der Kreuzung Mintarder Weg und Landsberger Straße eine Gedenktafel mit vielen Informationen an die ehemalige jüdische Gemeinde.

Sie gehen an der Hecke neben dem Friedhof hinab zum historischen Zwingenbergweg und folgen ihm nach rechts. Zunächst haben Sie einen guten Fernblick, nach einer Weggabelung, an der Sie sich links halten und eine ⩩ Bank passieren, verläuft der Weg kurzzeitig vertieft.

Es geht auf ihm geradeaus weiter, dann schlängelt der Weg sich bergauf durch einen Buchenwald zum Asphaltweg vor dem **Gut Halfmannsberg**.

Sie biegen dort links und laufen an den Pferdeweiden vom Gut Halfmannsberg entlang zur asphaltierten T-Kreuzung ⩚ der Alaunstraße, einer mittelalterlichen Handelsstraße (☞ 9. Etappe, S. 88). Nun geht es links entlang weiter, zunächst auf dem gegenüber parallel zur Alaunstraße verlaufenden Feldweg, wo die ersten Bäume stehen auf der Straße selbst. Ignorieren Sie Abzweigungen. Bei der Kurve wechseln Sie erneut auf einen parallelen Pfad, dann geht es wieder auf der Alaunstraße weiter an Grundstücken vorbei. An einer Linksabzweigung liegt danach der **Wanderparkplatz Alaunloch ❷**.

↬ Hier treffen Sie auf die **Entdeckerschleife „Spuren der Kohlentreiber"**, die in die historische Altstadt von Velbert-Langenberg (☞ Etappe 4, S. 51) führt und ein Gebiet passiert, in dem früher auf Pferden über sogenannte Kohlentreiberwege die Transporte des frühen Steinkohlebergbaus abgewickelt wurden (➲ Länge des Rundwanderwegs: 8,1 km).

↬ In dem Gebiet nahe dem Wanderparkplatz befindet sich auch das **Alaunloch** und einige Halden (➲ 0,1 km).

Windrather Kapelle

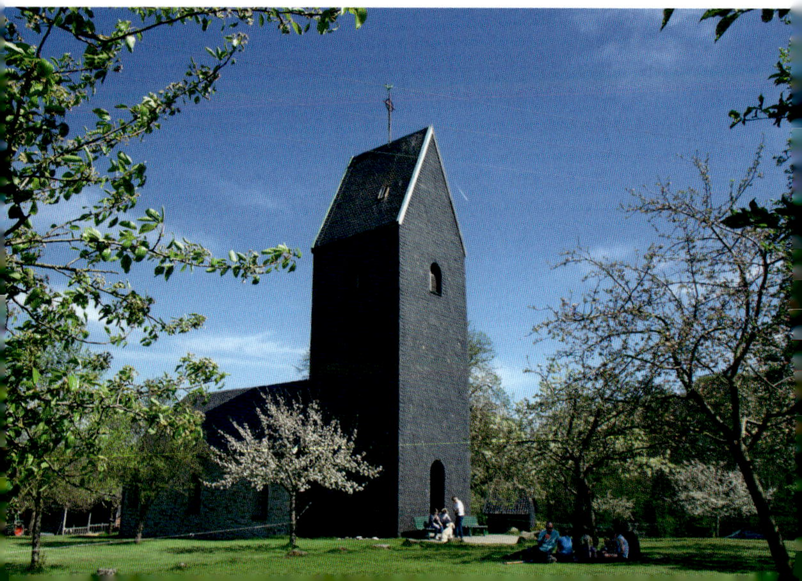

Das Alaunloch ist ein jahrhundertealter Alaunsteinbruch in Velbert. Alaun hat viele Anwendungsbereiche, z. B. beim Gerben oder Färben. Alaunstifte kennt man heute noch als Blutstiller beim Rasieren. Bis Schwefelsäure als Alternative industriell erzeugt werden konnte, wurde Alaunschiefer in Deutschland bergmännisch abgebaut.

Sie laufen geradeaus auf der Asphaltstraße weiter bis zu einem Wegweiser.

Hier treffen Sie auf die **Entdeckerschleife „Biohöfe im Windrather Tal"**, die an drei biologisch bewirtschafteten Höfen im Windrather Tal entlangführt und Gelegenheit für schöne Fernblicke bietet (➲ Länge des Rundwanderwegs: 11,4 km).

Sie biegen rechts auf den Schotterweg ab. An der Gabelung nehmen Sie dann links den wurzeligen Waldpfad. Es geht nun an einem Zaun und an Teichen entlang zum Forellenhof Bieker, wo Interessierte angeln können. Halten Sie sich auf dem Hof rechts und folgen Sie dann vorsichtig dem steilen Pfad zwischen den Stacheldrahtzäunen die Weiden hinauf zur **Windrather Kapelle ❸**.

Windrather Kapelle

In Windrath gab es neben dem Alaunbergbau und mehreren Bauernhöfen auch schon früh ein kirchliches Gebäude: die Windrather Kapelle. Vermutet wird, dass sie zum Ende des 8. Jahrhunderts oder Anfang des 9. Jahrhunderts aufgrund der missionarischen Tätigkeit des heiligen Swidbert aus England errichtet wurde. Swidbert wurde in Windrath anscheinend besser empfangen als in Ratingen – dort haben sie ihm, einer örtlichen Sage zufolge, den Daumen im Stadttor eingeklemmt, als er sie zu Christen machen wollte. Die Kapelle in Windrath wurde auf dem Platz einer heidnischen Kultstätte erbaut und im Laufe der Jahrhunderte mehrfach renoviert. Anfang des 20. Jahrhunderts wurde der Turm erneuert und, um den schlechten Witterungsverhältnissen zu trotzen, 1969 verschiefert. Die Kapelle steht inmitten einer Obstbaumwiese und gehört zur Evangelischen Kirchengemeinde Langenberg. In Windrath selbst wird heute nicht mehr Alaun ab-, sondern biologisch angebaut – das Windrather Tal ist mit sechs Biohöfen ein Schwerpunktgebiet der ökologischen Landwirtschaft.

Sie kreuzen hinter der Kapelle die Straße und folgen dem Weg neben dem geschieferten Haus. Er führt durch einen Wald hinab zu einer Holzbarriere vor einer Weide. Noch vor der Holzbarriere folgen Sie rechts dem wurzeligen Waldweg zu einem Zaun. Es geht dann am Zaun um die Weide herum und dahinter den Weg nach links.

Folgen Sie dem Wegverlauf hinab und ignorieren Sie Abzweigungen. Er führt von den Feldern in ein Waldstück und dort durch eine Rechtskurve bergab zum **Hofcafé Hof Zur Hellen**. Gegenüber liegt der Bioland-Hof Judt.

Hofcafé Hof zur Hellen, Windrather Straße 197, 42553 Velbert, ☏ 020 53/32 39, cafe@hofzurhellen.de, www.hofzurhellen.de, April-Nov Sa, So, Fei ab 11:00

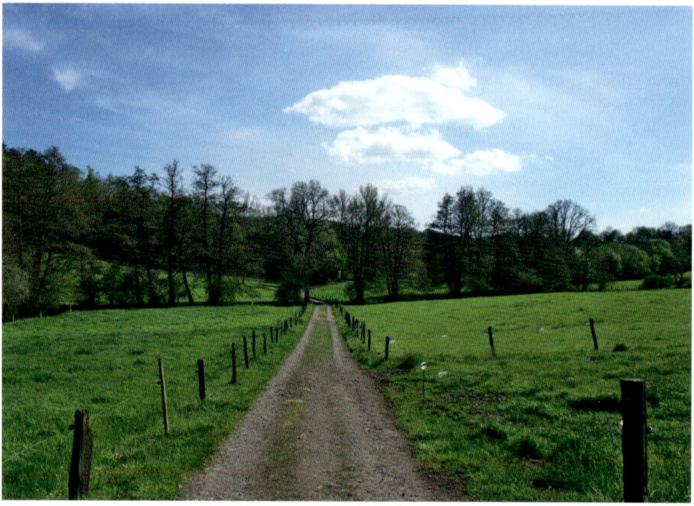

Im Windrather Tal

Kreuzen Sie am Wegweiser an den Biohöfen die Straße und wandern Sie schräg rechts in Richtung „Nordrath". Sie passieren dann den Windrather Bach und biegen am Wegende links in den Wald zu einer großen Gabelung ab. Nehmen Sie dort links den steil ansteigenden Weg.

Der Schotterweg führt an Bänken vorbei den ganzen Hügel hinauf. Oben geht es an den Pollern geradeaus weiter zur Nordrather Straße, nahe der Bushaltestelle „Tente, Velbert". Sie laufen vorsichtig nach rechts entlang der Straße, biegen an der ersten Möglichkeit wieder rechts und folgen dem Pfad durch das Waldstück zurück zur Nordrather Straße. Dort liegt das Etappenziel, die **Bushaltestelle „Nordrath, Velbert"** (In der Heide & Nordrather Straße, 42553 Velbert).

Die Nordrather Straße nach links liegt der Hofladen Landgut Hennenberg (0,1 km).

Vorsichtig rechts entlang auf der Nordrather Straße geht es zum Windrather Hof (0,6 km).

Velbert-Nordrath

Windrather Hof, Nordrather Straße 72, 42553 Velbert-Nordrath, 020 53/22 45, nicole.brebeck@windrather-hof.de, www.windrather-hof.de, ÜF EZ ab € 45, ÜF DZ ab € 75

Hofladen Landgut Hennenberg, Nordrather Straße 130, 42553 Velbert-Nordrath, Mo-Fr 7:30-13:00 und 14:00-17:00, Sa 8:30-12:30

Bushaltestelle „Nordrath, Velbert", Busverbindung nach Wuppertal (Ibach, Barmen) und Velbert (Langenberg, Nierenhof); Bushaltestelle „Ibach, Wuppertal", 1,3 km vom Etappenziel, vorsichtig nach rechts die Nordrather Straße bis zum Ende gehen, Busverbindung nach Wuppertal-Barmen und Velbert (Neviges, Langenberg, Nierenhof)

Der Velberter Ortsteil Nordrath besteht aus ein paar Häusern und Bauernhöfen im Außenbereich der Stadt – weit abseits der drei Zentren Neviges (2. Etappe, S. 39), Langenberg/Nierenhof (4. Etappe, S. 52) und Velbert-Mitte (5. Etappe, S. 60). Nicht weit vom heutigen Etappenende gibt es einen Hofladen sowie eine Übernachtungs- und Essensmöglichkeit, ansonsten ist in Nordrath nicht viel los. Der Ortsteil wird vom Bus zwischen Nierenhof/Langenberg und Wuppertal-Barmen passiert, von wo Sie verschiedene Möglichkeiten zur Weiterfahrt haben.

☺ Falls Sie in Wuppertal-Barmen bleiben möchten: Es gibt dort eine Jugendherberge und nahe dem Bahnhof den Engelsgarten, wo der Revolutionär Friedrich Engels aufgewachsen ist. Neben seiner Statue findet sich dort das sehenswerte ⌘ Museum Engels-Haus.

Jugendherberge Wuppertal, Obere Lichtenplatzer Straße 70, 42287 Wuppertal-Barmen, 02 02/281 57 60, wuppertal@jugendherberge.de, www.jugendherberge.de, ÜF ab € 20,40, Bus 637 von Velbert-Nordrath bis Bf Wuppertal-Barmen

⌘ Engels-Haus, Engelsstraße 10, 42283 Wuppertal, 02 02/563 43 75, ankerpunkt@stadt.wuppertal.de, www.mi-wuppertal.de, Di-So 10:00-18:00, Erwachsene € 4, ermäßigt € 2

4. Etappe: Velbert-Nordrath – Velbert-Nierenhof

15,2 km, 5 Std., ↑ 526 m, ↓ 718 m, ⇧ 84-278 m

0,0 km	⇧ 276 m	Velbert-Nordrath, Bushaltestelle „Nordrath, Velbert"
1,6 km	⇧ 186 m	Elfringhauser Schweiz
3,6 km	⇧ 172 m	Deilbachtal
6,3 km	⇧ 205 m	Kreuzung Fachwerkhaus
7,6 km	⇧ 142 m	Rasthütten Felderbachstraße
10,3 km	⇧ 153 m	Abzweig Café-Restaurant Waldhof (0,7 km)
12,9 km	⇧ 122 m	Wegweiser
14,7 km	⇧ 86 m	Abzweig Velbert-Langenberg (2,6 km)
15,2 km	⇧ 84 m	Velbert-Nierenhof, S-Bahnhof Velbert-Nierenhof, in Velbert-Langenberg

Von Velbert-Nordrath geht es zunächst durch ein Waldstück zum Flüsschen Deilbach, wo Sie die Grenze vom Rheinland nach Westfalen überschreiten. Der weitere Etappenverlauf führt Sie über die Hügel und durch die Bachtäler der schönen Elfringhauser Schweiz. Neben dem Deilbachtal durchwandern Sie auch das Felderbachtal. Dann können Sie entscheiden, ob Sie zum offiziellen Etappenziel in Velbert-Nierenhof wandern möchten oder in den historischen Stadtkern von Velbert-Langenberg. In der malerischen „Bücherstadt" erwarten Sie Ateliers, Buchläden und Fachwerkhäuser.

Die 4. Etappe beginnt an der **Bushaltestelle „Nordrath, Velbert"** (In der Heide & Nordrather Straße, 42553 Velbert). Biegen Sie von der Nordrather Straße auf die schmale Asphaltstraße In der Heide. Nach der Einfahrt zur Baumschule folgen Sie rechts dem Pfad durch das Waldstück und zurück zur Straße. Es geht nun vorbei an einem Haus, hinter dem Sie an der Bank rechts dem Schotterweg durch eine Links- und eine Rechtskurve die Felder hinab folgen. Wenn der Weg am Ende auf ein Grundstück führt, wechseln Sie auf den Pfad neben der Hecke. Er führt weiter bergab in einen Wald. Dort biegen Sie links und folgen dem Pfad dann wieder hinauf zu einem Hang mit Farnen. Wandern Sie am Hang entlang. Am Wegende geht es dann rechts durch ein Waldstück und an Obstwiesen entlang steil hinab. Unten erreichen Sie einen eingezäunten Pfad an einer Weide, überqueren auf einem schmalen Steg den Fettenberger Bach und treffen nach einer Holzbarriere auf eine Kreuzung. Dort geht es links zu einem Wegweiser, dann rechts am grünen Zaun entlang und noch einmal über den Fettenberger Bach. Die Holzbrücke danach führt über den Deilbach in die **Elfringhauser Schweiz ❶**.

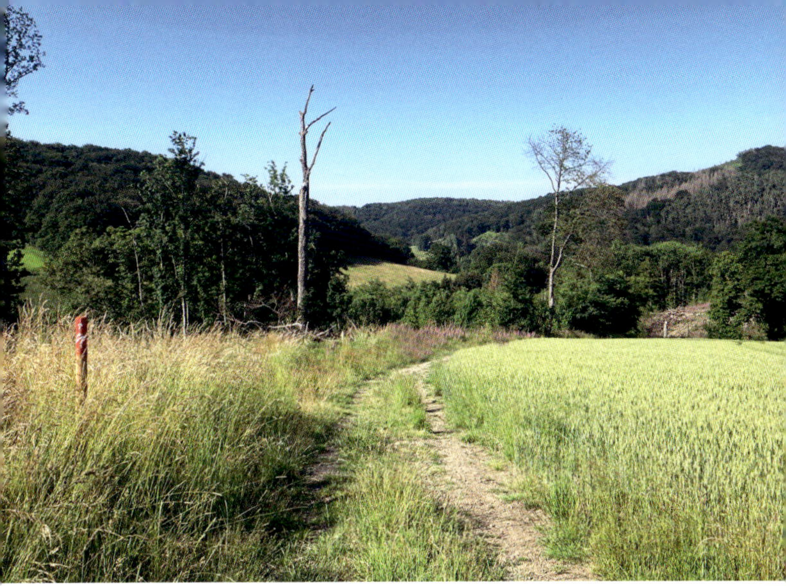

Elfringhauser Schweiz

Elfringhauser Schweiz

Der neanderland STEIG führt Sie im weiteren Etappenverlauf in eine kleine Hügelkette mit dem eindrucksvollen Namen Elfringhauser Schweiz. Die Berge zwischen Velbert, Hattingen und Wuppertal sind nicht ganz so hoch, wie der Name vermuten lässt. Mit rund 300 m hohen Erhebungen werden Sie nun allerdings durch ein kleines Mittelgebirge wandern – ohne gute Nahverkehrsanbindung oder Handyempfang. Die Elfringhauser Schweiz wird ebenso wie der weitere Etappenverlauf durch zwei tiefe Bachtäler inmitten der Hügel geprägt: das Deilbachtal und das Felderbachtal. Bevor es losgeht, müssen Sie allerdings noch eine bedeutende Grenze überschreiten. Wenn Sie den Deilbach auf der kleinen Holzbrücke überqueren, verlassen Sie nicht nur Velbert, den Kreis Mettmann und das Bergische Land. Sie verlassen auch den rheinischen Landesteil von Nordrhein-Westfalen. Es geht dann hinüber nach Hattingen in den Ennepe-Ruhr-Kreis in Westfalen. Der Deilbach bildet somit die Grenze zwischen Rheinland und Westfalen.

Sie gehen über die Brücke in den Wald und den breiten Weg bergauf bis zur Abzweigung, wo Sie links abbiegen. Ignorieren Sie danach an der Ѫ Bank die Linksabzweigung und folgen Sie dem Wegverlauf hinauf zur großen Gabelung. Dort halten Sie sich links.

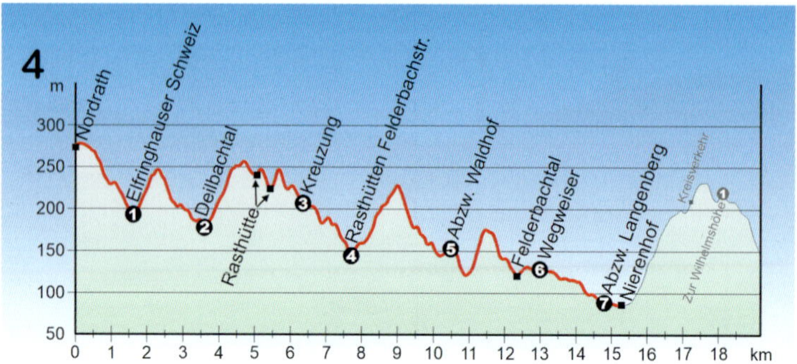

Es geht wieder hinab und durch eine lang gezogene Linkskurve ⩸ zu einer T-Kreuzung. Folgen Sie nun links dem Schotterweg bergab. Sie ignorieren die Abzweigung zur Wiese und passieren eine ⩸ Bank. Der Weg führt weiter abwärts zum Deilbach. Kurz nachdem von schräg rechts ein Weg auf Ihren trifft, erreichen Sie eine Rechtsabzweigung mit Wegweiser, direkt im **Deilbachtal ❷** gelegen.

Der alte Wegverlauf vom neanderland STEIG führte hier geradeaus zum ehemaligen Ausflugslokal Schmahl am Schmalen. Sie biegen jedoch nach rechts ab. Nehmen Sie dann den ersten links abzweigenden Pfad. Er führt hinab über einen schmalen Bach und wieder hinauf zu einer kleinen Waldkreuzung, wo Sie rechts abbiegen. Sie folgen nun dem Weg und ignorieren Abzweigungen. Er schlängelt sich durch den Buchenwald hinauf zum asphaltierten Höhenweg, auf dem es links entlang weitergeht. Der Höhenweg führt an Häusern und in einer Rechtskurve an einer kleinen ⌂ Rasthütte vorbei. Dann ignorieren Sie eine Abzweigung und es geht bergab und geradeaus über eine Kreuzung mit einer weiteren ⌂ Rasthütte zu einer Gabelung. Folgen Sie dem asphaltierten Höhenweg nun rechts den Hügel hinauf und oben geradeaus durch das Wäldchen. Am Waldende geht es links weiter an einem Grundstück vorbei und danach in ein weiteres Waldstück. Sie ignorieren Abzweigungen und folgen dem Weg aus dem Wald hinaus zu einer Kreuzung nahe einem großen **Fachwerkhaus ❸**.

Sie biegen nach rechts ab, ignorieren die Einfahrt zum Fachwerkhaus und wandern auf dem Schotterweg über ein Feld und in den Wald hinein. Folgen Sie dem Weg geradeaus durch den Wald. In einer Linkskurve geht es aus dem Wald hinaus und über ein weiteres Feld, von dem Sie eine gute Fernsicht haben, zu einer schmalen Straße. Dort laufen Sie rechts zur Kurve und dann geradeaus den Feldweg den ganzen Hügel hinab zu einer Holztreppe. Sie gehen die Stufen hinunter und biegen auf den Asphaltweg nach rechts. Dann geht es geradeaus zu den zwei ⌂ **Rasthütten an der Felderbachstraße ❹**.

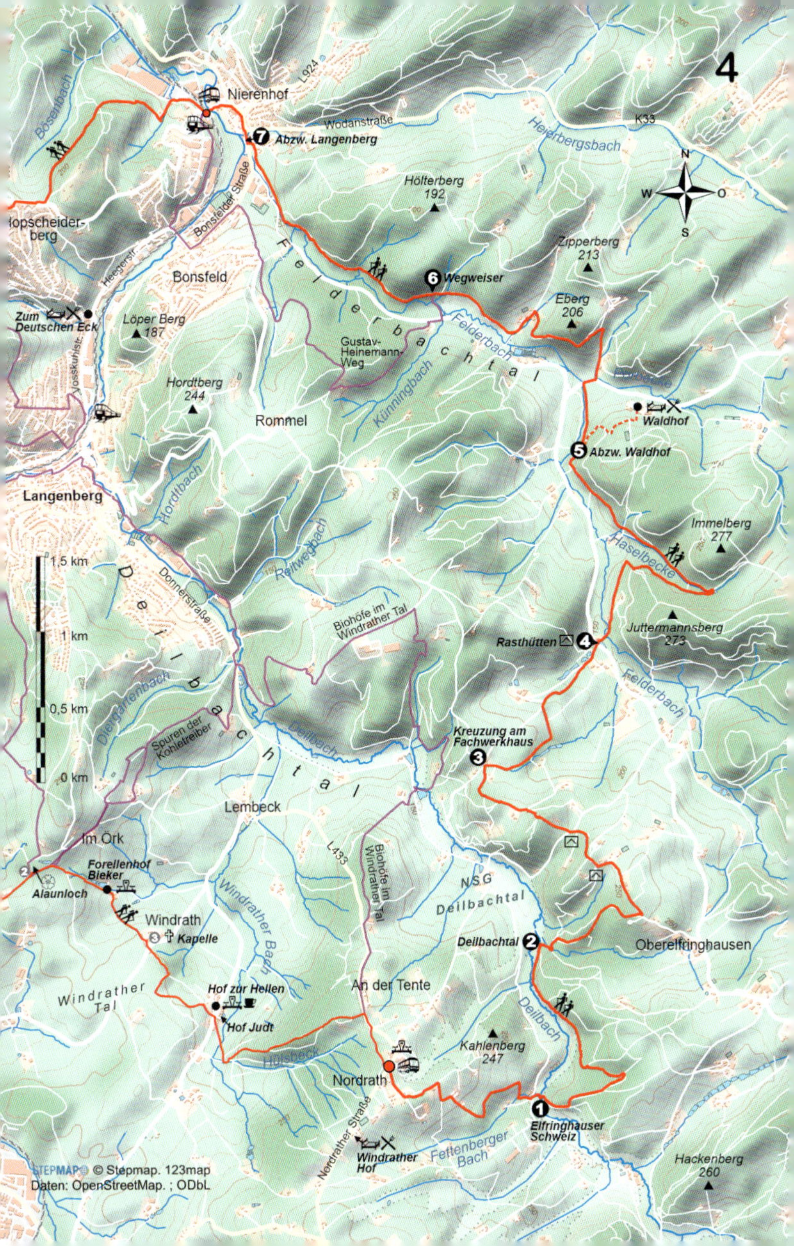
4
Nierenhof
7 Abzw. Langenberg
Wodanstraße
K33
Heierbergsbach
L924
Bösenbach
Hopscheiderberg
Bonsfelder Straße
Hölterberg 192
Zipperberg 213
Eberg 206
6 Wegweiser
Felderbachtal
Felderbach
Bonsfeld
Heegerstr.
Zum Deutschen Eck
Löper Berg 187
Gustav-Heinemann-Weg
Künningbach
Hordtberg 244
Rommel
Waldhof
5 Abzw. Waldhof
Langenberg
Hordtbach
Immelberg 277
Haselbecke
Reitwegbach
Donnerstraße
Deilbachtal
Biohöfe im Windrather Tal
Juttermannsberg 273
Rasthütten 4
Felderbach
1,5 km
1 km
0,5 km
0 km
Dieggartenbach
Spuren der Kohletreiber
Deilbach
Kreuzung am Fachwerkhaus 3
Lembeck
Im Ørk
L433
Biohöfe im Windrather Tal
Forellenhof Bieker
Alaunloch
Windrath
Kapelle
Windrather Bach
NSG Deilbachtal
Deilbachtal 2
Oberelfringhausen
Windrather Tal
Hof zur Hellen
Hof Judt
An der Tente
Deilbach
Kahlenberg 247
Hülsbeck
Nordrath
1 Elfringhauser Schweiz
Nordrather Straße
Windrather Hof
Fettenberger Bach
Hackenberg 260
STEPMAP © Stepmap. 123map
Daten: OpenStreetMap. ; ODbL

Sie überqueren diese Landstraße vorsichtig, wandern geradeaus weiter über den Felderbach und dann etwas bergauf. Hinter dem Wohnhaus folgen Sie links dem Pfad entlang der Felder. Am Ende führt der Pfad nach einer Rechtskurve steil in den Wald hinauf zu einer Kreuzung mit ⛩ Bank. Sie biegen nun scharf links und folgen dem Weg geradeaus an einer Abzweigung vorbei bis zum Ende an einem Wegweiser.

Nun geht es nach links am Bach Haselbecke entlang. Sie ignorieren Abzweigungen, gehen an der ersten Gabelung links hinab und an der zweiten rechts hinauf. Folgen Sie dem Wegverlauf dann geradeaus, vorbei an abzweigenden Wegen und ⛩ Bänken. Der Weg führt aus dem Wald hinaus in ein gerodetes Gebiet zu einer Gabelung ❺.

➪ Der rechte Weg führt aufwärts und bietet schöne Fernblicke. Wenn Sie dem Weg folgen und die rechts abzweigenden Wege ignorieren, gelangen Sie zum 🛏 ✕ ☕ **Café-Restaurant Waldhof** (➲ 0,7 km).

🛏 ✕ ☕ Café-Restaurant Waldhof, Elfringhauser Straße 155, 45529 Hattingen, ☏ 023 24/279 58, ✉ info@waldhof-hattingen.de, 💻 www.waldhof-hattingen.de, Ferienwohnung ab € 60

Sie halten sich jedoch links und folgen dem Weg zur breiten Elfringhauser Straße. Wechseln Sie vorsichtig die Straßenseite und laufen Sie am Straßenrand ein Stück nach rechts. Es geht nun links ab auf dem asphaltierten Weg zum Hügel und hinauf bis zur S-Kurve. Dort folgen Sie dem Wanderweg hinter der Metallschranke. Er bietet zunächst Fernblicke ins Tal und ein Weg stößt von schräg rechts hinzu.

Dann schlängelt sich Ihr Weg durch den Wald hinab zu einem Bauernhof, den Sie nach links überqueren. Nehmen Sie nun den rechts abzweigenden Schotterweg durch das **Felderbachtal**. Sie passieren ⛩ Bänke, ignorieren Abzweigungen und folgen dem Weg bis zur Waldkreuzung mit Wegweiser ❻.

➪ Hier treffen Sie auf die **Entdeckerschleife „Gustav-Heinemann-Weg“**, die in der Gegend um den Felderbach und in Nierenhof über Wege führt, auf denen Gustav Heinemann, ehemaliger Bundespräsident und prominenter Gegner der Aufrüstung, einst wanderte (➲ Länge des Rundwanderwegs: 7,2 km).

Der neanderland STEIG führt am Wegweiser weiter geradeaus in Richtung „Nierenhof“. Sie bleiben nun die ganze Zeit auf dem breiten Weg. Es geht durch Wald, an Wiesen und ⛩ Bänken vorbei und zeitweise parallel zum Felderbach. Dann erreichen Sie ein großes Fachwerkhaus. Dahinter geht es links zur breiten Bonsfelder Straße, gegenüber einer **Tankstelle** ❼.

Wenn Sie die Etappe statt in Nierenhof in **Velbert-Langenberg** mit dem historischen Stadtkern beenden wollen, folgen Sie der Bonsfelder Straße nach links (2,6 km). Alternativ können Sie Langenberg auch vom Etappenziel mit der S-Bahn erreichen.

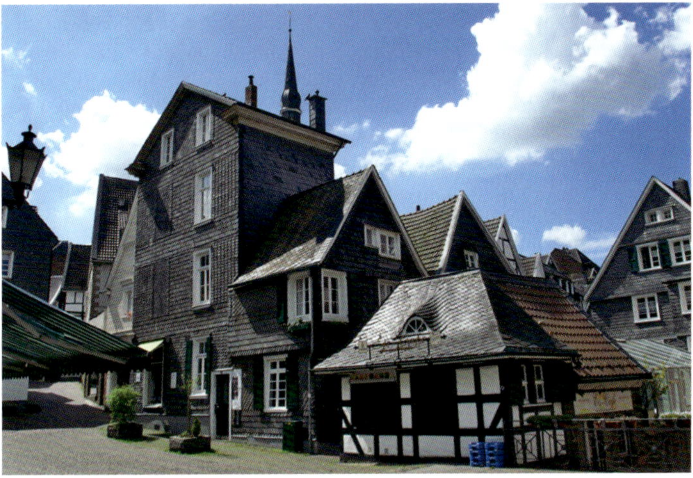

Altstadt von Velbert-Langenberg

Historische Stadtkerne am Steig

In der Arbeitsgemeinschaft Historische Stadt- und Ortskerne in NRW haben sich, unter der Schirmherrschaft des Bundeslandes, Städte mit besonders schönen historischen Kernen zusammengeschlossen. Sie wollen das baukulturelle Erbe mit den vielen denkmalgeschützten Gebäuden erhalten und behutsam weiterentwickeln. Die 60 erhaltenen Zentren versetzen Besucher in vergangene Zeiten. Sie verteilen sich über ganz Nordrhein-Westfalen. Auch der neanderland STEIG verläuft nahe vieler historischer Kerne, fünf besonders beeindruckende sind Mitglied in der Arbeitsgemeinschaft. Dazu gehört der historische Stadtkern von Langenberg mit seinen alten verschieferten Fachwerkhäusern. Mehrere Antiquariate verkaufen in der Altstadt der zu Velbert gehörenden „Bücherstadt" Grafiken, Vintage-Fotografien und Bücher. Im einige Kilometer von hier entfernten Hattingen haben es gleich zwei Zentren in die Arbeitsgemeinschaft geschafft, die pittoreske Altstadt und der historische Kern vom Stadtteil Blankenstein. Ebenfalls vertreten ist Düsseldorfs ältester Stadtteil Kaiserswerth mit dem historischen Altstadtkern und der Ruine der Kaiserpfalz.

Der Fernwanderweg verläuft auf der achten Etappe über das ein paar Kilometer davon entfernte Flughafengelände. Das heute zu Solingen gehörende Gräfrath wird auf der letzten Etappe gestreift. Gräfrath besticht durch enge Gassen mit Fachwerkhäusern, einem schönen Marktplatz und einer Klosterkirche.

Von hier können Sie auch das Hotel-Restaurant Zum deutschen Eck erreichen, indem Sie zunächst ein Stück der Bonsfelder Straße links Richtung Langenberg und dann rechts der Heegerstraße folgen (1,9 km).

Hotel-Restaurant Zum Deutschen Eck, Voßkuhlstraße 105, 42555 Velbert-Langenberg, 020 52/950 50, 01 57/82 78 94 18, hotelzde@gmx.de, https://zum-deutschen-eck.eatbu.com, EZ € 55, DZ € 88, F € 9

Sie biegen jedoch nach rechts und laufen zur Ampel. Wechseln Sie nach links die Straßenseite und folgen Sie weiter der Bonsfelder Straße. Die Bonsfelder Straße führt in Linkskurven am Busbahnhof „Nierenhof, Velbert" entlang zum Etappenziel, dem **S-Bahnhof Velbert-Nierenhof** (Bonsfelder Straße & Nierenhofer Straße, 42555 Velbert).

Mit der S9 erreichen Sie nach einer Station **Velbert-Langenberg**.

Velbert-Nierenhof

Busbahnhof „Nierenhof, Velbert", 0,3 km vom Etappenziel, Busverbindung nach Velbert (Langenberg, Neviges, Nordrath Mitte/ZOB, Bergische Straße), Wuppertal (Hbf, Barmen), Hattingen-Mitte

S-Bahnhof Velbert-Nierenhof, Bahnverbindung mit S9 nach Wuppertal (Barmen, Hbf, Vohwinkel), Wülfrath-Aprath, Velbert (Neviges, Langenberg), Essen Hbf sowie mit Bus OV8 nach Velbert-Mitte/ZOB

Die Stadt Velbert besteht aus den drei weit voneinander entfernten Siedlungsgebieten Neviges (2. Etappe, S. 39), Velbert-Mitte (5. Etappe, S. 60) und Langenberg/Nierenhof, wo die heutige Etappe endet. Der Stadtteil Nierenhof liegt auf der Grenze von Rheinland und Westfalen. Durch den historischen Verkehrsknotenpunkt führt eine der ältesten deutschen Eisenbahnstrecken. Die ehemalige Trasse der Prinz-Wilhelm-Eisenbahn wird jetzt von der Linie S9 befahren. Es gibt einen S-Bahnhof, einzelne Verpflegungsmöglichkeiten und einen Busbahnhof, von dem Hattingen und andere Ziele der Umgebung angesteuert werden können. Nierenhof selbst ist ein Ort mit wenigen Sehenswürdigkeiten. Die Ortskerne von Nierenhof und Langenberg liegen jedoch weniger als 3 km auseinander – ein Besuch der malerischen Altstadt von Langenberg ist empfehlenswert (S. 51).

5. Etappe: Velbert-Nierenhof – Velbert-Mitte

14,5 km, 5 Std. 30 Min., 695 m, 548 m, 82-232 m

0,0 km	84 m	Velbert-Nierenhof, S-Bahnhof Velbert-Nierenhof
1,9 km	212 m	Kreisverkehr
2,8 km	220 m	Gaststätte Zur Wilhelmshöhe
4,5 km	116 m	Eickelbecktal
6,4 km	137 m	Asbachtal
7,1 km	195 m	Kruppsche Nachtscheinanlage
9,2 km	123 m	Waldkindergarten Wurzelland
12,7 km	176 m	ehemaliger Steinbruch
14,5 km	231 m	Velbert-Mitte, Bushaltestelle „Bergische Straße, Velbert"

Nach dem Start am Bahnhof Velbert-Nierenhof folgt zunächst ein längerer Anstieg. Dann geht es durch ein Wohngebiet und an einem Feld entlang zur alten Gaststätte Zur Wilhelmshöhe. Danach eröffnen sich Ihnen Fernblicke bis ins Ruhrgebiet. Es geht dann hinab in das idyllische Asbachtal und wieder hinauf zum Rottberg, auf dem sich im Zweiten Weltkrieg eine Fabrik-Attrappe mit Bunker befand. Sie wandern anschließend durch ein größeres Waldgebiet und passieren einen ehemaligen Steinbruch. Vom Rosentalbach geht es dann zum Etappenende Velbert-Mitte.

Die 5. Etappe beginnt am **S-Bahnhof Velbert-Nierenhof** (Bonsfelder Straße & Nierenhofer Straße, 42555 Velbert). Sie überqueren am Wegweiser vorsichtig die Nierenhofer Straße und folgen hinter den rot-weißen Pollern dem Weg neben der Bahntrasse. Am Ende gehen Sie ein paar Schritte weiter geradeaus, kreuzen dann links die Straße und steigen vor dem gegenüberliegenden Grundstück in den Wald hinauf.

Vor dem Gatter geht es nach rechts weiter. Sie folgen nun dem Wegverlauf den gesamten Berg hinauf, dabei ignorieren Sie alle abzweigenden Pfade. Oben gehen Sie am kleinen Parkplatz vorbei zur breiten Nierenhofer Straße, wo Sie rechts zur Bushaltestelle „Lerchenstraße, Velbert" biegen und an der Fußgängerampel die Straße überqueren. Gegenüber laufen Sie dann nach rechts weiter entlang der Straße zur Einmündung Meisenstraße und dort links ins Wohngebiet zum **Kreisverkehr**.

Nun geht es rechts den Hopscheider Weg geradeaus hinauf durch das Wohngebiet und oben weiter geradeaus über den Eichenkreuzweg bis zur Hausnummer 10 a.

Sie biegen an der Straßenlaterne rechts auf den schmalen Pfad in den Wald ab. Halten Sie sich die erste Möglichkeit rechts und folgen Sie dem Pfad bis kurz vor den Waldrand. Dort geht es parallel zum Feld nach links. Wenn sich der Pfad gabelt, halten Sie sich rechts in Richtung des Felds. In einer Rechtskurve geht es dann auf einem schmalen Pfad direkt am Feldrand um das Feld herum. Sie laufen nun parallel, aber etwas erhöht entlang der Wilhelmshöher Straße bis zur 🚌 Bushaltestelle „Wilhelmshöhe, Velbert" (Busverbindung zum S-Bahnhof Velbert-Nierenhof und Velbert-Mitte/ZOB) und der ✕ **Gaststätte Zur Wilhelmshöhe ❶**.

✕ Gaststätte Zur Wilhelmshöhe, Nierenhofer Straße 149, 42555 Velbert,
☎ 020 52/21 73, Di-So ab 17:00

↳ Hier treffen Sie auch auf die **Entdeckerschleife „Weitblick auf das Ruhrgebiet"**, die über Berge und durch Wälder und vorbei am Bahnhof von Velbert-Langenberg (☞ 4. Etappe, S. 51) führt und beeindruckende Fernblicke ermöglicht (➲ Länge des Rundwanderwegs: 9,3 km).

Sie kreuzen vorsichtig die Nierenhofer Straße und folgen gegenüber dem kurvigen Verlauf der asphaltierten Wilhelmshöher Straße an den Häusern und Höfen vorbei. Es eröffnet sich nun ein Fernblick bis in die Ausläufer des Ruhrgebiets. Nach einem Fachwerkhaus endet die Asphaltierung. Gehen Sie weiter geradeaus durch das Waldstück hinab und ignorieren Sie Abzweigungen. Es geht dann ein kurzes Stück entlang einer Wiese. Wege zweigen hier rechts zur Wiese und links in den Wald ab. Sie folgen dem Wegverlauf jedoch geradeaus und durch das nächste Waldstück und danach an Obstbäumen entlang. An einem Grundstück biegen Sie dann rechts auf den Schotterweg, der am Waldrand entlangführt. Am grünen Wanderwegschild, kurz hinter dem Wald, geht es nun auf den scharf links abzweigenden Pfad. Er führt durch den Wald, dann geht es unter einer Stromtrasse hindurch und geradeaus über eine Kreuzung. Laufen Sie weiter geradeaus an einem Holzzaun entlang

Pferde im Eickelbecktal

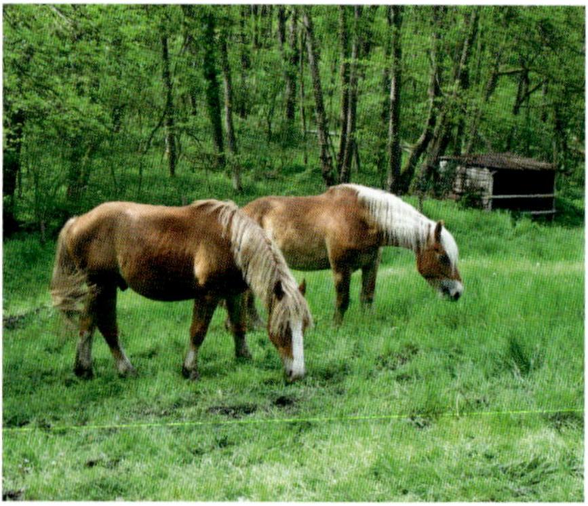

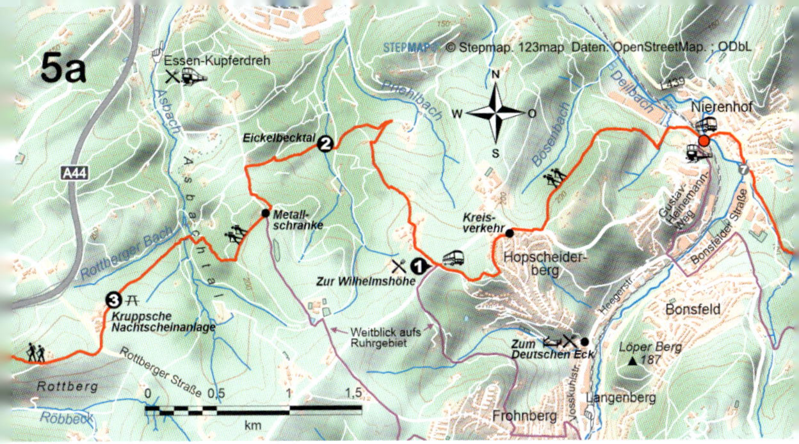

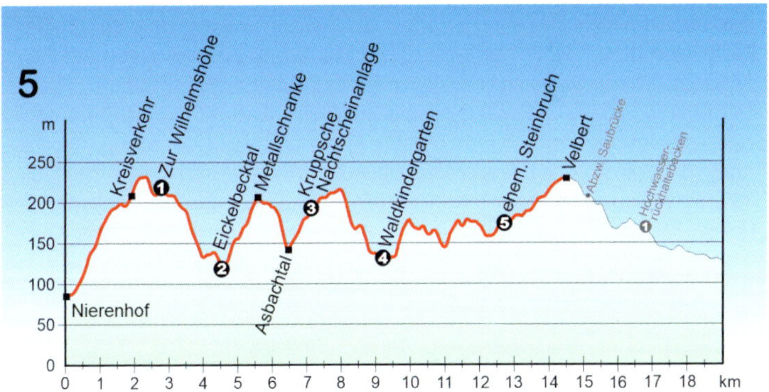

zum Wegweiser an der schmalen Asphaltstraße. Es geht geradeaus weiter auf einem Pfad am Weidezaun entlang und über eine kleine Brücke ins **Eickelbecktal ❷**.

Folgen Sie nun dem Pfad und ignorieren Sie Abzweigungen. Es geht durch ein Waldstück, über eine Wiese und in ein weiteres Waldstück hinein. Nach einer Rechtskurve erreichen Sie dort eine Kreuzung. Dann geht es links den Hang hinauf und oben wieder links, zunächst parallel, dann auf dem schmalen Asphaltweg weiter. Sie verlassen diesen am Waldbeginn schräg links in den Wald hinein und folgen an der ersten Möglichkeit dem Pfad rechts immer bergauf zum Schotterweg. Dort geht es nach rechts, vorbei an der Metallschranke und geradeaus über die Kreuzung an einem großen Feld entlang. Wenn der Schotterweg eine Linkskurve um das Feld macht, biegen Sie nach rechts in den Buchenwald ab. Sie ignorieren die Abzweigung und folgen dem Weg durch den Wald.

Er führt dann als wurzeliger Pfad bergab zu einer kleinen Gabelung, an der es nach links weitergeht. Sie halten sich dann mehrmals rechts, während Sie zu einer kleinen Holzbrücke im schönen **Asbachtal** absteigen.

Sie überqueren auf der Holzbrücke den Bach und gehen zum Wegweiser.

↳ Nach rechts zweigt hier ein Zubringer nach Essen-Kupferdreh ✕ ab (➲ 3,1 km).

Sie wandern jedoch geradeaus in Richtung „Velbert". Bleiben Sie nun auf diesem Weg. Er führt an Wiesen, Waldstücken und Feldern entlang den 218 m hohen Rottberg hinauf. Kurz vor dem Gipfel steht eine Hinweistafel zur **Kruppschen Nachtscheinanlage ❸**.

Fabrik-Attrappe der Nazis

Die Krupp-Gussstahlfabrik in Essen war im Zweiten Weltkrieg einer der größten Rüstungsbetriebe. Daher war sie auch Ziel für die nächtlichen Luftangriffe der Alliierten. Damit die Bomben nicht die richtige Fabrik trafen, bauten die Nazis 1941 in rund 10 km Entfernung, hier auf dem Velberter Rottberg, die Fabrik noch einmal als Attrappe auf – die sogenannte Kruppsche Nachtscheinanlage. Nachts wurde dann die richtige Fabrik verdunkelt und die Attrappe dezent beleuchtet, um als Ziel zu fungieren. Nachgebaut wurden zahlreiche industrielle Anlagen wie Hallen, Sägezahndächer oder ein 36 m hoher Schornstein mit künstlichem Rauch – allerdings benutzte man leichte Materialien wie Spanplatten und Segeltuch. Es gab sogar eine kleine im Kreis fahrende Eisenbahn. Inmitten der Anlage baute man einen Bunker. Dort wurde die Technik gesteuert und das Führungspersonal fand während der Bombardements Deckung. Zunächst funktionierte die Zielscheibe gut und Tausende Bomben fielen auf die Nachtscheinanlage. Ab 1943 benutzten die Alliierten allerdings eine neue Radartechnik, wodurch die Anlage den Täuschungseffekt verlor. Ab dann wurde die richtige Fabrik massiv bombardiert. 1944 wurde die Attrappe daher stillgelegt. Heute ist nur noch der Bunker als Denkmal erhalten. Er liegt jedoch auf Privatgelände und ist nur auf Führungen zugänglich.

♦ Termine unter www.nachtscheinanlage.de

Sie folgen dem Weg an der Hinweistafel und anschließend an den Häusern und Höfen vorbei, überqueren vorsichtig die breite Rottberger Straße und biegen gegenüber in den asphaltieren Weg ab.

☺ Ein Wegweiser zeigt nun an, dass der neanderland STEIG und der Bergische Weg wieder gemeinsam verlaufen.

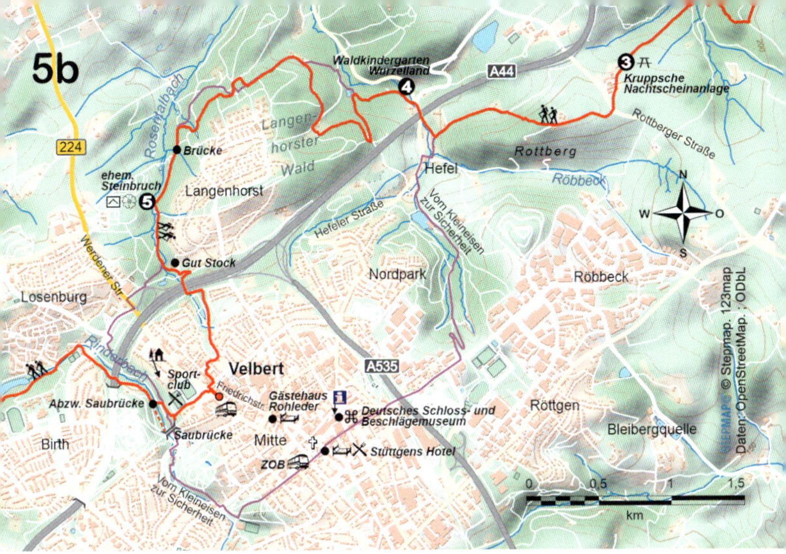

Sie bleiben auf dem Asphaltweg, genießen die Aussicht, passieren Felder und ein Fachwerkhaus und biegen am Grundstück Rottberg Nr. 11 schräg rechts in den Wald. Folgen Sie dem Weg durch den Wald, bis er auf einen Schotterweg mündet. Sie wandern diesen nach links bis zum Ende entlang. Halten Sie sich dann erneut links und an der nächsten Möglichkeit rechts zur Hauptstraße.

↳ Unterwegs treffen Sie auf die **Entdeckerschleife „Vom Kleineisen zur Sicherheit"**, die schöne Waldwege und Fernblicke bietet, sich auf die Spuren von Velberts Industriegeschichte begibt und dabei in die Nähe vom Deutschen Schloss- und Beschlägemuseum (☞ S. 60) in Velberts Stadtzentrum führt und auch die Saubrücke (☞ 6. Etappe, S. 63) passiert (➲ Länge des Rundwanderwegs: 9,9 km).

Sie unterqueren die Autobahnbrücke, wechseln dahinter an der Kreuzung vorsichtig die Straßenseite und folgen gegenüber dem Weg am Haus vorbei zum **Waldkindergarten Wurzelland** ❹ ⊡.

An der Holzschranke hinter dem Kindergartengelände geht es auf dem breiten Weg weiter durch den Wald des Hespertals, wo sich Info-Tafeln eines Naturlehrpfads befinden. Der Weg führt über einen schmalen Bachlauf und weiter zu einem Teich. Kurz vor dem Teich nehmen Sie den links abzweigenden breiten Waldweg und wandern immer geradeaus den ganzen Berg hinauf bis zur Autobahnüberquerung, vor der Sie jedoch den breiten Weg nach rechts nehmen.

Dieser Weg führt zu einer T-Kreuzung ⩫, an der Sie rechts einen kleinen Hang hinabsteigen und dann rechts zur Gabelung hinter der Holzschranke gehen. Sie folgen nun dem linken Waldweg, an der nächsten Gabelung müssen Sie sich rechts haltend, bis er auf einen anderen Weg mündet. Sie halten sich links und passieren eine Metallschranke. Es geht nun geradeaus auf dem breiten Schotterweg an Abzweigungen vorbei, bis sich zu Ihrer Rechten eine Info-Tafel mit einer grünen ⩫ Bank befindet. Dort biegen Sie rechts auf den Pfad am Weidezaun ab. Am Zaunende geht es dann links zur Waldkreuzung mit dem verbogenen Wegweiser.

Hier trennen sich Bergischer Weg und neanderland STEIG wieder.

Im Wald des Hespertals

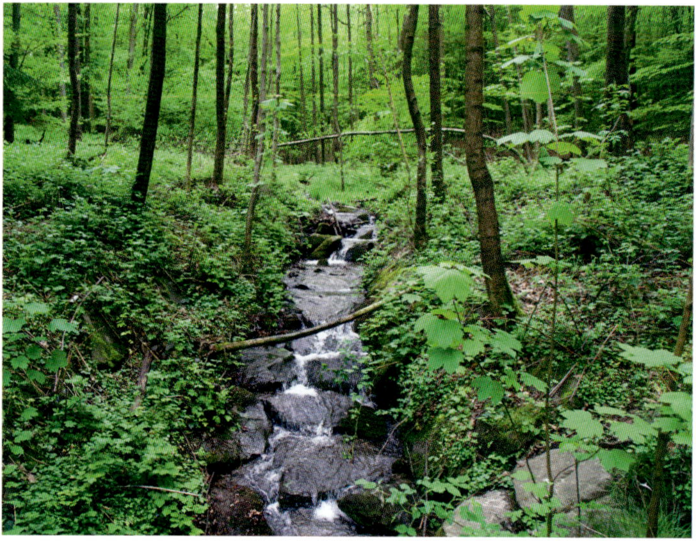

Sie folgen nun schräg links dem Verlauf des breiten Waldwegs, vorbei an links wegführenden Wegen, bis zu einer Holzschranke. Dort geht es weiter geradeaus zum kleinen Teich. Sie biegen hinter dem Teich nach rechts und halten sich an der ⩫ Bank danach links. Es geht auf dem Waldweg dann über eine Brücke mit Metallgeländer und dahinter geradeaus über die Kreuzung ⩫ bis zur ⌂ Rasthütte am ❀ **ehemaligen Steinbruch ❺**.

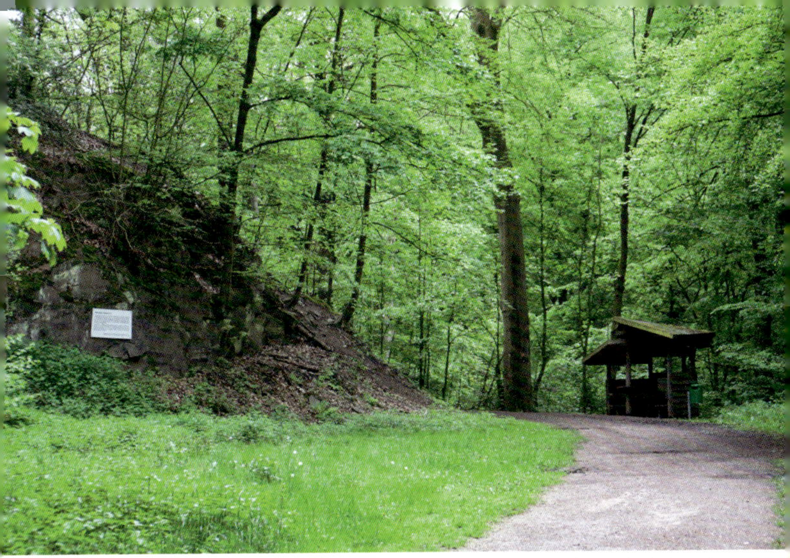

Ehemaliger Steinbruch

Für die Errichtung der Siedlung Langenhorst, deren Randgebiet Sie später noch passieren, wurden 1934 hier an der Trasse einer alten Schleppbahn Steine gebrochen. Diese transportierte man mit Loren zur Straße Am Drügen Pött. Die Steine wurden dann als untere Befestigungsschicht für die Siedlungsstraßen und für die Kellermauern der Wohnhäuser verwendet.

Der Weg führt am Steinbruch vorbei. Die Abzweigung am ersten grünen Metallgeländer ignorieren Sie. Der Rosentalbach fließt rechts von Ihnen, am zweiten grünen Metallgeländer unterquert er den Weg. Sie halten sich dort an der Gabelung links, biegen nach der Bank erneut links und passieren die Sozialtherapeutische Einrichtung Gut Stock. Nach den Pollern geht es ein paar Meter rechts und dann links entlang der Straße Am Kalksteinbruch zur Fußgängerinsel, wo Sie am Rand der Siedlung Langenhorst vorsichtig die Straße überqueren. Es geht nun gegenüber den Pfad an der Mauer hinauf und über die A44-Überquerung. Dahinter biegen Sie links und an der zweiten Möglichkeit dann rechts ab. Folgen Sie dem Weg geradeaus durch den Wald und ignorieren Sie abzweigende Pfade. Es geht dann an Häusern und geradeaus am Spielplatz vorbei. Am Ende der Wiese folgen Sie dem Weg durch die Rechtskurve ins Wohngebiet. Durchqueren Sie dann links den kleinen Park diagonal und laufen Sie dahinter die Friedrichstraße nach links zum Kreisverkehr, noch vor der Trasse vom Panorama-Radweg niederbergbahn (☞ 6. Etappe, S. 63).

↳ Weiter geradeaus geht es unter der Trasse hindurch ins Stadtzentrum von Velbert-Mitte, wo die Friedrichstraße zur Fußgängerzone wird (➲ 1,3 km).

↳ Wenn Sie geradeaus gehen und dann der Beschilderung nach links folgen, erreichen Sie das ⌘ **Deutsche Schloss- und Beschlägemuseum** (➲ 1 km).

Geschichte der Sicherheitstechnik

Jeden Tag benutzt man Schließ- und Sicherheitstechnik – um die Haustür zu sichern oder das Büro zu öffnen, um das Fahrrad mit dem Zahlenschloss anzuketten oder das Auto per Funkschlüssel zu entriegeln. Gedanken darüber, dass solche modernen Schlösser eine lange Geschichte haben, machen sich beim Verriegeln der Wohnungstür wohl die wenigsten Menschen. Das Deutsche Schloss- und Beschlägemuseum beschäftigt sich mit der Entwicklung der Sicherheitstechnik über einen Zeitraum von 4.000 Jahren. Die kulturellen, sozialen und technologischen Voraussetzungen einer Epoche hatten dabei immer einen großen Einfluss – ebenso wie die Siedlungsweise. So wird auf manchen dünn besiedelten Inseln auch heute noch bedenkenlos der Autoschlüssel stecken gelassen, was in den meisten Ballungsgebieten wiederum undenkbar ist. Entscheidend war aber auch die Kreativität der Einbrecher. Entwickelten diese neue Methoden, um Schlösser zu knacken, mussten die Schlosskonstrukteure nachziehen und kompliziertere Schließmechanismen erfinden. Es ist übrigens kein Zufall, dass das weltweit einzige wissenschaftlich geführte Museum für Schließ- und Sicherheitstechnik in Velbert angesiedelt ist. Hier entstanden bereits im 16. Jahrhundert kleine Werkstätten zur Herstellung von Schlüsseln und Schlössern. Die Region ist in der Sicherheitstechnik bis heute führend in Deutschland.

⌘ Deutsches Schloss- und Beschlägemuseum, Kolpingstraße 34, 42551 Velbert, ☏ 020 51/26 22 85, ✉ museum@velbert.de, 💻 www.schlossundbeschlaegemuseum.de, Di-So 10:00-18:00, Erwachsene € 4, ermäßigt € 2

Am Kreisverkehr gehen Sie jedoch nach rechts zur breiten Friedrich-Ebert-Straße. Gegenüber liegt der 🅿 Von-Böttinger-Platz mit dem Restaurant ✕ Croque-o-rant. Links hinter der Trasse liegt das Etappenziel, die 🚌 **Bushaltestelle „Bergische Straße, Velbert“** (Friedrich-Ebert-Straße 261, 42549 Velbert).

Velbert-Mitte

🛏 Gästehaus Rohleder, Friedrichstraße 106, 42551 Velbert-Mitte, ☏ 020 51/523 61, ✉ info@haus-rohleder.de, 💻 www.haus-rohleder.de, wer beim Gästehaus direkt bucht (nicht über Portale), kann sich für folgende neanderland-STEIG-Sonderpreise anmelden: EZ € 58, DZ € 90, DZ zur Einzelnutzung € 75, F € 10,50

Stüttgens Hotel, Friedrichstraße 168, 42551 Velbert-Mitte, ☎ 020 51/42 61, welcome@stuettgens-hotel.de, www.stuettgens-hotel.de, EZ ab € 60, DZ ab € 82, F € 9,50

Jugendherberge Velbert, Am Buschberg 17, 42549 Velbert-Mitte, ☎ 020 51/843 17, info@djh-velbert.de, www.jugendherberge.de, Ü € 21,50, ÜF € 24,50

Croque-o-rant, Von-Böttinger-Straße 2 (auf dem Gelände vom Sportclub Velbert), 42549 Velbert-Mitte, ☎ 020 51/80 18 28, webmaster@croque-o-rant.de, www.croque-o-rant.de, täglich 16:00-22:00

Bushaltestelle „Bergische Straße, Velbert“, Busverbindung nach Velbert (Mitte/ZOB, Langenberg, Nierenhof), Essen (Werden, Margarethenhöhe); Zentraler Omnibusbahnhof (ZOB) Velbert, ➲ 0,7 km vom Etappenziel, Verlauf der Friedrich-Ebert-Straße weiter Richtung Zentrum folgen, Busverbindung nach Velbert (Neviges, Langenberg, Nierenhof), Essen, Heiligenhaus, Mettmann, Ratingen, Wülfrath (Stadtmitte), Wuppertal

Velbert ist das deutsche Zentrum für die Herstellung von Schließ- und Sicherheitstechnik. Die heutige Etappe endet in Velbert-Mitte, wo sich das Rathaus und viele Behörden der Stadt befinden. Nahe dem Etappenende gibt es Übernachtungs- und Verpflegungsmöglichkeiten. Die 40 m hohe Saubrücke ist sehenswert (☞ 6. Etappe, S. 63).

Das Stadtzentrum liegt rund 1 km vom Ziel entfernt an der Friedrichstraße. Dort laden Cafés und Restaurants, die evangelische Alte Kirche, eine Fußgängerzone und Geschäfte zu einem Besuch ein. Im Zentrum befindet sich auch der Zentrale Omnibusbahnhof (ZOB) und das ⌘ Deutsche Schloss- und Beschlägemuseum. Ein Besuch in dem Ende 2021 wiedereröffneten Museum ist empfehlenswert (☞ S. 60).

6. Etappe: Velbert-Mitte – Essen-Kettwig

14,1 km, 5 Std., ↑ 541 m, ↓ 721 m, ⇧ 51-231 m

0,0 km	⇧ 231 m	Velbert-Mitte, Bushaltestelle „Bergische Straße, Velbert“
0,6 km	⇧ 195 m	Abzweig Saubrücke (0,2 km)
2,3 km	⇧ 167 m	Hochwasserrückhaltebecken
4,0 km	⇧ 134 m	Abtskücher Teich
5,7 km	⇧ 140 m	Rastplatz Zwönitzer Ecke
8,8 km	⇧ 141 m	Carolinenhof
10,8 km	⇧ 154 m	Aussichtspunkt Kettwig
12,7 km	⇧ 137 m	Ummauerter Aussichtspunkt
14,1 km	⇧ 51 m	Essen-Kettwig, Bushaltestelle „Am Strang, Essen“

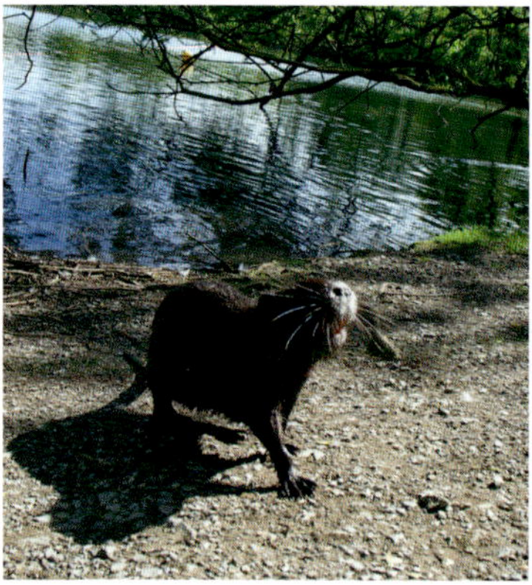

Nutria am Abtskücher Teich

Von Velbert-Mitte geht es zunächst hinab in das Tal vom Rinderbach, wo Sie einen Blick auf die 40 m hohe Saubrücke werfen können. Am Bach entlang wandern Sie zu einem großen Hochwasserrückhaltebecken und weiter zum Naherholungsgebiet Abtskücher Teich. Ein Café und Museen laden dort zur Rast ein. Im weiteren Verlauf geht es durch Waldgebiete und hinauf zu einem hoch über Kettwig gelegenen Aussichtspunkt. Zum Ende steigen Sie dann hinab nach Kettwig vor der Brücke, wo in fußläufiger Entfernung eine malerische Altstadt auf Sie wartet.

Die 6. Etappe beginnt an der **Bushaltestelle „Bergische Straße, Velbert“** (Friedrich-Ebert-Straße 261, 42549 Velbert). Gehen Sie zurück Richtung Von-Böttiger-Platz und biegen Sie daneben links in die Von-Böttinger-Straße. Sie laufen dann entlang der Anlage vom Sportclub Velbert, wo sich auch das Restaurant Croque-o-rant befindet. An den Parkbuchten nach dem Vereinsgelände biegen Sie scharf rechts auf den schmalen Pfad ab. Er führt am Kleingartenverein vorbei und in den Wald hinab.

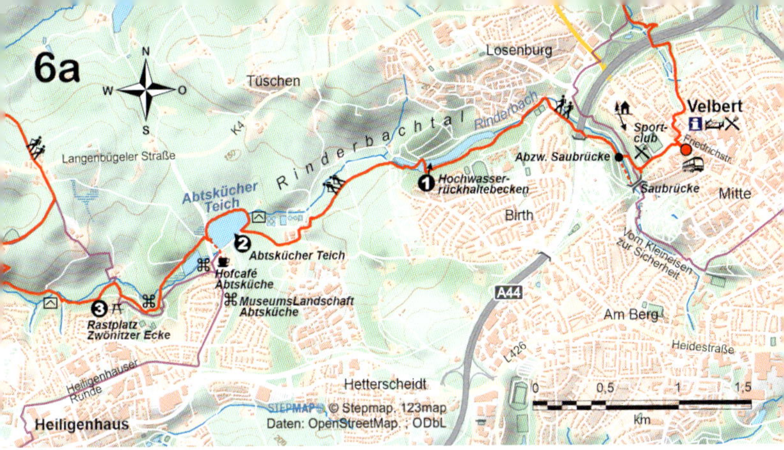

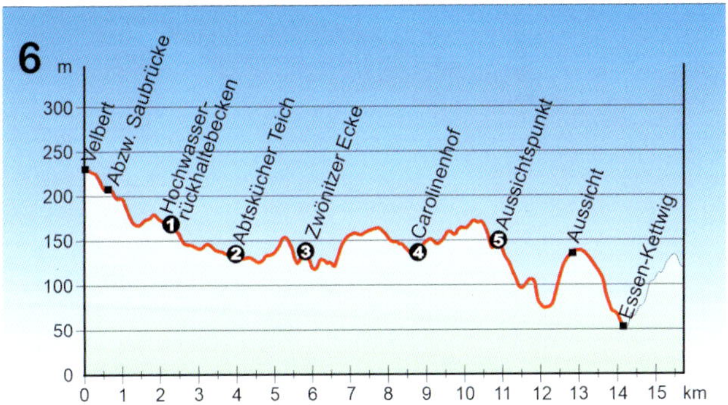

Sie steigen an der zweiten Abzweigung ⊼ am grünen Geländer hinab und überqueren auf der Brücke den Rinderbach zu einer kleinen Kreuzung mit ⊼ Bank.

↳ Wenn Sie nach links gehen, können Sie einen Blick auf die **Saubrücke** werfen (➲ 0,2 km).

Saubrücke, Niederbergbahn und Korkenziehertrasse

Die mit Bruchstein verblendete Eulenbachbrücke ist 40 m hoch und überspannt auf sieben Bögen das Tal vom Rinderbach, der hier auch als Eulenbach bezeichnet wird. In der Bevölkerung ist die Brücke als Saubrücke bekannt, was sich vom Namen eines ehemaligen Hofs im Tal ableitet. An der Brücke wurde rund zehn Jahre lang gebaut, Mitte der 1920er-Jahre wurde sie in Betrieb genommen.

Über sie verlief die mittlerweile stillgelegte Eisenbahnstrecke Niederbergbahn. Bis 2011 wurde die Trasse umgebaut und der PanoramaRadweg niederbergbahn eingerichtet, dem der neanderland STEIG an mehreren Stellen begegnet. Der Radweg führt von Essen-Kettwig über Heiligenhaus hierher zur Velberter Saubrücke. Dann geht es weiter über Wülfrath, Wuppertal und Haan nach Solingen. Dort mündet der Weg in den Fuß- und Radweg Korkenziehertrasse, der ebenfalls auf einer umgebauten Bahnstrecke verläuft. Die letzte Etappe vom neanderland STEIG führt ein kurzes Stück über diese Trasse, die ihren Namen dem gewundenen Verlauf verdankt.

Saubrücke

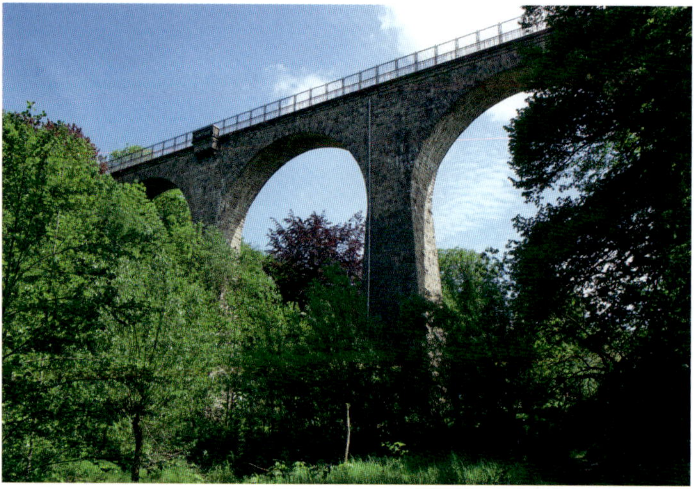

Sie biegen an der kleinen Kreuzung jedoch rechts ab. Folgen Sie dem Schotterweg dann rechts unter der A44-Brücke hindurch und weiter bis zur breiten Kopernikusstraße, welche Sie vorsichtig kreuzen. Dann geht es gegenüber weiter auf der Straße Krehwinkler Höfe über eine Brücke und vor der Feuerwehr scharf links. Sie überqueren nun nach links auf einer Steinbrücke erneut den Rinderbach und biegen dann rechts auf den breiten Waldweg ab. Er führt an einem ⚻ Rastplatz aus Baumstämmen und Steinquadern vorbei zu einer Gabelung, wo Sie sich rechts hinab halten. Am nächsten ⚻ Rastplatz, den der Weg passiert, liegt dann das **Hochwasserrückhaltebecken ➊** des Rinderbachs. Schilder warnen: „Bei einer Überflutung sind die freigegebenen Wanderwege sofort zu räumen."

Sie überqueren nach rechts die Anlage und biegen am Ende links zu einer ⊼ Bank ab. Dort nehmen Sie den schmalen Weg zwischen den grünen Zäunen bis zur kleinen Brücke, hinter der es rechts weitergeht. An der Kreuzung gehen Sie auf dem breiten Weg geradeaus. Dann geht es immer weiter geradeaus an Büschen und Feldern entlang, bis der Weg an einer T-Kreuzung vor einer Kläranlage endet. Sie laufen links um diese herum, weiter zum Wegweiser und dort rechts in Richtung „Abtsküche". Es geht auf der schmalen Straße geradeaus über die Kreuzung, an einem Feld entlang und an der ersten Möglichkeit rechts zum **Abtskücher Teich ❷**. Biegen Sie am Stauteich nach rechts und wandern Sie einmal fast um den ganzen Teich herum, vorbei an einer ⌂ Rasthütte und ⊼ Bänken, bis zu einem Metallsteg und einem Wegweiser.

↳ Wenn Sie weiter geradeaus laufen, erreichen Sie das ☕ Hofcafé Abtsküche (➲ ab 0,2 km). Dort finden sich auch ein alter Wehrturm, der historische Rundgang Abtsküche und eine große Karte, auf der die Museen der **Museums-Landschaft Abtsküche** eingezeichnet sind. Drei der vier Museen können Sie von dort bequem erreichen, dass Wald- und Wassermuseum passiert der neanderland STEIG später noch (☞ S. 66).

☕ Hofcafé Abtsküche, Abtsküicher Straße 40, 42579 Heiligenhaus, ☏ 020 56/28 66 05, ✉ post@unterkunft-wolff.de, 💻 www.hofcafe-abtskueche.de, 🚪 Do-So 14:00-18:00 (Mitte Dez-Ende Jan Winterpause)

Biberratten und Museen

Der Abtsküicher Teich ist ein Naherholungsgebiet in Heiligenhaus, einer mittelgroßen Stadt zwischen Velbert, Essen und Ratingen. Seine Rundpromenade mit den zahlreichen Rastmöglichkeiten ist ein beliebtes Ausflugsziel. Nahe dem Stauteich liegt das Hofcafé Abtsküche, ein alter Wehrturm und die MuseumsLandschaft Abtsküche mit vier eintrittsfreien Museen: einem Feuerwehrmuseum, einem Umweltbildungszentrum mit vogelkundlicher Sammlung, einer heimatkundlichen Sammlung im Museum Abtsküche sowie einem Wald- und Wassermuseum. Im Feuerwehrmuseum kann man beispielsweise in mehreren Räumen historische Feuerwehruniformen, Signalhörner und Schutzanzüge bestaunen. Es gibt eine kleine nachgebaute Feuerwache, eine große Museumsscheune mit Feuerwehroldtimern und kostenlose Führungen. Am Stauteich selbst leben mehrere Nutrias – auch bekannt als Biberratten. Die ursprünglich aus Südamerika stammenden Nagetiere sind etwas größer als die ähnlich ausschauenden nordamerikanischen Bisamratten. Sie wurden wegen ihres Pelzes nach Europa gebracht und in Farmen gehalten, wo sie ausbrachen und sich verbreiteten. Die Tiere schwimmen durch den Abtsküicher Teich oder suchen Futter an der Promenade. Sie sind ein beliebtes Fotomotiv. Die Nager dürfen jedoch nicht gefüttert werden.

⌘ MuseumsLandschaft Abtsküche, 💻 www.museumslandschaft-abtskueche.de, alle Museen Sa 13:00-17:00 und So 11:00-17:00, Eintritt frei

♦ Feuerwehrmuseum Heiligenhaus, Abtskücher Straße 24, 42579 Heiligenhaus, ☎ 020 56/929 45 18, info@feuerwehrmuseum-heiligenhaus.de

♦ Umweltbildungszentrum, Abtsküche Straße 24, 42579 Heiligenhaus, ☎ 020 56/929 39 77, info@ubz-heiligenhaus.de

♦ Museum Abtsküche, Abtsküche Straße 37, 42579 Heiligenhaus, ☎ 020 56/686 87, info@museum-abtskueche.de

♦ Wald- und Wassermuseum, Im Paradies 2, 42579 Heiligenhaus, ☎ 020 56/929 39 77, info@ubz-heiligenhaus.de (☞ unten)

Die MuseumsLandschaft Abtsküche wird auch von der **Entdeckerschleife „Heiligenhauser Runde“** passiert, die die Heiligenhauser Museen mit Attraktionen wie der einzigen Waggonbrücke Deutschlands und mit schöner Natur verbindet (➲ Länge des Rundwanderwegs: 7,8 km).

Am Wegweiser verlässt der neanderland STEIG jedoch den Teich nach rechts in Richtung „Kettwig“. Sie gehen die kleine Treppe hinab zur breiten Abtsküche Straße und kreuzen diese vorsichtig. Es geht nun gegenüber in den Weg hinein und dann direkt links auf den Pfad in Richtung Wald. Überqueren Sie nun den umzäunten Reitweg zunächst geradeaus und später noch einmal nach links. Laufen Sie dann weiter zu den Bänken am idyllischen Rinderbach. Dort geht es über die Brücke und danach rechts den breiten Waldweg den Hügel hinauf und geradeaus am Zaun entlang zu einer Weggabelung, von der das alte Wasserwerk Heiligenhaus zu sehen ist. Der rechte Weg führt zu dem Gebäude hinab, in dem sich heute das ⌘ Wald- und Wassermuseum befindet (☞ oben). Der neanderland STEIG nimmt jedoch den leicht linken Weg durch den Buchenwald, bis rechts ein schmaler Pfad abzweigt. Auf diesem geht es hinab zum ausgeschilderten Herberger Weg, der nach rechts zu einer Weggabelung führt.

Rasthütte

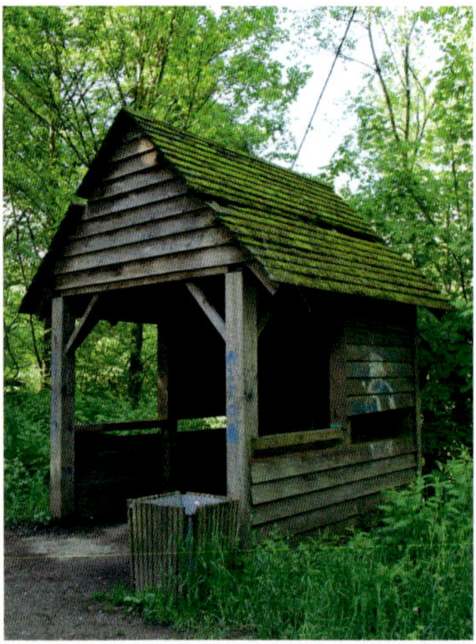

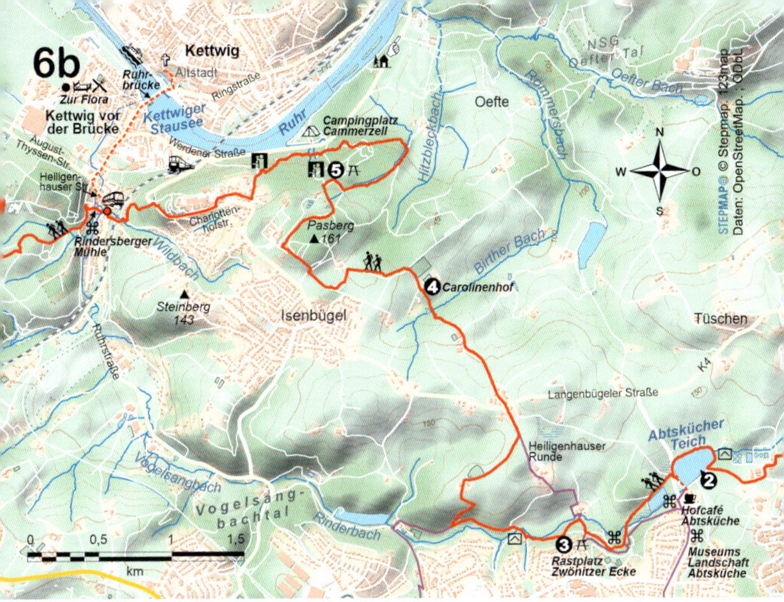

Sie folgen an der Gabelung links dem Schotterweg bergauf in den Wald zum ⲀRastplatz Zwönitzer Ecke ❸**. Die sächsische Stadt Zwönitz ist die Partnerstadt von Heiligenhaus.

Am Rastplatz vorbei laufen Sie den Weg weiter bis zu einer Kreuzung, kurz vor einer ⌂ Rasthütte. Dort geht es auf der Asphaltstraße nach rechts, auf einer Brücke wieder über den Bach und dahinter nach links. Sie wandern nun immer am Waldrand entlang durch das Vogelsangbachtal und passieren einige Bänke, die zu einer Rast einladen. Nach einer Holzbarriere steigen Sie hinter dem Grundstück scharf rechts den steilen Hügel ganz hinauf. Oben folgen Sie dem Weg weiter an Höfen, Häusern, dem Schäferhundeverein Heiligenhaus und Feldern vorbei zu einem asphaltierten Querweg. Sie haben hier eine schöne Fernsicht und biegen nach links ab. Auf dem Asphaltweg geht es dann weiter bis zur breiten Langenbügeler Straße, welche Sie vorsichtig überqueren. Gegenüber folgen Sie nun dem zunächst gepflasterten We über die Felder und vorbei an Abzweigungen. Der Weg führt dann geradeaus an einem Pferdehof entlang und in den Wald hinab, wo er zum Pfad wird. Sie folgen ihm am Seilgeländer entlang, vorbei an Abzweigungen und weiter bis zum **Carolinenhof ❹**. Sie befinden sich nun bereits in Essen.

Gehen Sie an dem Parkplatz und den eingezäunten Weiden des integrativen Reiterhofs entlang und dann geradeaus in den Buchenwald. Dort folgen Sie dem Waldweg und ignorieren Abzweigungen.

Am Waldende geht es rechts am Feld entlang und vor dem Bauernhof links. Sie biegen nun rechts in das kleine Wäldchen ab, halten sich links weiter hinein und dann rechts wieder hinaus. Dann gehen Sie geradeaus am Feld entlang zum großen Wald. Es geht mit einem Schwenker, kurz rechts und dann links, in den Wald hinein. Auf dem breiten Waldweg geht es leicht links bis zu einem Wegweiser und dort nach rechts in Richtung „Kettwig". Nun wandern Sie geradeaus entlang einer Mountainbikestrecke. Sie halten sich zweimal links, dann geht es an einem grünen Zaun entlang zur Bergkante. Ein Pfad führt nahe der Kante weiter zu einem **Aussichtspunkt ❺** mit Bänken, der einen schönen Ausblick ins Tal nach Kettwig bietet.

Sie folgen nun rechts dem breiten Weg in den Wald hinein zur Gabelung. Der Weg ganz links führt an Sträuchern entlang hinab zu einem Schotterweg. Dort biegen Sie links ab und wandern an einem Graben entlang. An der ersten Möglichkeit geht es links über den Graben und auf dem Weg weiter zu einer Waldkreuzung. Dort biegen Sie rechts ab, halten sich danach, auf dem Weg bleibend, leicht rechts und folgen ihm bergab.

Pfade führen nun ganz hinunter zur Werdener Straße, an der auch der Campingplatz Cammerzell liegt.

Campingplatz Cammerzell, Werdener Straße 101, 45219 Essen, 01 71/531 16 35, www.camping-cammerzell.de, Zelten € 10

Sie laufen jedoch, etwas erhöht zur Straße, auf dem schmalen Waldweg immer geradeaus. Ignorieren Sie Abzweigungen, bis Sie ein Areal mit einer Bank erreichen. Dort biegen Sie links und steigen dann geradeaus den Pfad hinauf zu einem **ummauerten Aussichtspunkt**.

Am Aussichtspunkt geht es auf dem steilen Pfad direkt neben der Bank weiter bergauf, dann zwischen den grünen Zäunen hindurch und am Wegweiser rechts. Laufen Sie nun immer geradeaus durch die Wohnsiedlung und am Ende links zur breiten Charlottenhofstraße. Dort geht es rechts entlang der Straße weiter, vorbei an den Bushaltestellen „Fachklinik Rhein/Ruhr, Essen" und „Laupendahler Siedlung, Essen" (Busverbindung zum S-Bahnhof Essen-Kettwig Stausee und Essen, Kettwiger Markt), bis Sie die Leitplanken am Beginn der S-Kurve sehen. Sie überqueren etwas vor den Leitplanken vorsichtig die Straße und folgen gegenüber dem Pfad abwärts. Gelegentlich ist beim Abstieg, je nach Pflanzenbewuchs, die Mintarder Ruhrtalbrücke zu sehen – Deutschlands längste Straßenbrücke aus Stahl. Nach der Messewohnung Essen geht es rechts auf die Straße Am Wildbach und dann rechts durch die Unterführung zur Heiligenhauser Straße. Nun ist das Etappenziel bereits in Sichtweite, die **Bushaltestelle „Am Strang, Essen"** (Heiligenhauser Straße & Rindersberger Mühle, 45219 Essen), zu der Sie rechts entlang der Heiligenhauser Straße gehen.

Wenn Sie der Heiligenhauser Straße weiter zum Kreisverkehr folgen, dort rechts auf die Ringstraße biegen, dann die zum S-Bahnhof Essen-Kettwig Stausee abzweigende Werdener Straße ignorieren und der Ringstraße geradeaus über die Ruhr folgen, können Sie dort in die historische Altstadt von Kettwig gehen (1,5 km).

Essen-Kettwig

Hotel Zur Flora, Landsberger Straße 87a, 45219 Essen-Kettwig vor der Brücke, 020 54/952 60, info@hotel-zur-flora.de, www.hotel-zur-flora.de, EZF € 59, DZF € 95

Pizzeria Venezia, Werdener Straße 30, 45219 Essen-Kettwig vor der Brücke, 020 54/87 27 87, www.pizzeria-kettwig.de, Di-Fr 11:30-22:00, Sa-So 14:00-22:00

Bushaltestelle „Am Strang, Essen", Busverbindung nach Essen („Kettwiger Markt") und Heiligenhaus („In der Blume/Stadtmitte")

S-Bahnhof Essen-Kettwig Stausee, 1,2 km vom Etappenziel, siehe auch Abzweig nächste Etappe, Bahnverbindung mit S6 nach Essen (Hbf, Kettwig), Ratingen Ost, Düsseldorf (Hbf, Benrath, Garath), Langenfeld

Essen ist eine Großstadt im Ruhrgebiet mit fast 600.000 Einwohnern. Weit entfernt vom Zentrum der einstigen Kohle- und Stahlstadt, im äußersten Südwesten, liegt der Stadtteil Kettwig. Die Ruhr teilt das früher eigenständige Kettwig in zwei Gebiete – den nördlichen Teil mit der historischen Altstadt und das südliche Kettwig vor der Brücke, wo die heutige Etappe endet. In Kettwig vor der Brücke liegt die ⌘ Rindersberger Mühle (7. Etappe, S. 70). An der Kreuzung Mintarder Weg und Landsberger Straße erinnert eine Gedenktafel an die ehemalige jüdische Gemeinde. Es finden sich Restaurants, Hotels und ein S-Bahnhof. Empfehlenswert ist jedoch auch ein Spaziergang über die Ruhrbrücke in die historische Altstadt von Kettwig. Dort erwarten Sie zahlreiche Fachwerkhäuser in schmalen Gassen. Sehenswert ist insbesondere der Ring um die evangelische Kirche, inklusive der steilen Kirchtreppe und einer tollen Aussichtsmöglichkeit. Aber auch ein Ausflug in Essens Norden lohnt: Dort liegt die UNESCO-Welterbestätte ⌘ Zeche und Kokerei Zollverein.

☺ Mit der S6 können Sie vom S-Bahnhof Essen-Kettwig Stausee bis Essen-Werden fahren. Nicht weit vom dortigen S-Bahnhof befindet sich eine Jugendherberge.

Jugendherberge Essen, Pastoratsberg 2, 45239 Essen, 02 01/125 83 20, essen@jugendherberge.de, www.jugendherberge.de, ÜF ab € 25,90

7. Etappe: Essen-Kettwig – Mülheim-Selbeck

8,3 km, 2 Std. 30 Min., ↑ 262 m, ↓ 242 m, ⇧ 48-137 m

0,0 km	⇧ 51 m	Essen-Kettwig, Bushaltestelle „Am Strang, Essen“
0,1 km	⇧ 50 m	Rindersberger Mühle ⌘
0,9 km	⇧ 113 m	Rastbank
2,2 km	⇧ 118 m	Abzweig Alter Jüdischer Friedhof (0,4 km)
2,8 km	⇧ 89 m	Abzweig Schloss Landsberg (0,1 km)
3,0 km	⇧ 87 m	Abzweig Schloss Hugenpoet (0,8 km)
3,8 km	⇧ 108 m	Rasthütte
6,2 km	⇧ 90 m	Trinkhalle
8,3 km	⇧ 71 m	Mülheim-Selbeck, Bushaltestelle „Stooter Straße, Mühlheim“

Sie starten nahe der Rindersberger Mühle in Kettwig vor der Brücke. Zunächst erwartet Sie ein Anstieg in einem Wald. Der Weg schlängelt sich dann zum Froschkönig-Brunnen, wo Sie einen Abstecher zum Alten Jüdischen Friedhof Kettwig vor der Brücke machen können. In einem märchenhaften Waldgebiet nahe der Schlösser Landsberg und Hugenpoet überqueren Sie eine alte Steinbrücke und wandern dann wieder steil bergauf. Anschließend geht es entlang einiger Felder und durch ein Waldstück und ein Wohngebiet zum alten Bergmannsdorf Selbeck, wo die Etappe endet.

Die 7. Etappe beginnt an der **Bushaltestelle „Am Strang, Essen“** (Heiligenhauser Straße & Rindersberger Mühle, 45219 Essen). Sie gehen ein Stück zurück, biegen von der Heiligenhauser Straße in die Straße Rindersberger Mühle ab und passieren eine Stele vom Jakobsweg mit Entfernungsangabe bis Santiago de Compostela.

Hinter der Stele erreichen Sie die ⌘ **Rindersberger Mühle**.

⌘ Die Rindersberger Mühle wurde bereits im 15. Jahrhundert errichtet. Die durch Wasserkraft angetriebene Mühle arbeitete rund 500 Jahre lang als Korn- und Lohmühle. 1954 war sie nicht mehr rentabel genug, die Stilllegung folgte. An dem Fachwerkgebäude der Mühle ist noch der Aufzugsbalken für die Mehlsäcke und ein zierender Pferdekopf aus Ton zu sehen.

Nach der Mühle treffen Sie auf eine Asphaltstraße mit Wegweiser.

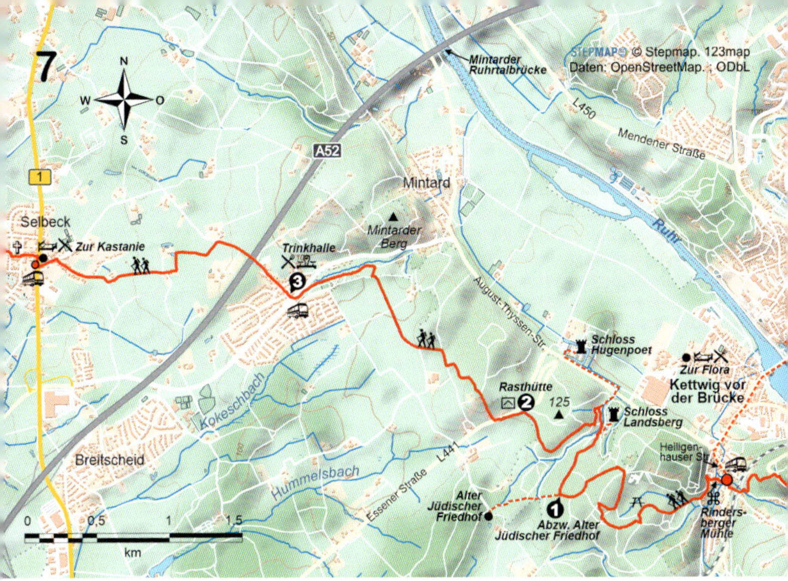

Nach rechts führt ein Zubringer zum S-Bahnhof Essen-Kettwig Stausee (1,1 km, 6. Etappe, S. 69).

Sie halten sich jedoch links und an der Gabelung danach ebenfalls. Es geht auf der Straße Sommersberg an einer Bank und Häusern vorbei zu einem kleinen Schotterparkplatz, wo Sie rechts in den Wald einbiegen. Sie ignorieren nun Abzweigungen und folgen dem Waldweg geradeaus den ganzen Berg hinauf. Oben geht es auf dem Weg weiter zu einer Rastbank.

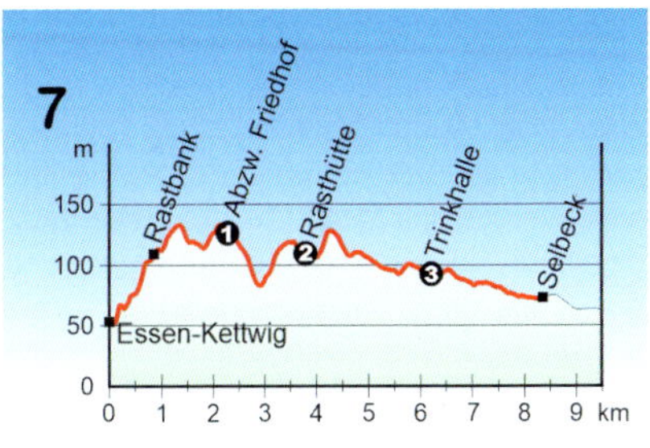

Biegen Sie an der Bank nach links ab. Ein schmaler Pfad kreuzt, dann sehen Sie zu Ihrer Linken ein weißes Schild mit der Aufschrift „Mountainbike fahren". Wenn das Schild zu sehen ist, biegen Sie nach rechts auf einen Pfad ein. Folgen Sie diesem durch den Wald, parallel zu einem anderen Pfad, der später auf Ihren trifft.

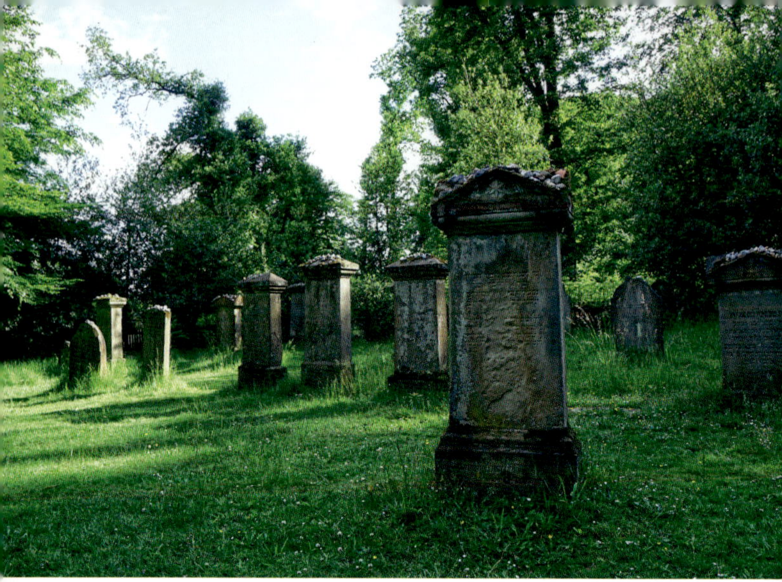

Alter Jüdischer Friedhof Kettwig vor der Brücke

Ein paar Meter danach gabelt sich der Weg wieder. Sie biegen nach rechts ab und folgen dem Wegverlauf. Kurz hintereinander zweigt dann ein Pfad nach links und einer nach rechts ab. Sie ignorieren den ersten und biegen auf den Pfad nach rechts. Gehen Sie dann geradeaus bis zum Schild „Fahrradverbot“ und biegen Sie erst dort nach rechts ab. Sie passieren Laub- und Nadelbäume und treffen auf einen Pfad, den Sie nach links zum Forstweg gehen. Dem Forstweg folgen Sie nach links zu einer Asphaltstraße. Nun geht es gegenüber auf dem Schotterweg, hinter der zweiten Metallschranke, weiter bis zu einer Gabelung und dort links in den Wald. Sie ignorieren die Abzweigung und wandern zum Ende der Geraden, wo Sie nach links abbiegen. Halten Sie sich danach rechts. Der Waldweg führt nun vorbei an einer ⊼ Bank und in Sichtweite zu einem Brunnen, auf dem Figuren wie der Froschkönig platziert sind, zu einer Abzweigung mit Wegweiser ❶.

↳ Wenn Sie hier immer geradeaus gehen, erreichen Sie den **Alten Jüdischen Friedhof Kettwig vor der Brücke** (➲ 0,4 km, ☞ 3. Etappe, S. 41).

Sie biegen am Wegweiser jedoch nach rechts und folgen dem Wegverlauf. Ignorieren Sie Abzweigungen, nach einer ⊼ Bank geht es bergab. Unten treffen Sie auf einen im Weg eingelassenen Baumstamm und Holzstufen vor dem Grundstück von Schloss Landsberg.

↳ Geradeaus geht es nach ♜ **Schloss Landsberg** (➲ 0,1 km).

♜ Auf einer Anhöhe im Wald liegt das alte Schloss Landsberg. Seine Historie reicht zurück bis in das 13. Jahrhundert. Ursprünglich zur Sicherung einer Ruhrbrücke bei Kettwig durch den Grafen von Berg erbaut war es anschließend lange Zeit Stammsitz des Adelsgeschlechts Landsberg. Einige der Herren von Landsberg begaben sich in der Umgebung allerdings auf Raubzüge, auch das Wegelagern war beliebt. 1903 kaufte der Industrielle August Thyssen die ehemalige Raubritterburg und richtete dort seinen Wohnsitz ein. Er starb 1926. Das Erdgeschoss des Bergfrieds beherbergt seit 1928 die Thyssen-Familiengruft. Schloss Landsberg ging an die August-Thyssen-Stiftung und ist heute eine nicht öffentliche Seminar- und Tagungsstätte. Der Schlosspark ist tagsüber jedoch geöffnet und zugänglich. Das Schloss befindet sich übrigens schon auf Ratinger Stadtgebiet. Auf der anderen Schlossseite verläuft an der August-Thyssen-Straße die Grenze zu Essen.

Noch vor den Holzstufen führt links ein Pfad über einen kleinen Wall zum Landsberger Graben. Sie laufen den Weg am Landsberger Graben hinab, passieren die alte Steinbrücke und gehen geradeaus wieder etwas hinauf und hinab. Steigen Sie dann rechts über die Steintreppe vorsichtig zum Wegweiser ab.

↳ Der Pfad am Wegweiser nach rechts führt zu einem Parkplatz an der August-Thyssen-Straße. Wenn Sie dort nach links laufen, erreichen Sie das ♜ **Schloss Hugenpoet** (➲ 0,8 km).

♜ Schloss Hugenpoet ist ein Wasserschloss in Essen-Kettwig. Der Name ist eine Kombination der Wörter „Hugen" für Kröten, und „Poet" für Pfütze. Das Wort könnte ein Hinweis auf die sumpfige Landschaft sein. Die heutige Schlossanlage, die ein Hotel mit Restaurant beherbergt, stammt im Wesentlichen aus dem 17. Jahrhundert. Vorgängerbauten gab es schon einige Jahrhunderte zuvor.

Sie biegen am Wegweiser jedoch nach links ab und folgen dem Pfad aufwärts bis zum Querweg. Halten Sie sich dann rechts den wurzeligen Weg den Berg hinauf. Dann biegen Sie nach links ab. Auf dem Wanderweg laufen Sie nun am Waldhang entlang und dann geradeaus weiter bis zur ⌂ **Rasthütte ❷** am Feldrand.

Sie gehen nun links an der Rasthütte vorbei zur breiten Essener Straße und dort weiter zum Wegweiser, wo Sie vorsichtig die Straßenseite wechseln. Der Schotterweg gegenüber führt an einer Pferdeweide vorbei in einen Wald hinein. Dort folgen Sie an der Gabelung dem linken Pfad, zunächst zum Waldrand, dann wieder durch Wald und danach am Feld entlang zu einem Querweg.

Sie biegen nach rechts und hinter der Fernleitungsanlage nach links. Nach einer Rechtskurve auf den Feldern laufen Sie bei schönen Fernblicken geradeaus über die Feldkreuzung bis zum Waldrand. Dort geht es ein paar Schritte nach links und dann rechts auf einem unscheinbaren Pfad steil in den Wald hinab. Sie biegen unten im Wald links, ignorieren Abzweigungen und wandern immer geradeaus am Graben entlang bis zum Wegende an der breiten Straße Kahlenbergsweg. Dort geht es zur Ampel. Die 🚌 Bushaltestelle „Hasenbrucher Weg, Ratingen" (Busverbindung zum S-Bahnhof Ratingen Ost) ist zu sehen. Sie überqueren an der Ampel den Kahlenbergsweg und gehen in die Stooter Straße zur ✕ **Trinkhalle ❸**.

✕ Trinkhalle & Imbiss, Kahlenbergsweg 237, 40885 Ratingen, ☎ 020 54/851 31, Mo, Mi-Fr 6:00-9:30 und 10:30-18:00, Sa 7:30-13:00 und 15:00-18:00, So, Fei 9:00-13:00 und 15:00-18:00

Trinkhallenkultur und Bergmannshymne

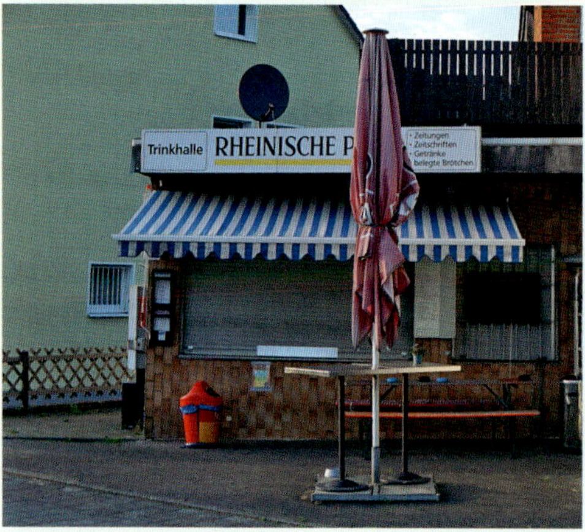

Trinkhalle und Imbiss

Sie erreichen nun offizielles Landeskulturerbe – die Trinkhalle. Die ersten Trinkhallen öffneten in der zweiten Hälfte des 19. Jahrhunderts im Zuge der Industrialisierung vor den Werktoren von Fabriken und Zechen. Ehemalige Bergmänner und Kriegsveteranen verkauften dort Mineralwasser an die Arbeiter. Das Angebot hat sich heute gewandelt, die soziale Funktion blieb jedoch erhalten. 2020 hat das Land NRW die Trinkhalle in das Verzeichnis des immateriellen Kulturerbes aufgenommen. „Bei der Trinkhallenkultur im Ruhrgebiet spielt der soziale Zusammenhalt eine zentrale Rolle: Trinkhallen nehmen als typische Treffpunkte eine wichtige Funktion für die Nachbarschaft ein und stellen Orte der Integration und des Austausches dar", heißt es in der Begründung.

Die Trinkhalle wurde gemeinsam mit einer weiteren lebendigen Tradition geehrt – dem Steigerlied. Zur Hymne der Bergmänner heißt es: „Der von einer eingängigen Melodie begleitete Text spiegelt die Lebenswelt der Bergleute wider und zeugt von Schaffenskraft, Solidarität und Optimismus." An der Trinkhalle hier am neanderland STEIG bekommen Sie auch warme Speisen für eine Pause. Es gibt sogar eine Wochenkarte. Guten Appetit und Glück auf!

Sie passieren die Trinkhalle, wandern entlang der Stooter Straße immer geradeaus durch das Ratinger Wohngebiet und überqueren auf der Brücke die A52 nach Mülheim an der Ruhr. An der zweiten Abzweigung danach geht es links auf den Schotterweg, der nach einer Kurve zu einem Privatgrundstück führt. Direkt vor dem Grundstück folgen Sie links dem Weg entlang einiger Häuser, Felder und einem Bauernhof zu einem gepflasterten Weg. Sie wandern diesen geradeaus durch das Wohngebiet.

Am Ende geht es dann links bis zum 🛏 ✕ Hotel-Restaurant Zur Kastanie an der Kölner Straße. Von dort sehen Sie schon das Ziel, die 🚌 **Bushaltestelle „Stooter Straße, Mülheim"** (Stooter Straße & Kölner Straße, 45481 Mülheim an der Ruhr).

Mülheim-Selbeck 🛏 ✕ ✝ 🚌

🛏 ✕ Hotel-Restaurant Zur Kastanie, Kölner Straße 397, 45481 Mülheim-Selbeck, ☎ 02 08/48 81 65, ✉ weinmeister@hotel-zur-kastanie.de, 💻 www.hotel-zur-kastanie.de, Ü EZ € 78, ÜF EZ € 90, Ü DZ € 100, ÜF DZ € 125

✕ Pizzeria Quo Vadis, Kölner Straße 440, 45481 Mühlheim-Selbeck, ☎ 02 08/377 33 79, 💻 www.trattoria-quo-vadis.de, 🚪 Di-So 17:00-22:00

🚌 Bushaltestelle „Stooter Straße, Mülheim", Busverbindung nach Ratingen (Flurstraße, Mitte), Mülheim (Stadtmitte, Hbf), Düsseldorf Hbf; Bushaltestelle „Flurstraße, Ratingen", ➲ 1,5 km vom Etappenziel, Kölner Straße nach links durchgehen, an der Brücke rechts den schmalen Fußweg hinab, unten nach links, Busverbindung nach Mühlheim (Stadtmitte, Hbf), Ratingen (Mitte, Ost)

Mülheim an der Ruhr ist eine Großstadt im Ruhrgebiet mit rund 170.000 Einwohnern. Weit entfernt von der Innenstadt, im äußersten Süden des Stadtgebiets, liegt der 1929 eingemeindete Ortsteil Selbeck. Hier endet die heutige Etappe vom neanderland STEIG. In dem einst landwirtschaftlich geprägten Ort wurden im 19. Jahrhundert Erzvorkommen entdeckt, was ein kleines Bergmannsdorf mit der katholischen ✝ Kirche St. Theresia von Avila (☞ 8. Etappe, S. 76) im Zentrum entstehen ließ. 1907 wurde der Erzbergbau zwar schon wieder eingestellt, Straßennamen wie die Glückaufstraße erinnern jedoch noch immer an diese Zeit. In der ruhigen Ortschaft gibt es ein 🛏 Hotel und einzelne Verpflegungsangebote.

8. Etappe: Mülheim-Selbeck – Ratingen

19,5 km, 6 Std., ↑ 455 m, ↓ 485 m, ⇧ 38-80 m

0,0 km	⇧ 71 m	Mülheim-Selbeck, Bushaltestelle „Stooter Straße, Mühlheim“
1,6 km	⇧ 69 m	Stockweg & Tenterweg Waldanfang
6,6 km	⇧ 40 m	Ratingen-Lintorf
8,6 km	⇧ 40 m	Dickelsbach
10,6 km	⇧ 56 m	Rasthütte Asphaltweg
14,9 km	⇧ 44 m	Flughafen Düsseldorf
17,2 km	⇧ 39 m	Autobahnkreuz Düsseldorf-Nord
18,6 km	⇧ 41 m	Erholungspark Volkardey
19,5 km	⇧ 41 m	Ratingen, Bushaltestelle „Nösenberg, Ratingen“

Nach dem Start nahe der Kirche St. Theresia von Avila im alten Bergmannsdorf Selbeck verläuft die Wanderroute zunächst parallel zu einem Golfplatz. Anschließend gehen Sie für längere Zeit durch Waldgebiete, wo der neanderland STEIG teilweise über schnurgerade Forstwege führt. Sie passieren einige Rasthütten und erreichen das Grundstück vom Flughafen Düsseldorf. In Sichtweite zu landenden Flugzeugen wandern Sie entlang der Landebahn. Dann geht es einmal quer über das Autobahnkreuz Düsseldorf-Nord nach Ratingen-West, wo die Etappe im Erholungspark Volkardey endet.

Die 8. Etappe beginnt gegenüber der **Bushaltestelle „Stooter Straße, Mühlheim“** (Stooter Straße & Kölner Straße, 45481 Mülheim an der Ruhr). Entlang der Kölner Straße geht es nach rechts und dann zunächst links in die Karl-Forst-Straße, wo Sie auf die **Kirche St. Theresia von Avila** treffen.

Ab 1890 wurde die Kirche St. Theresia von Avila als Mittelpunkt des damaligen Bergmannsdorfs Selbeck errichtet. Durch den Zuzug von Bergleuten wuchs die Bevölkerung und so finanzierte der Selbecker Bergwerksverein den Bau der römisch-katholischen Kirche. Seit 1892 ist die einräumige Kirche aus braunen Backsteinen der Spanierin Teresa von Ávila geweiht.

Sie laufen einmal links um die Kirche herum und folgen auf der Rückseite wieder der Karl-Forst-Straße bis zu ihrem Ende. Biegen Sie dann rechts und verlassen Sie danach links entlang der Hecke das Wohngebiet zu einer Weide. An der Rasthütte geht es erneut links auf die Karl-Forst-Straße.

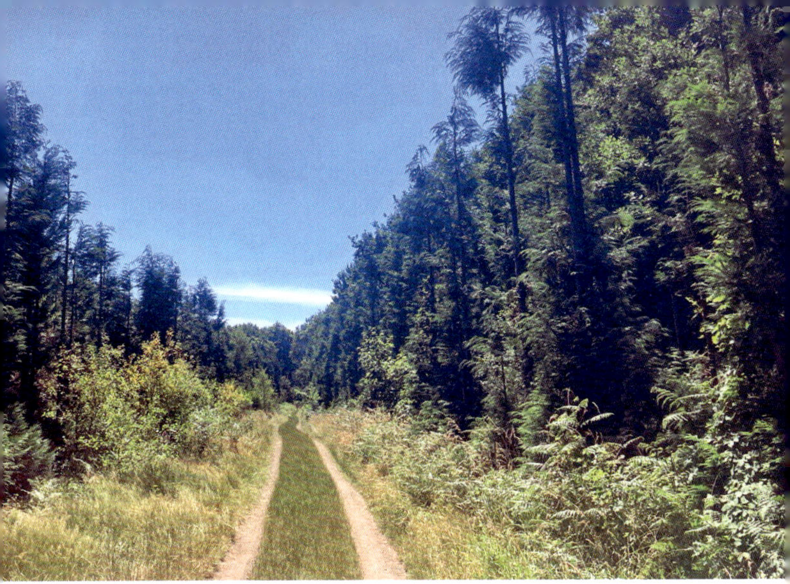

Breite Wege prägen die Etappe

Folgen Sie ihr entlang der Weiden, nahe dem Gelände vom Golf Club Mühlheim an der Ruhr. Halten Sie sich nun an Abzweigmöglichkeiten immer geradeaus, bis vor einem **Wald Stockweg und Tenterweg** aufeinandertreffen ❶.

Es geht nun einige Meter auf dem Stockweg weiter nach rechts und an den rot-weißen Pollern dann links in den Wald hinein. Sie folgen dem Waldweg, biegen dann nach rechts und gehen den Weg bis zum Ende entlang. Dort biegen Sie auf den Forstweg nach links. Sie ignorieren nun Abzweigungen und folgen dem Wegverlauf bis zur Autobahnbrücke, wo Sie die A3 überqueren. Hinter der Brücke folgen Sie an den Pflastersteinen dem Verlauf des rechts abzweigenden Wegs bis zum Ende an einer T-Kreuzung. Sie biegen nach rechts ab und folgen auch dem Verlauf dieses Wegs bis zu einer T-Kreuzung am Ende. Dort geht es ein paar Schritte nach rechts und dann nach links auf einen Waldweg. Diesen wandern Sie geradeaus entlang, vor dem Fachwerkhaus geht es dann durch eine Kurve zu einer Asphaltstraße. Sie gehen entlang dieser Straße nach links, an der ersten Möglichkeit rechts über den Bahnübergang und dann geradeaus in den Wald. Bleiben Sie auf dem breiten Waldweg bis zur Gabelung. Sie biegen dort links ab und folgen dem Wegverlauf bis zum Waldende und weiter parallel zur Autobahn. Vor einigen Häusern und einem Pferdehof geht es nun rechts durch die A524-Unterführung hindurch zu einem Wegweiser im Randgebiet von **Ratingen-Lintorf** ❷. Zuvor sind Sie übrigens ein Stück auf Duisburger Stadtgebiet gewandert.

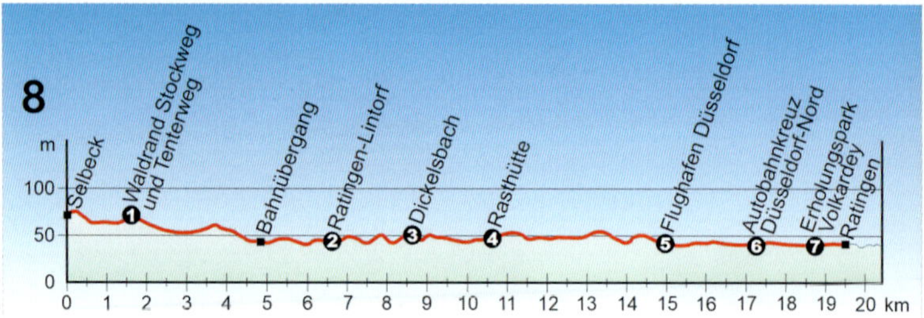

↳ Wenn Sie die Straße An den Banden weiter geradeaus gehen, erreichen Sie das ✕ **Ristorante Pisa** im Lintorfer Tennisclub (➲ 0,3 km).

✕ Ristorante Pisa, An den Banden 40, 40885 Ratingen, 01 79/903 29 42, fpisa2002@yahoo.it, https://lintorfer-tc.de/gastronomie, Anfang Okt-Mitte April Di, Do-Sa 16:00-23:00, Mi, So 12:00-23:00, Mitte April-Ende Sep Di-So 11:00-23:00

Sie biegen jedoch rechts und überqueren den Breitscheider Bach, dem Sie nun immer mal wieder begegnen. Ignorieren Sie Abzweigungen und folgen Sie dem Verlauf des Wanderwegs durch den Wald bis zum Ende am Querweg. Sie biegen dort links und folgen wieder dem Wegverlauf, an Abzweigungen vorbei, bis zur breiten Kalkumer Straße. Überqueren Sie nun vorsichtig diese Hauptstraße und gehen Sie an der anderen Straßenseite nach rechts über den **Dickelsbach ❸**.

Es geht nun an der Bushaltestelle „Am Eichförstchen, Ratingen" (Busverbindung zum S-Bahnhof Ratingen-Hösel und S-Bahnhof Düsseldorf-Angermund) vorbei und weiter geradeaus entlang der Straße.

↳ Nach rechts zweigt ein Zubringer ab nach Duisburg-Rahm (➲ 2,4 km).

Sie gehen jedoch weiter geradeaus, bis zwischen großen Bäumen links ein Wander- und ein Reitweg abzweigen. Der Wanderweg führt durch den Wald zu einer Rechtsabzweigung mit Wegweiser.

↳ Nach rechts führt hier ein Zubringer nach Düsseldorf-Angermund (➲ 1,7 km).

Sie folgen jedoch geradeaus dem Verlauf des Wanderwegs. An einem großen Strommast geht es geradeaus weiter am schmalen Hinkesforstgraben entlang.

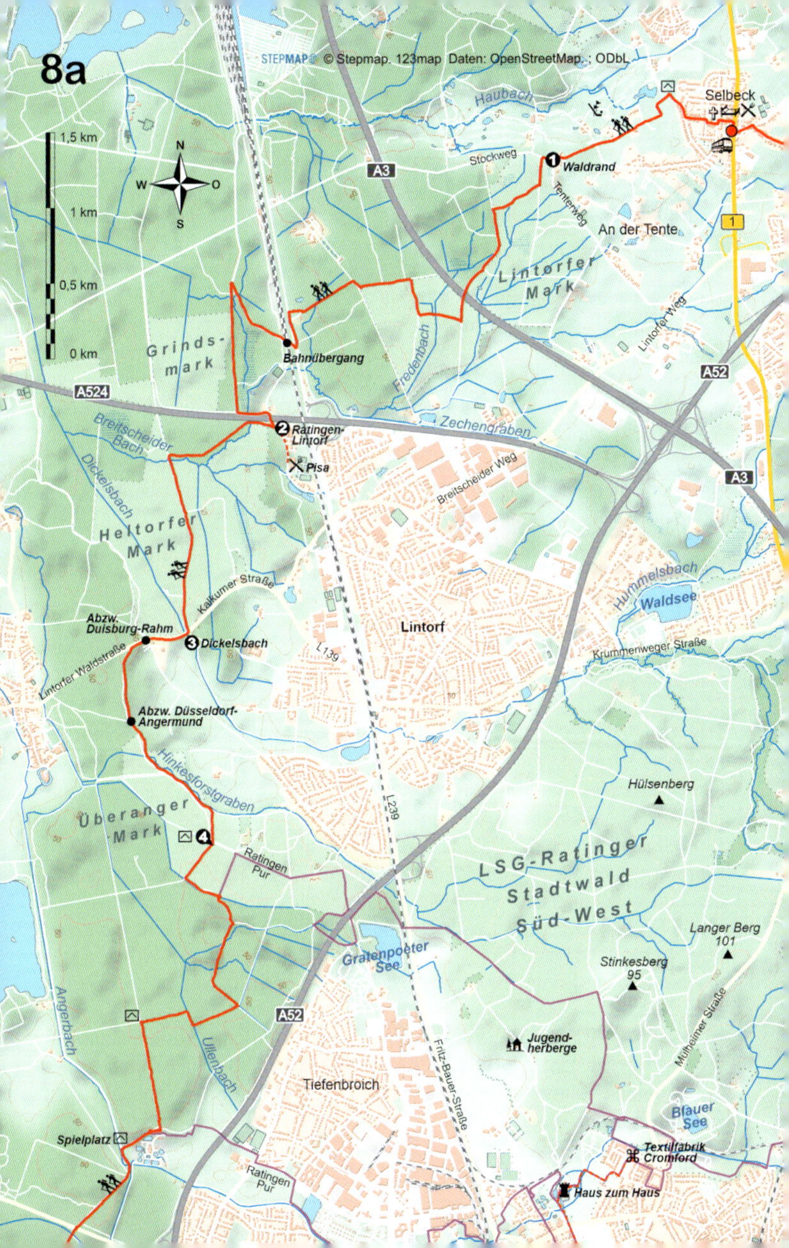
8a
STEPMAP © Stepmap. 123map Daten: OpenStreetMap.: ODbL
1,5 km
1 km
0,5 km
0 km
N
W
O
S
Haubach
Selbeck
Stockweg
A3
1 Waldrand
Tenterweg
An der Tente
1
Lintorfer Mark
Lintorfer Weg
Grindsmark
Bahnübergang
Fredenbach
A524
A52
2 Ratingen-Lintorf
Zechengraben
Breitscheider Bach
Pisa
Breitscheider Weg
A3
Dickelsbach
Heltorfer Mark
Kalkumer Straße
Hummelsbach
Waldsee
Abzw. Duisburg-Rahm
3 Dickelsbach
Lintorf
L139
Krummenweger Straße
Lintorfer Waldstraße
Abzw. Düsseldorf-Angermund
Hinkesforstgraben
Hülsenberg
Überanger Mark
4
Ratingen Pur
L239
LSG-Ratinger Stadtwald Süd-West
Langer Berg 101
Gratenpoeter See
Stinkesberg 95
A52
Angerbach
Jugendherberge
Mülheimer Straße
Ullenbach
Fritz-Bauer-Straße
Tiefenbroich
Blauer See
Spielplatz
Textilfabrik Cromford
Ratingen Pur
Haus zum Haus

An einer ⛼ Bank nehmen Sie dann die Rechtsabzweigung. Sie wandern nun wieder geradeaus, kreuzen einen Asphaltweg und erreichen eine ⌂ **Rasthütte ❹**. Laufen Sie an der Rasthütte vorbei und weiter geradeaus den Waldweg entlang, bis Sie kurz vor einer Infotafel zum Düsseldorfer Stadtwald links abbiegen. Der Weg führt durch ein urwüchsiges Gebiet. Ignorieren Sie die links wegführenden Pfade.

An den Pollern folgen Sie dann nach rechts dem Wegverlauf bis zur T-Kreuzung am Ende. Biegen Sie dann rechts ab. Folgen Sie nun dem Verlauf dieses Wegs bis zu einer Kreuzung mit Wegweiser, wo es nach rechts in Richtung „Flughafen" weitergeht. Auf diesem Weg geht es vorbei an einem ⛼ Rastplatz bis zu einer Kreuzung mit ⌂ Rasthütte. Dort geht es links auf dem Lehrpfad weiter. Wenn dieser eine Rechtskurve macht, gehen Sie weiter zur Infotafel und dann rechts zurück zum Weg. Sie passieren nun ein Silo und einen Spielplatz mit einer weiteren ⌂ Rasthütte und erreichen eine geteerte Straße. Nach links geht es nun auf einer Brücke über den Angerbach und dann geradeaus bis zur breiten Kalkumer Schloßallee.

↳ Die Kalkumer Schloßallee nach rechts liegt Schloss Kalkum (➲ 3,1 km, ☞ 12. Etappe, S. 113).

Sie wechseln jedoch vorsichtig die Straßenseite und laufen geradeaus bis zur Landebahn vom ✈ 🅿 ⛼ **Flughafen Düsseldorf ❺**.

Planespotting in Düsseldorf

Der neanderland STEIG führt nun direkt entlang der Landebahn des größten NRW-Flughafens. Die Flugzeuge können von hier aus nächster Nähe betrachtet werden. Die zahlreichen Bänke am Zaun der Landebahn sind regelmäßig von Flugzeugfans besiedelt. Sogenannte Planespotter haben eine ganz spezielle Leidenschaft für die Flugobjekte entwickelt. Sie reisen zu Flughäfen, gehen mit der Kamera auf Jagd nach guten Motiven, fotografieren spezielle Flugzeugmodelle und Sonderlackierungen, sammeln und sortieren die Bilder, notieren Flugzeugkennzeichen und vernetzen sich mit Gleichgesinnten. Menschen mit diesem ungewöhnlichen Hobby haben sich in Düsseldorf sogar in einem Verein organisiert.

Im Verein DUS Aviation Friends treffen sich Luftfahrtenthusiasten, Planespotter und Flughafenunterstützer. Es gibt Vereinsfeste und Stammtischtreffen, Dia- und Beamervorführungen, Infos zum Spotten, gemeinsames Spotten am Flughafen und spezielle Spotter-Vorfeld-Touren.

Wandern Sie geradeaus am Flugfeld entlang zum Wegweiser am Spielplatz.

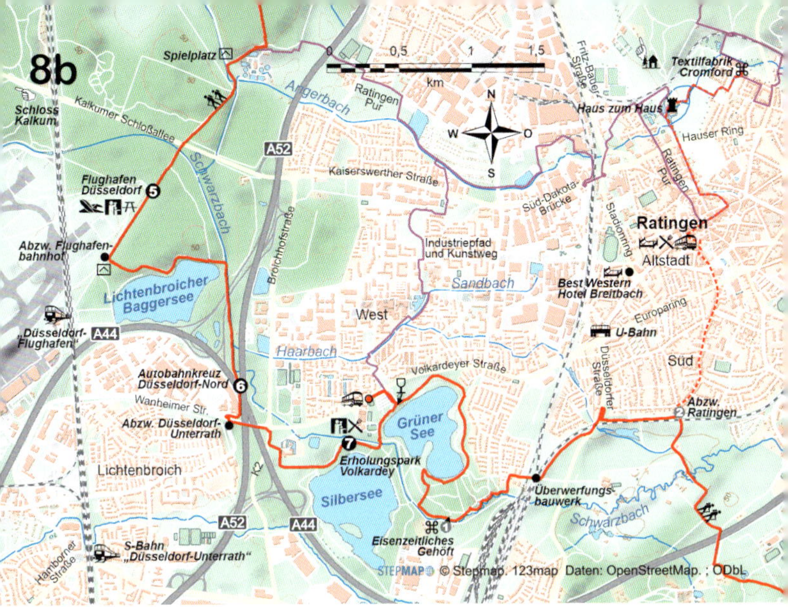

➪ Geradeaus geht es weiter zum Bahnhof Düsseldorf-Flughafen (➲ 0,7 km).

Bahnhof Düsseldorf-Flughafen, Bahnverbindung z. B. mit S1 nach Essen Hbf, Mühlheim Hbf, Duisburg Hbf, Düsseldorf (Unterrath, Hbf), Hilden, Solingen (Vogelpark, Hbf)

Sie biegen jedoch nach links ab, passieren eine Rasthütte und einen Rastplatz und folgen dem Waldweg am Zaun vom Lichtenbroicher Baggersee entlang. Gehen Sie am Wald-Lernort geradeaus weiter. Es geht danach durch eine Rechtskurve und parallel zum Schwarzbach durch einen Wildschutzzaun. Sie unterqueren zwei Autobahnbrücken und durchqueren ein kleines Wäldchen, dann gelangen Sie auf das **Autobahnkreuz Düsseldorf-Nord ❻**. Der neanderland STEIG führt nun einmal direkt über das Autobahnkreuz. Das Autobahnkreuz verbindet die A44 und A52 miteinander. Es besteht aus zwei Teilen, einem Nordteil auf Düsseldorfer Stadtgebiet und einem Südteil auf Ratinger Stadtgebiet.

Sie laufen zunächst entlang der Leitplanken der einen Autobahn und folgen dann dem Pfad über die zweite und weiter bis zur großen Wanheimer Straße. Gehen Sie dort an der Ampel über die Straße und dann links über die zweite Ampel zum Wegweiser.

Rechts ab führt nun ein Zubringer nach Düsseldorf-Unterrath (➲ 2,1 km).

S-Bahnhof Düsseldorf-Unterrath, Bahnverbindung z. B. mit S1 nach Essen Hbf, Mühlheim Hbf, Duisburg Hbf, Düsseldorf (Flughafen Bf, Hbf), Hilden, Solingen (Vogelpark, Hbf)

Sie laufen jedoch geradeaus auf einer Brücke über die A52 und die A44 zu einem großen Kreisverkehr. Biegen Sie dort auf der gegenüberliegenden Seite rechts in die Broichhofstraße ab. Einige Meter danach geht es links hinab zu Peter Krümmel's Stallgasse und vor dem Hof rechts. Folgen Sie dem Weg in einer Linkskurve durch die Allee und dann geradeaus weiter zur Aussichtsplattform vom Silbersee im **Erholungspark Volkardey ❼**.

Erholungspark Volkardey

Der Grüne See

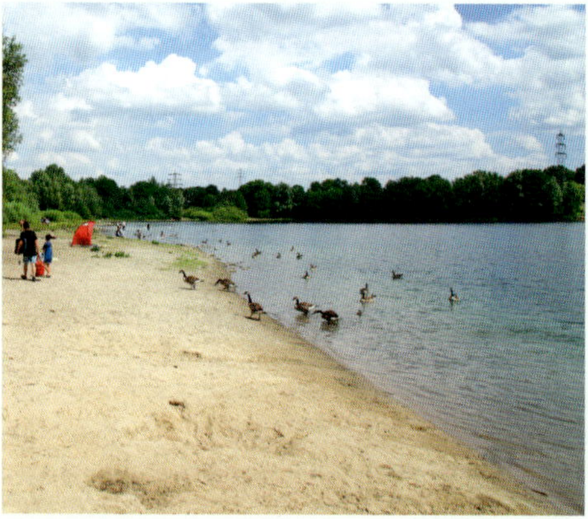

Der Erholungspark Volkardey liegt im Westen von Ratingen. Das Naherholungsgebiet umfasst das Gebiet um den Silbersee und den Grünen See. Bei den Gewässern handelt es sich um zwei ehemalige Kiesgruben, die heute von Park- und Wiesenlandschaften umgeben sind. Der neanderland STEIG führt zunächst entlang des Silbersees. Das Areal an diesem See ist nur für die ruhige Erholung und zur Beobachtung der Natur gedacht. Der Grüne See, an dem die Etappe endet, ist hingegen für die aktive Freizeitgestaltung zuständig. Dort kann Beachvolleyball, Fußball und Tischtennis gespielt werden. Ein Trimm-dich-Pfad lädt zu körperlicher Betätigung ein. Es gibt Liegewiesen, Kinderspielplätze und einen Windsurfingclub. Schwimmen ist aufgrund von Gefahren wie Unterströmungen und Strudel an beiden Seen jedoch verboten. Am Kiosk am Grünen See gibt es Getränke, Fast Food, Snacks und zwei Terrassen, wo man die Etappe ausklingen lassen kann.

Sie folgen weiter dem Weg und passieren mehrere Bänke, die zur Rast einladen. Nun geht es auf einer kleinen Brücke über den Schwarzbach und dann geradeaus am Grünen See entlang bis zum Kiosk Am Grünen See. Sie biegen vor dem Kiosk nach links zu einem Parkplatz ab, überqueren diesen zur breiten Volkardeyer Straße und biegen dort links zum Ziel, der **Bushaltestelle „Nösenberg, Ratingen"** (Brandenburger Straße & Volkardeyer Straße, 40880 Ratingen).

☺ Um zur historischen Altstadt von Ratingen zu gelangen, können Sie dem Verlauf der nächsten Etappe bis zum entsprechenden Abzweig folgen.

Ratingen

Central Hotel Ratingen, Volkardeyer Straße 32 a, 40878 Ratingen, ☏ 021 02/451 00, info@centralhotel-ratingen.de, www.centralhotel-ratingen.de, Preis variiert je nach Buchungstag

Jugendherberge Ratingen, Götschenbeck 8, 40882 Ratingen, ☏ 021 02/204 00, ratingen@jugendherberge.de, www.jugendherberge.de, ÜF ab € 22,40

Volkardeyerstübchen auf Gut Volkardey, Volkardeyer Straße 41, 40880 Ratingen, ☏ 021 02/939 93 20, volkardeyerstuebchen@web.de, www.volkardeyerstuebchen.com, Di-Fr ab 16:30, Sa-So ab 12:00

Bushaltestelle „Nösenberg, Ratingen", Busverbindung nach Düsseldorf (Hbf, Derendorf), Ratingen (Eckampstraße, Breslauer Straße), Mühlheim (Stooter Straße, Stadtmitte, Hbf)

U-Bahnhaltestelle „Ratingen, Europaring", ➲ 1,8 km vom Etappenziel, Bahnverbindung mit U72 nach Ratingen-Mitte und Düsseldorf S-Bahnhof Wehrhahn

☞ siehe Abzweige zuvor zum Bahnhof Düsseldorf-Flughafen und zum S-Bahnhof Düsseldorf-Unterrath sowie auf der nächsten Etappe zum S-Bahnhof Ratingen Ost

Ratingen ist mit rund 90.000 Einwohnern die größte Stadt im Kreis Mettmann. Die Stadt gliedert sich in zehn Stadtteile, von denen der neanderland STEIG mehrere passiert. Das heutige Etappenende liegt in Ratingen-West im Erholungspark Volkardey. Sehenswert ist jedoch auch die rund 3 km vom Ziel entfernte historische Altstadt. Das dortige Zentrum bildet der Marktplatz, der bereits im 14. Jahrhundert im Stadtbuch erwähnt wurde und auf dem noch heute regelmäßig Waren angeboten werden. Zu sehen sind viele historische Gebäude, es gibt drei erhaltene Türme der Stadtmauer, Restaurants und Bars, Einkaufsmöglichkeiten und Hotels. Ratingen hat ein vielfältiges Kultur- und Freizeitangebot.

Nicht zu weit von der Altstadt entfernt liegt die J Jugendherberge, die Wasserburg Haus zum Haus und das ⌘ LVR-Industriemuseum Textilfabrik Cromford (☞ 9. Etappe, S. 87).

9. Etappe: Ratingen – Ratingen-Homberg

14,2 km, 4 Std. 30 Min., ↑ 355 m, ↓ 284 m, ⇧ 38-145 m

0,0 km	⇧ 41 m	Ratingen, Bushaltestelle „Nösenberg, Ratingen“ ⌘
2,2 km	⇧ 44 m	Eisenzeitliches Gehöft Ratingen ⌘
3,0 km	⇧ 48 m	Überwerfungsbauwerk
4,4 km	⇧ 50 m	Abzweig Ratingen-Mitte ⌘ (1 km)
6,3 km	⇧ 103 m	Mauspfad
8,4 km	⇧ 62 m	Abzweig Bauerngarten (0,3 km)
11,0 km	⇧ 89 m	Autobahnbrücke
12,8 km	⇧ 137 m	Golfclub Grevenmühle
14,2 km	⇧ 112 m	Ratingen-Homberg, Bushaltestelle „Grever Mühle, Ratingen“

Vom Ratinger Erholungspark Volkardey geht es zunächst zum Eisenzeitlichen Gehöft, welches auf vorchristliche Fundspuren zurückgeht. Sie laufen dann am Schwarzbach entlang und passieren eine Abzweigmöglichkeit in die Altstadt Ratingens und zum Museum Textilfabrik Cromford. Später geht es auf den historischen Handelsweg Mauspfad. Vermutlich ebenfalls aus der Eisenzeit stammend hat sich der Weg im Laufe der Jahrhunderte tief in das Gelände eingeschnitten. Zum Ende der Etappe wandern Sie nach einem längeren Anstieg bei schönen Fernblicken über Felder, dann geht es einmal quer über ein Golfplatzgelände zum Etappenziel Ratingen-Homberg.

Die 9. Etappe beginnt an der **Bushaltestelle „Nösenberg, Ratingen“** (Brandenburger Straße & Volkardeyer Straße, 40880 Ratingen).

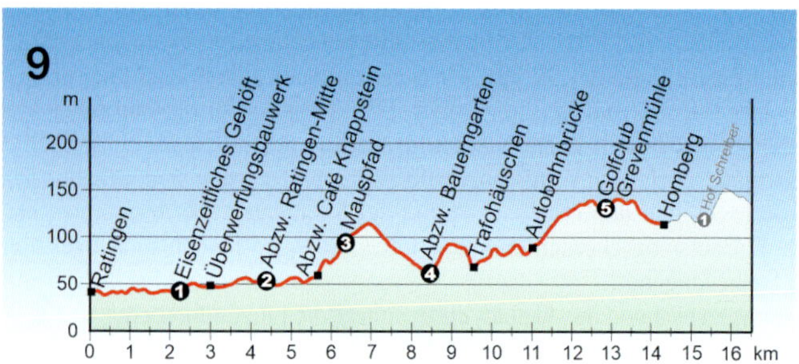

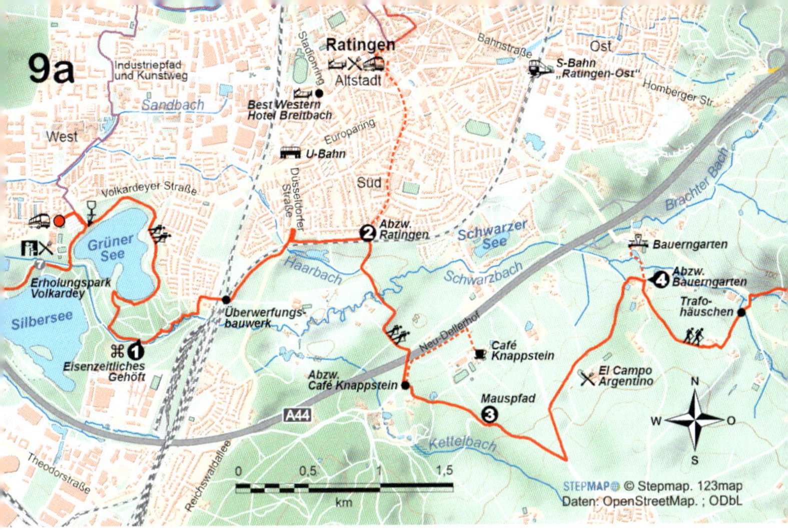

↳ Sie treffen nun auch auf die **Entdeckerschleife „Industriepfad und Kunstweg"**, die ausnahmsweise kein Rundweg ist, sondern Homberg im Osten von Ratingen mit dem Grünen See hier im Westen verbindet und dabei auch das LVR-Industriemuseum Textilfabrik Cromford (☞ S. 87) passiert (➲ Länge des Wanderwegs: 18 km).

Zunächst geht es zurück über den 🅿 Parkplatz zum Grünen See im Erholungspark Volkardey ✕ ⚓ ⛩ (☞ 8. Etappe, S. 82). Sie biegen dort links, passieren den Kiosk Am Grünen See und bleiben auf dem breiten Weg. Nach einem Anker erreichen Sie eine T-Kreuzung, an der Sie nach rechts abbiegen. Folgen Sie nun dem breiten Weg weiter um den Grünen See herum und ignorieren Sie Abzweigungen. An der Weggabelung nach dem Rückentrainer vom Trimm-dich-Pfad (☞ 16. Etappe, S. 145) halten Sie sich rechts. Am Beginn der zweiten Liegewiese biegen Sie am Schild „Hundeauslaufgebiet" nach links vom See weg, am nächsten Weg dann nach rechts. Wandern Sie nun geradeaus bis zum befestigten Weg am Schwarzbach und auf diesem nach links zum ⌘ **Eisenzeitlichen Gehöft Ratingen ❶**.

⌘ In den 1980er-Jahren wurden beim Bau der nahen A44 die Spuren einer Hofanlage aus der Zeit um 500 vor Christus entdeckt. In den Jahren 2000/01 wurde das Eisenzeitliche Gehöft Ratingen unter fachmännischer Anleitung hier rekonstruiert. Die Anlage errichtete man mit heimischen Baumaterialien und vielen handwerklichen Methoden aus der Eisenzeit.

Es geht auf dem Weg weiter am Gehöft und einer ⛺ Grillhütte vorbei zu einer Gabelung am Waldanfang. Sie halten sich rechts hinauf und folgen danach rechts dem abzweigenden Weg durch das Wäldchen, immer parallel zum Schwarzbach, bis zu einem grünen Zaun. An diesem gehen Sie rechts entlang, dann biegen Sie links zu den rot-weißen Pollern und hinter diesen wieder rechts ab. Dann geht es geradeaus an der Schwarzbachklinik vorbei und durch die Unterführung zum sogenannten **Überwerfungsbauwerk**, einem Eisenbahnbauwerk, welches Gleise über zwei unterschiedliche Ebenen führt.

Direkt hinter dem Bauwerk, noch vor der 🚋 Straßenbahnhaltestelle „Felderhof, Ratingen" (U72), biegen Sie links auf einen Pfad. Er führt zwischen Bahndamm und Feld zur breiten Düsseldorfer Straße, wo Sie links durch die Unterführung und geradeaus bis zur Laterne nach dem Haus Nr. 154 gehen. Dort überqueren Sie an der entsprechenden Stelle vorsichtig die Hauptstraße und dahinter die Straßenbahngleise. Nun geht es neben den Gleisen zurück zum Bahndamm, davor links durch das kleine Wäldchen und dann geradeaus entlang der Kleingärten bis zum Wegweiser ❷.

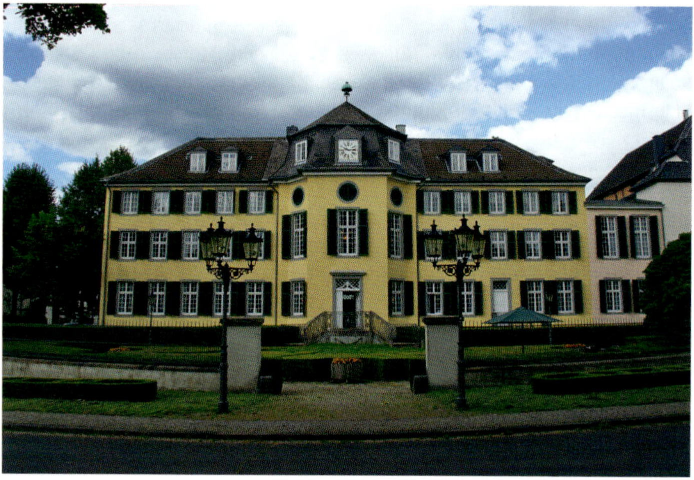

LVR-Industriemuseum Textilfabrik Cromford

↳ Von hier kann man zum ⌘ **LVR-Industriemuseum Textilfabrik Cromford** (➲ 2,7 km) und zum 🚆 **S-Bahnhof Ratingen Ost** gelangen (➲ 2 km).

🚆 S-Bahnhof Ratingen Ost, Bahnverbindung mit S6 nach Essen (Hbf, Kettwig, Kettwig Stausee), Düsseldorf (Hbf, Benrath, Garath), Langenfeld

↬ Links ab führt auch ein Zubringer nach **Ratingen-Mitte** 🛏 ⌂ ✕ 🍷 🛒 ♜ ⌘ 🚌 🚃 (➲ 1 km, ☞ 8. Etappe, S. 83).

↬ In Ratingen-Mitte, am Marktplatz im historischen Stadtzentrum, startet auch die **Entdeckerschleife „Ratingen Pur"**, die das LVR-Industriemuseum Textilfabrik Cromford, die Wasserburg Haus zum Haus und die Wälder der Umgebung verbindet (➲ Länge des Rundwanderwegs: 16 km).

Industriespionage in England

Die industrielle Revolution nahm ihren Ursprung in England. Eine große Bedeutung auf dem Weg ins Industriezeitalter und der Entwicklung des Fabriksystems hatten technische Erfindungen – insbesondere im Textilgewerbe. 1769 meldete Richard Arkwright die durch Wasserkraft angetriebene Spinnmaschine Waterframe zum Patent an. Zwei Jahre später ließ er im englischen Cromford eine Baumwollfabrik errichten. Die Industrialisierung und das Fabriksystem traten ihren Siegeszug an. Die erste Fabrik auf dem europäischen Festland wurde 1783/84 von Johann Gottfried Brügelmann gegründet – die Baumwollspinnerei Cromford am Flüsschen Anger in Ratingen. Beim Namen der Fabrik nahm Brügelmann Bezug auf sein englisches Vorbild, an das Wissen zur Konstruktion der eigentlich patentierten Waterframe gelangte er mutmaßlich durch Industriespionage. Angetrieben wurden die Ratinger Spinnmaschinen durch ein großes hölzernes Wasserrad. Heute befindet sich in der ehemaligen Fabrik ein LVR-Industriemuseum. Es thematisiert die Einführung des Fabriksystems und zeigt im Schaubetrieb an originalgetreu nachgebildeten Spinnmaschinen, wie aus Baumwolle fertiges Garn entsteht.

⌘ LVR-Industriemuseum Textilfabrik Cromford, Cromforder Allee 24, 40878 Ratingen, ☏ 021 02/86 44 90, ✉ industriemuseum-ratingen@lvr.de, 💻 www.industriemuseum.lvr.de, 🚪 Di-Fr 10:00-17:00, Sa, So 11:00-18:00, Erwachsene € 5, ermäßigt € 4, Kinder und Jugendliche Eintritt frei, 1. Freitag im Monat Eintritt frei

Sie gehen am Wegweiser jedoch rechts durch die Unterführung und folgen danach dem Weg am Weidezaun entlang. Sie ignorieren Abzweigmöglichkeiten und wandern weiter zu einem Waldstück, wo Sie den Schwarzbach überqueren. Nach einer Rechtskurve geht es nun an einem Feld entlang und nach einer Linkskurve dann auf eine Brücke über die A44 zu. Sie gehen geradeaus die Brücke hinauf, oben rechts über die Autobahn und dann hinab zu einer Gabelung mit Wegweiser.

↬ Geradeaus führt ein Zubringer nach Düsseldorf-Rath 🚆 (➲ 3 km).

Sie biegen jedoch nach links auf den Kettelbecksweg. Einige Meter danach zweigt links der Weg Neu-Dellerhof ab.

↳ Wenn Sie dem Weg Neu-Dellerhof entlang der Weiden folgen, erreichen Sie eine geteerte Rechtsabzweigung zum **Café Knappstein** auf dem Gut Neudellerhof (➲ 0,8 km).

Café Knappstein auf Gut Neudellerhof, Neu-Dellerhof 1, 40882 Ratingen,
015 75/014 54 06, info@cafeknappstein.de,
www.neudellerhof.de/hofcafe, Di-Fr 16:00-20:00, Sa-So 14:00-20:00

Sie ignorieren jedoch den Weg Neu-Dellerhof und folgen dem Kettelbecksweg. Es geht an einem Grundstück vorbei und dann durch einen Wald, geradeaus an Abzweigungen vorbei und entlang einer großen Pferdeweide zum Hinweisschild für den historischen Handelsweg **Mauspfad ❸**.

Historische Handelswege

Sie wandern auf einem vermutlich jahrtausendealten Weg – dem Mauspfad. Alte Gräberfunde entlang des Verlaufs legen nahe, dass er bereits in der Eisenzeit existierte. Im Mittelalter war er Teilabschnitt eines Handelswegs, der den Niederrhein mit Frankfurt am Main und weiteren Orten im Süden verband. Im heutigen Neanderland passierte der Wegverlauf das Stadtgebiet von Ratingen, Erkrath, Hilden und Langenfeld. Eine Vermutung bezüglich der Namensherkunft ist, dass er sich von „Maut" ableitet. Demnach wurde der Mauspfad genutzt, um Güter unter Umgehung von Verpflichtungen an Köln vorbeizubefördern. Die Waren wurden damals auf Pferde- und Ochsenkarren transportiert. Zudem nutzten Pilger, Postkutschen, Bauern und Militär den Weg. Durch die über einen so langen Zeitraum erfolgte Beanspruchung des Bodens durch Fuhrwerke und Huftritte schnitt der Mauspfad sich teilweise mehrere Meter tief in das Gelände ein und bildete einen Hohlweg, wie auf dem folgenden Abschnitt gut zu erkennen ist. Der neanderland STEIG führt in seinem Verlauf über mehrere historische Handelswege, wie die Alaunstraße, eine Verbindung zwischen dem Ruhrgebiet und dem Bergischen Land, und die Alte Kölnische Landstraße, einen mittelalterlichen Weg zur namensgebenden Handelsmetropole.

Wandern Sie geradeaus weiter auf dem breiten und tief ins Gelände eingeschnittenen Hohlweg. Danach führt der Weg über Felder zur breiten Knittkuhler Straße ⚲. Nun geht es nach links entlang der Knittkuhler Straße, bis rechts der Weg In der Karpendelle abzweigt. Sie überqueren vorsichtig die Straße und folgen dann dem Weg In der Karpendelle entlang der Felder und Weiden. Ignorieren Sie die Abzweigung nach El Campo Argentino und wandern Sie weiter geradeaus zwischen Zaun und Feldrand. Es geht auf dem Weg weiter, vorbei an einer Bank und bergab durch einen lichten Wald zu einer Gabelung vor einem Hof. Laufen Sie rechts den Schotterweg um den Hof herum zum Wegweiser an der Asphaltstraße ❹.

Die Straße führt nach links zum Hofladen **Bauerngarten im Schwarzbachtal** (➲ 0,3 km).

Bauerngarten im Schwarzbachtal, Mauerweg 3, 40882 Ratingen,
☏ 021 02/13 47 50, info@bauerngarten-benninghoven.de,
www.bauerngarten-benninghoven.de, Mo-Fr 8:30-18:30, Sa-So 8:30-18:00

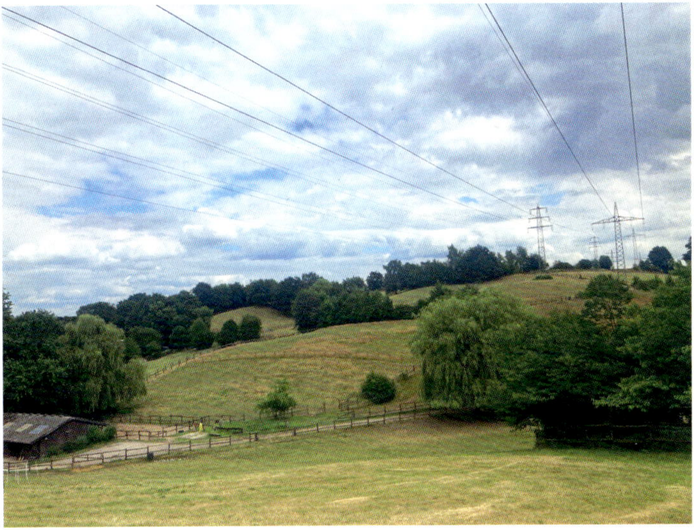

Weiden am Wanderweg

Sie gehen jedoch nach rechts in Richtung „Homberg“ bis zur Gabelung und folgen dort links dem Weg Kleinkauhaus bergauf und über die Felder zu einem Grundstück, neben dem der Weg zum schmalen Pfad wird. Dieser führt nun vorbei an alten Bäumen und einem Feld zu einem Asphaltweg. Laufen Sie dort hinab zum markanten Trafohäuschen und der dahinterliegenden breiten Mettmanner Straße. Sie wechseln vorsichtig die Straßenseite und gehen links, hinter der Leitplanke, über den Schwarzbach.

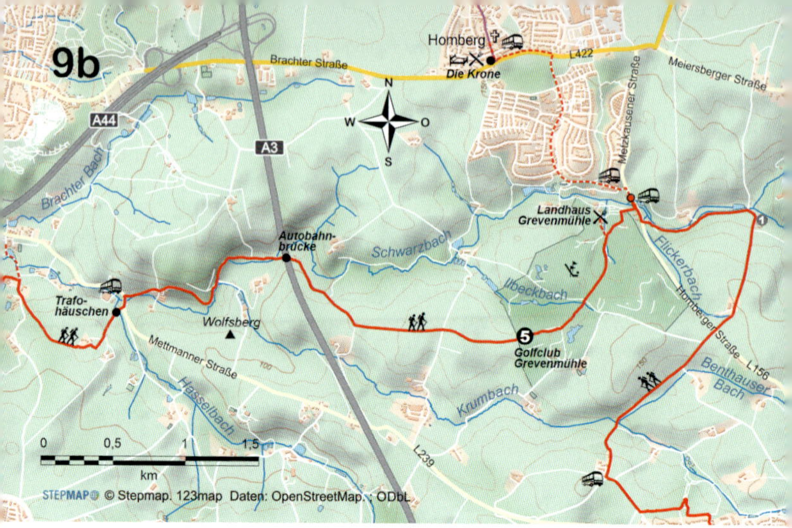

Biegen Sie nun, noch vor der Bushaltestelle „Buschmühle, Ratingen", rechts auf den asphaltierten Hackenbergweg ab. Diesem folgen Sie geradeaus über die Kreuzung, vorbei an Grundstücken, Wiesen und bewaldeten Hängen. Sie ignorieren den rechts auf einer Brücke über den Schwarzbach führenden Grütersweg und laufen weiter geradeaus zur **Autobahnbrücke**.

Sie unterqueren nun die A3 und folgen weiter dem Weg die Felder hinauf. Wenn sich der Weg am Ende gabelt, halten Sie sich links auf den unasphaltierten Weg. Es geht weiter auf der Höhe mit einem schönen Fernblick. Sie kreuzen einen Asphaltweg und laufen weiter geradeaus, zunächst zwischen Feldern, dann durch einen schmalen Waldstreifen zum **Golfclub Grevenmühle ❺**.

Sie bleiben nun auf dem Hauptweg vom Golfplatz, ignorieren alle Abzweigmöglichkeiten und halten sich an Kreuzungen geradeaus. Kurz vorm Golfplatzende gibt es schräg rechts am grünen Wanderwegschild eine Abzweigung.

↳ Geradeaus geht es weiter zum ✕ Landhaus Grevenmühle (☞ Etappenende).

Sie gehen dort jedoch schräg rechts hinauf, ignorieren die kleine Linksabzweigung und folgen an der Gabelung dem linken Pfad durch das Wäldchen zu einem gepflasterten Weg. Gehen Sie nun rechts zur breiten Metzkausener Straße und dort links zum Etappenziel, der 🚌 **Bushaltestelle „Grever Mühle, Ratingen"** (Am Schwarzbach & Metzkausener Straße, 40882 Ratingen).

Wenn Sie ein Stück weiter links in die Untere Steinhauser Straße biegen und dann geradeaus bis zum Ende durchlaufen, dort links gehen und an Der Krone Homberg dann rechts der Dorfstraße folgen, erreichen Sie den historischen Ortskern von Homberg (➲ 2,1 km).

Ratingen-Homberg

Die Krone Homberg, Brachter Straße 2, 40882 Ratingen-Homberg,
☎ 021 02/147 21 47, info@diekrone-homberg.de,
www.diekrone-homberg.de, EZ ab € 55, DZ ab € 110, F € 14,50

Landhaus Grevenmühle, Grevenmühle 3, 40882 Ratingen-Homberg,
☎ 021 02/95 95 30, restaurant@grevenmuehle.de,
www.landhaus-grevenmuehle.de, Di-So ab 12:00

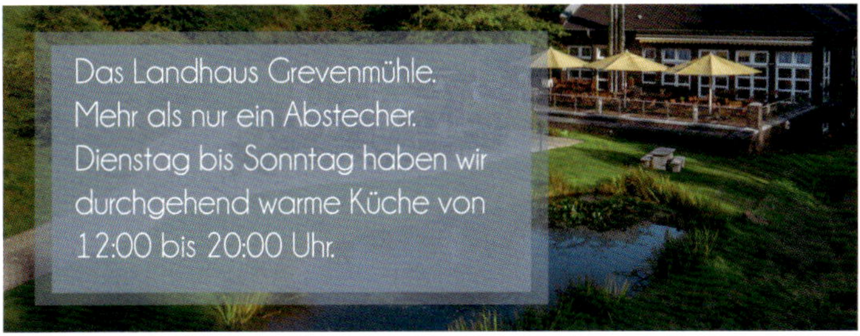

Bushaltestelle „Grever Mühle, Ratingen“, Busverbindung nach Mettmann, Ratingen („Dorfstraße“), Wülfrath (Stadtmitte); Bushaltestelle „Kirchfeldstraße, Ratingen“, ➲ 0,2 km vom Etappenziel, Busverbindung auch nach Ratingen („Zur Straße“); Bushaltestelle „Zur Straße, Ratingen“, ➲ 1,3 km vom Etappenziel, parallel zur Metzkausener Straße durch das Wohngebiet, Busverbindung nach Velbert (Mitte/ZOB), Heiligenhaus, Mettmann, Wülfrath (Stadtmitte), Ratingen (Ost und Mitte)

Seit 1975 gehört Homberg zu Ratingen (☞ 8. Etappe, S. 83). Der Stadtteil liegt allerdings weit abseits der eigentlichen Stadt. Die heutige Etappe endet neben dem Golfclub Grevenmühle, der wiederum rund 2 km entfernt von Hombergs Zentrum liegt. Im Zentrum gibt es ein Hotel, einige Einkehrmöglichkeiten und einen historischen Ortskern. Das Areal um die aus dem 12. Jahrhundert stammende katholische Kirche St. Jacobus der Ältere hat sich bis heute den Charakter eines alten niederbergischen Dorfs erhalten. Auf dem kleinen Platz vor der Kirche und auf der von dort hinabführenden Dorfstraße sind mehrere Fachwerkhäuser zu bestaunen. Neben den Kirchtreppen steht das hübsche Haus In der Meuse aus dem 16. Jahrhundert. Der historische Ortskern lohnt einen kurzen Besuch.

10. Etappe: Ratingen-Homberg – Erkrath

16 km, 5 Std., ↑ 473 m, ↓ 526 m, ⇧ 53-161 m

0,0 km	⇧ 112 m	Ratingen-Homberg, Bushaltestelle „Grever Mühle, Ratingen“
1,0 km	⇧ 117 m	Kartoffel- und Forellenhof Schreiber
3,5 km	⇧ 150 m	Mettmann-Metzkausen
5,2 km	⇧ 155 m	Golf Club Hubbelrath
8,1 km	⇧ 141 m	Rasthütte vor Stinderbachtal
9,2 km	⇧ 127 m	Abzweig Neandertal (4,3 km)
11,5 km	⇧ 67 m	Abzweig Bahnhof Erkrath Nord (0,8 km)
14,0 km	⇧ 63 m	Gut Papendelle
16,0 km	⇧ 59 m	Erkrath, Bushaltestelle „Haus Morp, Erkrath“ B&B

Kurz nach dem Etappenbeginn in Ratingen-Homberg geht es auf einem idyllischen Waldweg am Schwarzbach entlang. Dann wandern Sie über Felder, durch ein Wohngebiet und an einem Golfplatz vorbei. Anschließend führt Sie der Weg hinab ins Stinderbachtal, wo es auf wurzeligen Wegen und über kleine Holzbrücken durch das wunderschöne Bachtal geht. Von einem Abzweig kann man den Fundort des Neandertalers erreichen, ebenso das Neanderthal Museum und das Eiszeitliche Wildgehege. Abschließend durchwandern Sie das Rotthäuser Bachtal und den Morper Park, dann endet die Etappe in Erkrath.

Die 10. Etappe beginnt an der **Bushaltestelle „Grever Mühle, Ratingen“** (Am Schwarzbach & Metzkausener Straße, 40882 Ratingen). Sie laufen entlang der Metzkausener Straße zurück, vorbei an der Einmündung zum Golfclub Grevenmühle, wechseln nach dem Fachwerkhaus vorsichtig die Straßenseite und biegen links in den Weg ein. Nehmen Sie dann links den Durchgang am Zaun und wandern Sie am idyllischen Schwarzbach entlang durch das Waldstück. Sie ignorieren die Brücke und laufen weiter geradeaus am Feld entlang zu einem Wegweiser an einigen Bänken. Von dort geht es schräg rechts über die kleine Straße zum **Kartoffel- und Forellenhof Schreiber ❶**.

Sie gehen vor dem Bauernhof durch die Rechtskurve und folgen dann geradeaus dem Feldweg über den Hügel und an einem weiteren Hof vorbei zur Homberger Straße. Überqueren Sie diese vorsichtig und gehen Sie auf dem Eschenkämpchenweg weiter über die Felder. Sie ignorieren die Rechtsabzweigung und wandern geradeaus, bis der Weg in einer Linkskurve zu einem Grundstück führt. Dort nehmen Sie den geradeaus führenden Pfad.

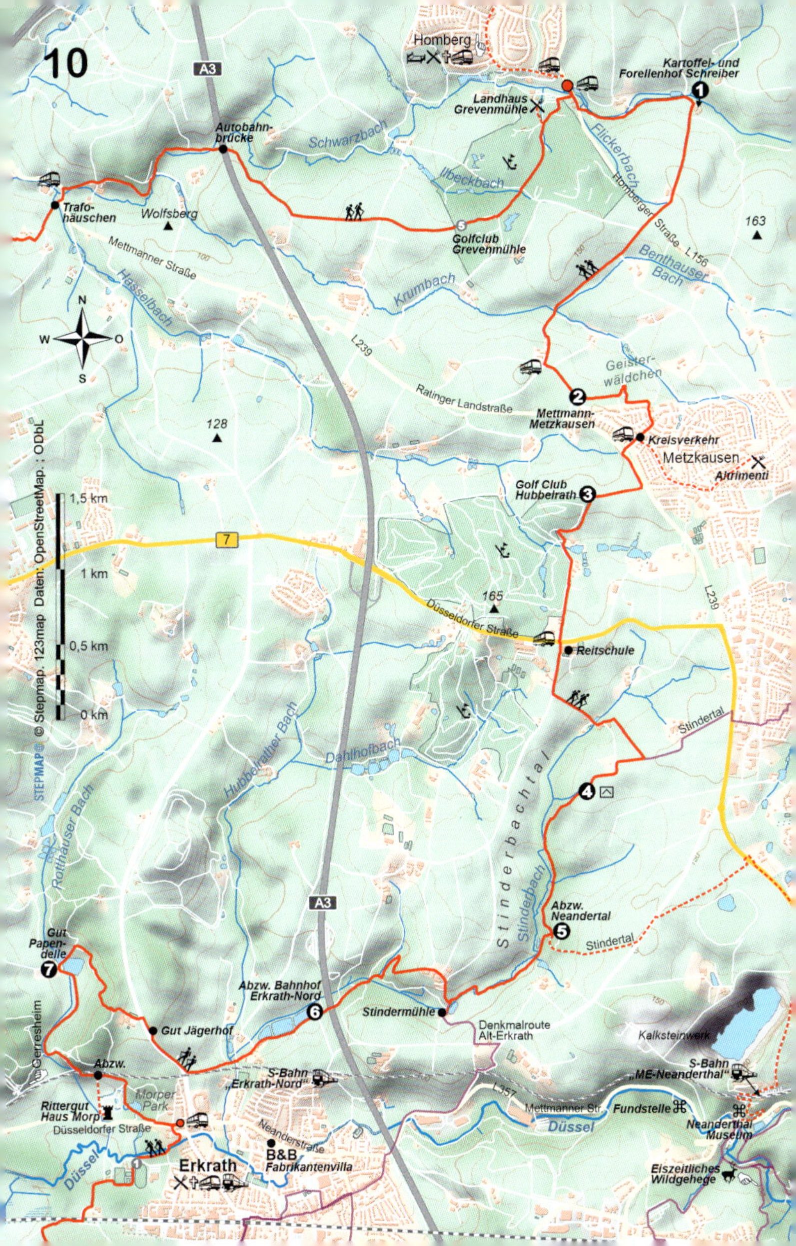
10
A3
Homberg
Kartoffel- und Forellenhof Schreiber
Landhaus Grevenmühle
Autobahnbrücke
Schwarzbach
Ilbeckbach
Flickerbach
Homberger Straße L156
Trafohäuschen
Wolfsberg
Golfclub Grevenmühle
163
Benthauser Bach
Mettmanner Straße
Hasselbach
Krumbach
L239
Geisterwäldchen
Ratinger Landstraße
Mettmann-Metzkausen
Kreisverkehr
Metzkausen
Altrimenti
128
Golf Club Hubbelrath
1,5 km
1 km
0,5 km
0 km
© Stepmap. 123map Daten: OpenStreetMap.: ODbL
STEPMAP
7
165
Düsseldorfer Straße
Reitschule
Stindertal
Dahlhofbach
Hubbelrather Bach
Rotthäuser Bach
Stinderbachtal
Stinderbach
Abzw. Neandertal
Gut Papendelle
Abzw. Bahnhof Erkrath-Nord
Stindermühle
Denkmalroute Alt-Erkrath
Kalksteinwerk
Gut Jägerhof
Gerresheim
Abzw.
S-Bahn „Erkrath-Nord"
S-Bahn „ME-Neanderthal"
Rittergut Haus Morp
Morper Park
Düsseldorfer Straße
L357
Mettmanner Str.
Fundstelle
Düssel
Neanderthal Museum
Neanderstraße
B&B Fabrikantenvilla
Erkrath
Eiszeitliches Wildgehege

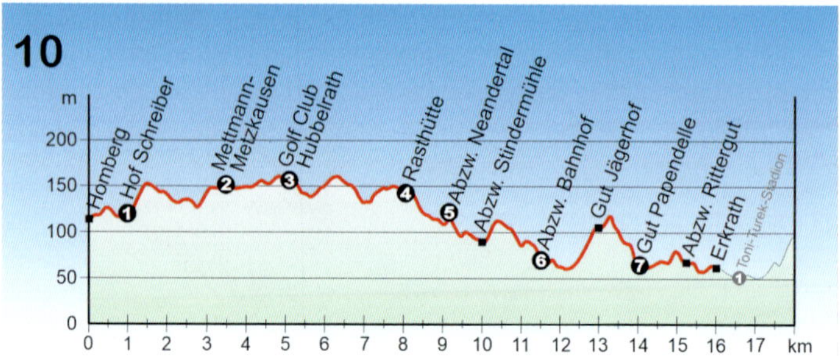

Folgen Sie dem Weg entlang der Felder, vorbei an einer Bank und über den Krumbach zu einer Gabelung. Sie halten sich rechts, gehen dann am Feldrand durch die Linkskurve und geradeaus hinauf bis zur Bushaltestelle „Hoferhäuschen, Düsseldorf", am äußersten Rand der Landeshauptstadt. Dort biegen Sie links ab, ignorieren die Abzweigung und laufen geradeaus nach **Mettmann-Metzkausen ❷**.

Sie biegen hinter dem Ortseingangsschild links auf einen Pfad am Feldrand ab, zwischen Bäumen und einer Hochspannungstrasse. Er führt geradeaus zum sogenannten Geisterwäldchen. Im Wäldchen geht es auf dem wurzeligen Pfad geradeaus ein paar Schritte hinab. Dann biegen Sie an der kleinen Gabelung links ab, überqueren ein Rohr, durch das Wasser fließt, und biegen dahinter wieder links.

Folgen Sie dann dem Wegverlauf bergauf zur kleinen T-Kreuzung am Ende. Dort gehen Sie rechts und dann links aus dem Wäldchen hinaus. Sie laufen am Feldrand entlang zu den Grundstücken, dann links am Hochspannungsmast vorbei und am Ende der Grundstücke rechts in das Wohngebiet. Folgen Sie nun der Straße nach links und biegen Sie an der zweiten Kreuzung rechts ab. Sie erreichen einen **Kreisverkehr**, an dem sich die Bushaltestelle „Kantstraße, Mettmann" (Busverbindung zum S-Bahnhof Mettmann-Neanderthal und S-Bahnhof Mettmann-Zentrum) befindet.

Wenn Sie hier nach links die Ratinger Straße durchgehen und alle Abzweigungen ignorieren, dann links vor einem Fachwerkhaus auf die Straße An der Post wechseln und danach wieder links (nicht scharf links) der breiten Hasseler Straße hinauf folgen, erreichen Sie das Restaurant **Altrimenti** (➲ 1,1 km).

Altrimenti, Hasseler Straße 52, 40822 Mettmann, ☏ 021 04/790 75 76, info@ristorante-altrimenti.de, www.ristorante-altrimenti.de, Di-Sa 12:00-14:00 und 17:00-22:00

Sie gehen jedoch geradeaus über den Kreisverkehr zur Schnellstraße L239, welche Sie vorsichtig überqueren. Es geht gegenüber auf dem Weg hinter den Pollern weiter. Er führt zwischen zwei Feldern hindurch zu zwei ⩫ Bänken vor dem **Golf Club Hubbelrath ❸**.

Biegen Sie dort nach links. Sie folgen nun dem Weg, zunächst entlang des Golfplatzes, dann weiter vorbei an Grundstücken und einem Feld. Sie überqueren an der Ampel neben der 🚌 Bushaltestelle „Lindchen, Mettmann" (Busverbindung zum Düsseldorf Hbf und S-Bahnhof Mettmann-Zentrum) die breite Düsseldorfer Straße und wandern weiter geradeaus den Dorper Weg entlang. Nach den Weiden der Reitschule Fee Rommerskirchen geht es links über den Weg Nösenberg hinab und im Tal geradeaus am Teich vorbei. Danach laufen Sie am Wanderwegschild links den Pfad am Gehege vorbei und weiter bis zum Ende durch, wo Sie auf einen Asphaltweg nach rechts abbiegen. Hier haben Sie eine schöne Fernsicht. Der Weg wird zum Schotterweg und führt an einem Grundstück und Feldern vorbei zu einer großen ⌂ Rasthütte – kurz vor dem beginnenden **Stinderbachtal ❹**.

Vampir von Düsseldorf

Das Stinderbachtal ist ein idyllisches Naturschutzgebiet und der weitere Wegabschnitt mit der Stindermühle, dem Gut Papendelle und dem Haus Morp ein echtes Highlight vom neanderland STEIG. Allerdings war vor rund 100 Jahren hier auch der Schauplatz eines grauenvollen Mordes, begangen vom berüchtigten Serienmörder Peter Kürten. Am 11. August 1929 fuhr Kürten mit Maria Hahn, die er kurz zuvor kennengelernt hatte, mit dem Zug von Düsseldorf zum Bahnhof Neanderthal. Von dort wanderten die beiden ins Stinderbachtal zum Gasthof Stindermühle, wo sie sich längere Zeit aufhielten. Danach spazierten sie an Haus Morp vorbei. Kürten erstach Maria Hahn dann mit einer Schere. Der später als Vampir von Düsseldorf bekannt gewordene Serienmörder trank anschließend das Blut seines Opfers. Angaben dazu, wo er die Leiche vergraben hatte, schickte er in einem Bekennerschreiben mit Skizze an eine Zeitung: „Wiese, Wald, Mord. Gut Papendelle. An der angekreuzten Ecke an der Mauer liegt die Leiche." Kürten wurde später gefasst, unter anderem für neun Morde verurteilt und enthauptet. Sein abgetrennter Kopf findet sich noch heute im amerikanischen Kuriositätenkabinett „Ripley's Believe It or Not".

Auf dem Weg geht es weiter, vorbei an der Rasthütte und durch den Wald hinab zum Stinderbach. Dann folgen Sie dem Wegverlauf durch das Stinderbachtal. Auf diesem schönen Stück vom neanderland STEIG passieren Sie eine kleine Holzbrücke und eine Holztreppe. Es geht weiter durch das bewaldete Tal. Hinter einer langen Holzbrücke treffen Sie dann auf einen Wegweiser an einer breiten Gabelung ❺.

↳ Hier zweigt die **Entdeckerschleife „Stindertal"** ab, die vom Stinderbachtal zum Neandertal mit dem Neanderthal Museum und anschließend in die Innenstadt von Mettmann führt (➲ Länge des Rundwanderwegs: 14,2 km).

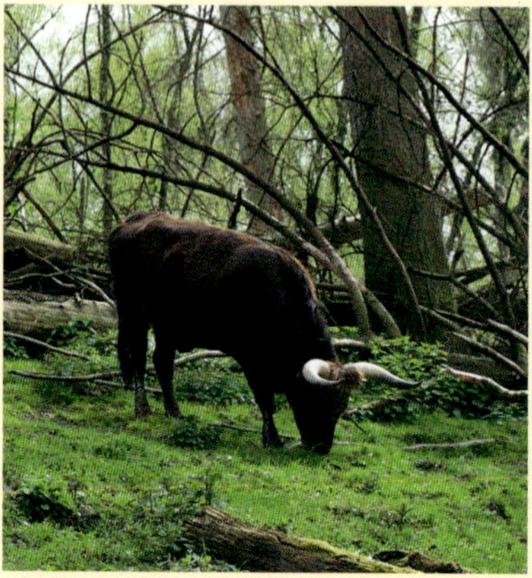

Begegnung am Wegesrand

↳ Wer zum Neanderthal Museum oder zum S-Bahnhof Mettman-Neanderthal wandern möchte, kann hier geradeaus Richtung Erkrather Weg gehen und dem Verlauf der Entdeckerschleife „Stindertal" bis zum ⌘ **Neanderthal Museum** folgen (➲ 4,3 km). Von dort gelangt man auch zur ⌘ **Fundstelle vom Neandertaler** und zum **Eiszeitlichen Wildgehege**. Alternativ können Sie auch im späteren Etappenverlauf oder vom Etappenende zum S-Bahnhof Erkrath Nord gehen und dann die S28 zum S-Bahnhof Mettmann-Neanderthal nehmen.

Auf den Spuren des Neandertalers

Im Neandertal zwischen Erkrath und Mettmann wurden 1856 die Überreste eines vor 40.000 Jahren ausgestorbenen Urmenschen gefunden. Er erhielt den Namen Neandertaler. Die Kleine Feldhofer Grotte, in der zwei Bergleute auf die Skelettfragmente stießen, wurde durch den Kalkabbau zerstört. Heute ist der Fundort parkähnlich gestaltet – der sogenannte Rabenstein, ein Felsen mit Erinnerungstafel, markiert den Eingang. An der Fundstelle versetzt der 22 m hohe, multimediale Erlebnisturm Höhlenblick die Besucher zurück in die Zeit der Jäger und Sammler (Eröffnung voraussichtlich Winter 2022/23). Weniger als 0,5 km davon entfernt befindet sich das Neanderthal Museum. In dem ovalen Gebäude begibt man sich auf eine Zeitreise durch vier Millionen Jahre Menschheitsgeschichte – von den Anfängen in den Savannen bis zur Gegenwart in den Großstädten. Ein besonderer Fokus liegt dabei auf den Neandertalern. Gegenüber vom Museum beginnen Spazierwege durch das Eiszeitliche Wildgehege. Dort sind Tiere zu sehen, die einst vom Neandertaler gejagt wurden. Es gibt Wisente und Abbildzüchtungen, die dem Erscheinungsbild der ausgestorbenen Arten Auerochse und Tarpan-Pferd ähneln. Das Gehege kann ganzjährig kostenlos besucht werden.

⌘ Neanderthal Museum, Talstraße 300, 40822 Mettmann, ☏ 021 04/979 70, museum@neanderthal.de, www.neanderthal.de, Di-So 10:00-18:00, Erwachsene € 11, ermäßigt € 8, Kinder max. € 6,50 (Fundstelle des Neandertalers, Mettmanner Straße, 40699 Erkrath)

Der neanderland STEIG führt am Wegweiser jedoch nach rechts in Richtung „Stindermühle" weiter durch das Stinderbachtal. Sie folgen dem Wegverlauf und passieren weitere Holzbrücken und -treppen, Gehege und Kopfweiden. Dann, mittlerweile schon auf Erkrather Stadtgebiet, erreichen Sie eine geteerte Querstraße mit Wegweiser.

Links entlang geht es zur Stindermühle (➲ 0,1 km).

Hier führt auch die **Entdeckerschleife „Denkmalroute Alt-Erkrath"** entlang, die historische Gebäude und den S-Bahnhof Erkrath mit Naturerlebnissen im Stinderbachtal und im Rotthäuser Bachtal verbindet (➲ Länge des Rundwanderwegs: 13,1 km).

Für Sie geht es am Wegweiser jedoch leicht rechts weiter. Sie ignorieren nun Abzweigungen und wandern auf dem Weg an mehreren Höfen vorbei, entlang eines Feldes und durch einen Wald hinab zu einem Asphaltweg. Biegen Sie dort nach rechts. Der Asphaltweg führt vorbei an Tümpeln, einem geschmiedeten Schild mit der Inschrift „Maria im Tal" und Bänken zu einer Unterführung. Sie unterqueren nun die A3 und erreichen eine **Linksabzweigung ❻**.

Wenn Sie links den Hügel hinaufgehen und sich dann rechts halten, erreichen Sie den S-Bahnhof Erkrath Nord (➲ 0,8 km).

S-Bahnhof Erkrath Nord, Bahnverbindung mit S28 nach Wuppertal (Hbf, Vohwinkel, Hahnenfurth/Düssel), Mettmann (Stadtwald, Zentrum, Neanderthal), Düsseldorf Hbf

Sie ignorieren jedoch diese und auch folgende Abzweigungen und wandern immer geradeaus, zunächst an Teichen vorbei, dann an Grundstücken. Wenn links eine Unterführung zu sehen ist, geht es weiter geradeaus über den Hubbelrather Bach zu einem Wegweiser. Folgen Sie dort am Poller neben der Bank dem schmalen Weg den Hügel hinauf zur Hauptstraße Hubbelrather Weg. Es geht nun entlang der Hauptstraße nach rechts. Sie überqueren dann einen Parkplatz, passieren den Eingang vom Restaurant Gut Jägerhof und überqueren einen weiteren Parkplatz zum Wegweiser am Hubbelrather Weg. Es geht nun vorsichtig auf die andere Straßenseite, wo Sie dem Weg neben dem Pferdehof folgen.

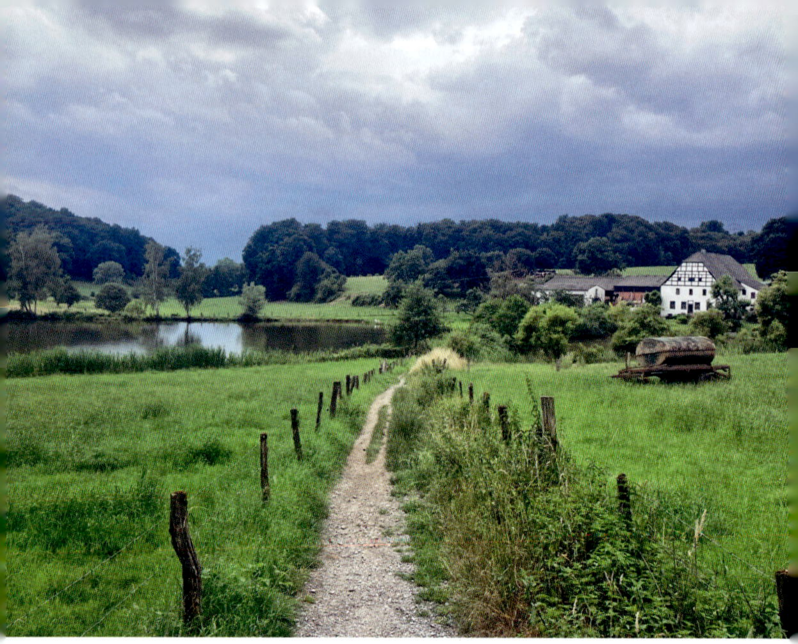

Gut Papendelle

Der Weg führt in einer Linkskurve in den Wald zu einer kleinen Gabelung, wo es rechts an der Holzbarriere vorbei weiter geht. Sie folgen dem wurzeligen Pfad ins Tal und dann immer weiter durch das Randgebiet vom Wald bis zu einem schmalen Schotterweg. Gehen Sie dort nach links, zunächst zwischen Zäunen, dann zwischen Teichen, zum Wegweiser am **Gut Papendelle ❼**.

Folgen Sie dem Weg am Teich vorbei und durch das idyllische Rotthäuser Bachtal. Sie ignorieren Abzweigungen und bleiben auf dem breiten Schotterweg, der nun an einem bewaldeten Hang entlang zu einem Asphaltweg führt, direkt vor einer Unterführung. Sie gehen links durch die Unterführung hindurch und dann am Bahndamm entlang zu einer Rechtsabzweigung.

↳ Rechts entlang geht es zum ♜ **Rittergut Haus Morp** (➲ 0,3 km).

♜ Haus Morp war früher eine am historischen Mauspfad gelegene Wasserburg. Die Geschichte des ehemaligen Ritterguts, Bauernhofs und Nonnenstifts reicht zurück bis in das 12. Jahrhundert. Heute befinden sich in dem Gebäude hochwertige Bürolofts, die an den unter Denkmalschutz stehenden Morper Park mit der historischen Villa Forsthaus Morp angrenzen.

Sie ignorieren die Abzweigung und laufen geradeaus bis zum Wegweiser. Folgen Sie dann rechts dem Weg durch den Morper Park, wo Sie die Etappe ausklingen lassen können. Am Parkende geht es rechts durch den Ausgang zur breiten Düsseldorfer Straße. Sie biegen dort nach links und laufen dann geradeaus über die Ampel zum Etappenziel, der **Bushaltestelle „Haus Morp, Erkrath"** (Morper Allee & Düsseldorfer Straße, 40699 Erkrath).

Wenn Sie am Wegweiser, kurz vor der Bushaltestelle, rechts in die Morper Allee abbiegen und dem Straßenverlauf am S-Bahnhof Erkrath vorbei folgen, erreichen Sie die Fußgängerzone von Erkrath (1,3 km).

Am S-Bahnhof Erkrath liegt auch der offizielle Start der **Entdeckerschleife „Panoramaweg Haus Unterbach"**, die von Erkraths Stadtzentrum bis zur Wasserburg Haus Unterbach in der Nähe vom Unterbacher See (11. Etappe, S. 103) führt (Länge des Rundwanderwegs: 10,1 km).

Erkrath

B&B

B&B Fabrikantenvilla, Neanderstraße 39, 40699 Alt-Erkrath, 01 63/285 19 67, mail@fabrikantenvilla.com, www.fabrikantenvilla.com, Ü ab € 89, F € 15

Deniz Döner & Pizza Haus, Bahnstraße 27, 40699 Alt-Erkrath, 02 11/20 97 30 99, Mo-Sa 10:30-22:00, So, Fei 12:00-22:00

Bushaltestelle „Haus Morp, Erkrath", Busverbindung zum S-Bahnhof Erkrath und nach Düsseldorf (Lierenfelder Straße, Am Zault)

S-Bahnhof Erkrath, 0,9 km vom Etappenziel, Bahnverbindung z. B. mit S8 nach Wuppertal (Barmen, Hbf, Vohwinkel), Haan-Gruiten, Düsseldorf Hbf; siehe auch Abzweig zuvor zum 1,3 km vom Etappenziel entfernten S-Bahnhof Erkrath Nord

Erkrath ist eine Stadt im Kreis Mettmann mit rund 45.000 Einwohnern. Der Namenszusatz auf den Ortseingangsschildern erinnert daran, dass sich in der Stadt ein Ereignis von Weltbedeutung zugetragen hat: Hier ist der „Fundort des Neanderthalers".

Ein Besuch des mehrere Kilometer vom Etappenziel entfernten ⌘ Neanderthal Museums ist empfehlenswert (S. 96). Erkrath besteht aus Hochdahl, Unterfeldhaus und dem alten Siedlungskern in Alt-Erkrath, wo die heutige Etappe endet. In der gut 1 km vom Ziel entfernten Fußgängerzone finden sich Restaurants, Cafés und Einkaufsmöglichkeiten. Die Fußgängerzone führt zur großen und vermutlich aus dem 12. Jahrhundert stammenden katholischen Kirche St. Johannes der Täufer. Übernachten kann man in Erkrath in einer ganz besonderen Unterkunft – einer renovierten und zum Gästehaus umgebauten Fabrikantenvilla von 1875.

11. Etappe: Erkrath – Hilden

14,6 km, 4 Std. 30 Min., 391 m, 405 m, 41-113 m

0,0 km	59 m	Erkrath, Bushaltestelle „Haus Morp, Erkrath" B&B
0,6 km	52 m	Toni-Turek-Stadion
2,4 km	109 m	Schranke
3,8 km	49 m	Düsseldorf-Unterbach
5,0 km	44 m	Naherholungsgebiet Unterbacher See
7,3 km	50 m	Brücke Eselsbach
10,8 km	53 m	Elbsee, Seeblick Auf'm Kieselberg
12,7 km	48 m	Abzweig Hilden-Mitte (2,6 km)
14,6 km	45 m	Hilden, Bushaltestelle „Hoxbach, Düsseldorf"

In Erkrath geht es entlang der Düssel zum Toni-Turek-Stadion. Dann steigen Sie in einem Wald auf. Schöne Fernblicke belohnen Sie nach dem Aufstieg. Es geht wieder durch ein Waldstück und ein Wohngebiet, dann bringt Sie der Sieben-Brücken-Weg zum Naherholungsgebiet am Unterbacher See. Der nächste Stopp ist ein toller Aussichtspunkt am Elbsee. Abschließend überqueren Sie auf einer kleinen Brücke den Menzelsee, passieren eine Abzweigmöglichkeit nach Hilden-Mitte und beenden die Etappe an der Hildener Stadtgrenze neben einem Wanderparkplatz.

Die 11. Etappe beginnt an der **Bushaltestelle „Haus Morp, Erkrath"** (Morper Allee & Düsseldorfer Straße, 40699 Erkrath). Sie gehen ein Stück die Straße zurück und biegen am Schild „Toni-Turek-Stadion" von der Düsseldorfer Straße auf die rechte Straßenseite der Morper Allee ab.

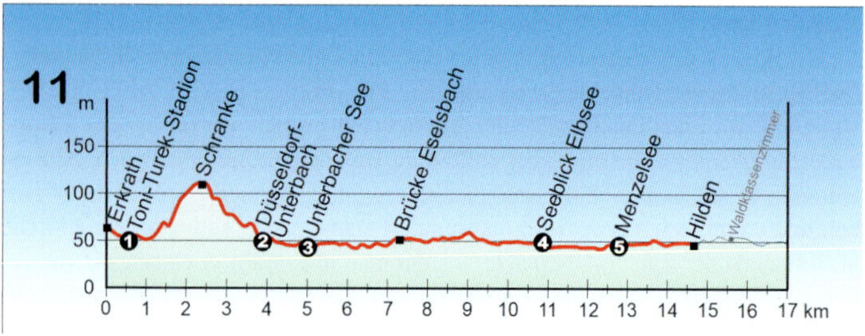

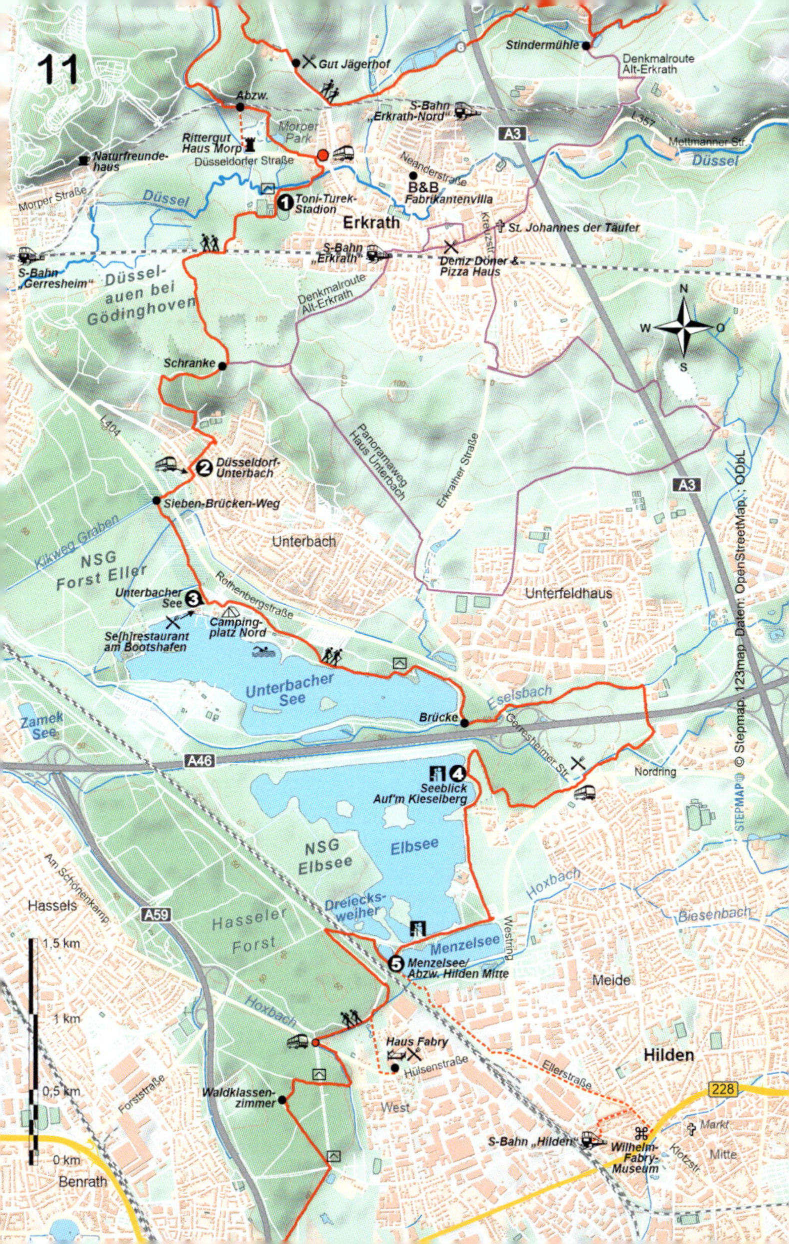

11
Gut Jägerhof
Stindermühle
Denkmalroute Alt-Erkrath
Abzw.
S-Bahn „Erkrath-Nord"
A3
L357
Mettmanner Str.
Morper Park
Rittergut Haus Morp
Naturfreunde-haus
Düsseldorfer Straße
Düssel
Neanderstraße
B&B Fabrikantenvilla
Morper Straße
Düssel
Toni-Turek-Stadion
Erkrath
Kreuzstr.
St. Johannes der Täufer
S-Bahn „Erkrath"
Deniz Döner & Pizza Haus
S-Bahn „Gerresheim"
Düssel-auen bei Gödinghoven
Denkmalroute Alt-Erkrath
N
W
O
S
Schranke
L404
Panoramaweg Haus Unterbach
Erkrather Straße
Düsseldorf-Unterbach
A3
Sieben-Brücken-Weg
Unterbach
Kikweg Graben
NSG Forst Eller
Unterbacher See
Rothenbergstraße
Unterfeldhaus
Se(h)restaurant am Bootshafen
Camping-platz Nord
Unterbacher See
Eselsbach
Brücke
Gerresheimer Str.
Zamek See
A46
Seeblick Auf'm Kieselberg
Nordring
© Stepmap, 123map, Daten: OpenStreetMap, ODbL
STEPMAP
NSG Elbsee
Elbsee
Am Schönenkamp
Hoxbach
Hassels
Dreiecks-weiher
Biesenbach
A59
Hasseler Forst
Westring
Menzelsee
1,5 km
Menzelsee/ Abzw. Hilden Mitte
Meide
1 km
Hoxbach
Haus Fabry
Hülsenstraße
Hilden
Ellerstraße
228
0,5 km
Forststraße
Waldklassen-zimmer
West
Markt
S-Bahn „Hilden"
Wilhelm-Fabry-Museum
Klotzstr.
Mitte
0 km
Benrath

Am Wegweiser verlassen Sie die Morper Allee dann wieder nach rechts auf einen gepflasterten Weg. Dieser führt auf einer Brücke über die Düssel. Sie ignorieren die Linksabzweigung und wandern am Bach und an Bänken entlang zu einer Rasthütte. Vor dieser geht es nach links und dann geradeaus auf das Gelände vom **Toni-Turek-Stadion ❶**. Der Stadionname erinnert an Anton „Toni" Turek, Fußballweltmeister von 1954 und ehemaliger Einwohner von Erkrath.

Folgen Sie dem Weg über das Stadiongelände, vorbei an den Fußballplätzen, zu einem Querweg. Sie biegen links ab und gehen an den Pollern geradeaus auf dem Asphaltweg weiter. Der Weg führt an Wald und Wiesen, einer Bank und in einer Kurve an einem Forstbetrieb vorbei zu einer Brücke über die Bahntrasse Düsseldorf – Wuppertal. Von der Brücke aus hat man einen Fernblick bis Düsseldorf. Am Brückenende führte der alte Wegverlauf vom neanderland STEIG nach scharf rechts. Sie biegen jedoch schräg links ab und laufen den Weg entlang der Gleise, bis links ein Waldweg abzweigt. Folgen Sie diesem Weg immer bergauf durch den Wald und ignorieren Sie Abzweigungen. Oben führt der Weg an einem Feldrand entlang zu einem Schotterweg. Sie biegen dort rechts ab, passieren eine Bank und erreichen am Waldbeginn eine **Schranke**.

Gehen Sie an der Schranke vorbei in den Wald hinein. Bleiben Sie auf dem breiten Weg, der nun teilweise vertieft verläuft. Wenn sich der Wald öffnet und Sie ein Feld sehen, nehmen Sie noch vor dem Waldende die Linksabzweigung. Folgen Sie nun dem Wegverlauf, zunächst parallel zu Pferdeweiden, dann weiter durch den Wald, bis ein Pfad diagonal kreuzt. Dort geht es nach rechts weiter und dann links hinab zu einer Straße. Sie kreuzen diese und laufen gegenüber an dem Haus vorbei und weiter geradeaus durch eine Art kleines Waldtal zum Wegweiser. Es geht nun scharf rechts in Richtung „Unterbacher See" und dann entlang der Straße ganz hinab zur Rathelbeckstraße in **Düsseldorf-Unterbach ❷**.

Sie wechseln am Zebrastreifen die Straßenseite und gehen links zur Bushaltestelle „Kikweg, Düsseldorf" (Busverbindung nach Düsseldorf Hbf). Hinter der Bushaltestelle biegen Sie rechts auf den Kikweg. Er führt geradeaus durch ein Waldstück zur breiten Rothenbergstraße. Sie überqueren an der Fußgängerampel die Hauptstraße und wandern geradeaus weiter, bis links der Sieben-Brücken-Weg abzweigt. Folgen Sie diesem geradeaus über die Brücken und Kreuzungen durch den abenteuerlichen Erlenbruchwald. Es geht dann weiter geradeaus am Parkplatz entlang zum Spielplatz am **Naherholungsgebiet Unterbacher See ❸**.

Nach rechts geht es zum **Se[h]restaurant am Bootshafen** (0,1 km).

Se[h]restaurant am Bootshafen, Kleiner Torfbruch 37, 40627 Düsseldorf,
02 11/20 13 91, info@sehrestaurant.de, www.sehrestaurant.de,
täglich 10:00-Sonnenuntergang (im Sommer nach Wetterlage auch länger)

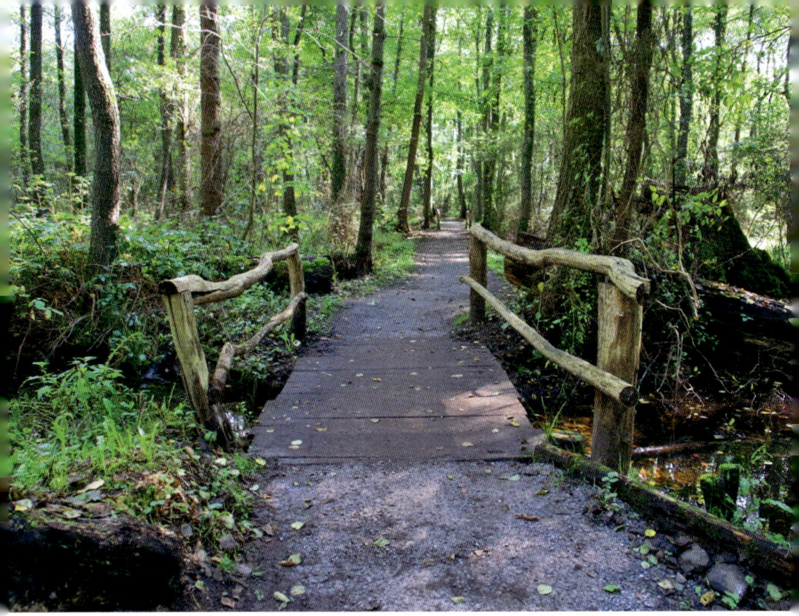

Sieben-Brücken-Weg

Vom Scheinflugplatz zum Naherholungsgebiet

Der Unterbacher See liegt in Düsseldorf an der Grenze zu Erkrath und Hilden. Ab Mitte der 1920er-Jahre gab es auf dem Gelände eine Kiesbaggerei. Sie baute mehrere Jahrzehnte Kies und Sand ab und ließ den Baggersee so entstehen. Im Zweiten Weltkrieg wurde das Areal am See als Scheinflugplatz genutzt. Ein Scheinflugplatz hatte die gleiche Funktion wie eine Scheinfabrik. Solche Scheinziele sollten die gegnerischen Luftangriffe auf sich lenken und so das eigentliche Ziel schützen, den richtigen Flughafen oder die richtige Fabrik. Die Scheinflugplätze imitierten die Landebahn zumeist durch Grubenlampen, die Flugzeug- und Gebäudeattrappen wurden aus Holz gefertigt. Nach dem Krieg wurde der See verstärkt zum illegalen Schwimmen genutzt, der Rhein war durch Abwasser zu stark belastet.

Mit der Eröffnung vom Strandbad Nord wurde 1959 das Schwimmen in geordnete Bahnen gelenkt und der Grundstein für das heute sehr beliebte Naherholungsgebiet gelegt. Es folgten ein Strandbad am Südufer, zwei Campingplätze und ein Bootshafen, eine Segelschule, ein Bootsverleih, ein Hochseilgarten und ein Minigolfplatz. Hinzu kommen Restaurants, Biergärten und Grillplätze.

www.unterbachersee.de

Sie biegen vor dem Spielplatz links ab und laufen auf dem mittleren Weg am Minigolfplatz vorbei. Danach folgen Sie dem Fußgängerweg einmal um das Gelände vom ⛺ Campingplatz Nord herum und weiter am Biergarten Nichtschwimmer vorbei zum Strandbad Nord.

⛺ Campingplatz Nord am Unterbacher See, Kleiner Torfbruch 29, 40627 Düsseldorf, ☎ 02 11/899 20 38, campingplatz@unterbachersee.de, https://unterbachersee.de/camping, Zelten ab € 16,50, Formular auf Website nutzen

Sie gehen dann leicht rechts auf den Waldweg hinter dem Poller. Auf diesem halten Sie sich rechts, bis Sie am Schild „Schwimmen verboten" den Rundweg am Unterbacher See erreichen. Sie biegen nun nach links ab, ignorieren Abzweigungen und folgen dem Rundweg um den See herum. Es geht vorbei an Rastplätzen mit Seeblick und einer Hütte. Danach verlaufen zwei Wege parallel weiter um den See herum, wobei Abschnitte des rechten Wegs längerfristig gesperrt sind. Wo die Wege am Ostufer wieder aufeinandertreffen, steht ein Wegweiser. Dort verlassen Sie den Unterbacher See nach links in Richtung „Elbsee". Dann geht es geradeaus auf einer Brücke über den **Eselsbach**.

Naherholungsgebiet Unterbacher See

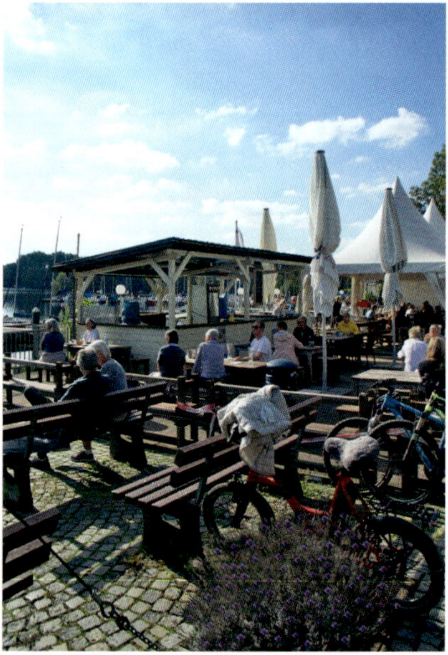

Sie laufen nun am Eselsbach entlang, überqueren ihn erneut und durchqueren eine Unterführung. (Solange hinter der Unterführung die Umleitung besteht, können Sie deren Beschilderung nach links folgen.) Auf dem regulären Weg biegen Sie hinter der Unterführung rechts ab. Es geht dann immer geradeaus am Bach entlang bis zu einem Wendehammer. Dort gehen Sie rechts über den Bach. Sie wandern dann geradeaus, vorbei an Pferdeweiden und auf einer Brücke über die A46.

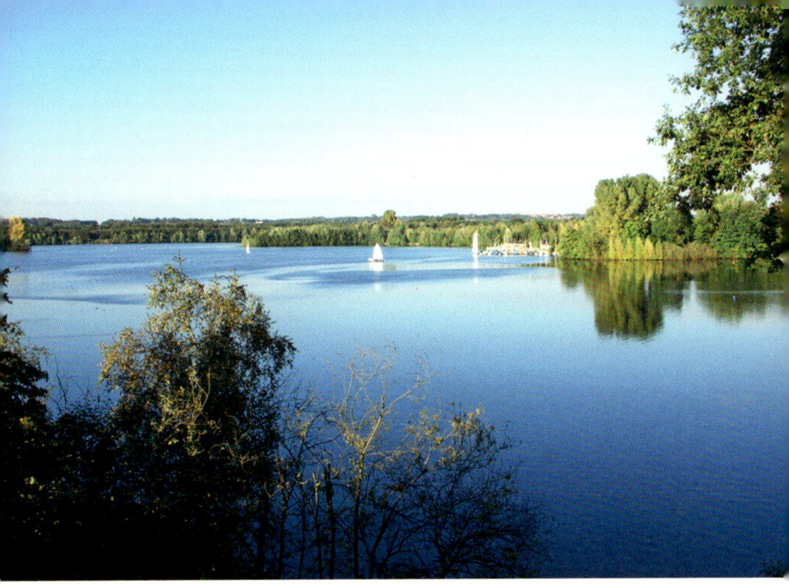

Elbsee

Am Brückenende biegen Sie schräg rechts auf den schmalen Pfad in den Wald ab. Im Wald halten Sie sich rechts und folgen dem Weg parallel zur Straße. Wenn der Weg auf die Straße trifft, geht es darauf weiter bis zur T-Kreuzung. Halten Sie sich nun links, an den Leitplanken danach rechts und am Parkplatz geradeaus auf dem Fußweg entlang der Straße. Wenn die Straße eine Kurve zu McDonald's macht, biegen Sie nach links und laufen dann bis zur Ampel, nahe der Bushaltestelle „Zum großen Holz, Hilden". An der Ampel geht es geradeaus über die Hauptstraße. Biegen Sie gegenüber schräg rechts und sofort wieder links auf den kleinen Pfad ab. Erst führt er an einem Sendemast vorbei, danach kreuzt er einen Asphaltweg, dann schlängelt er sich durch ein Waldstück. Folgen Sie immer dem Wegverlauf. Der Weg wird zum Ende hin recht breit und mündet an einem Wegweiser auf einen Schotterweg. Sie biegen dort nach rechts, danach halten Sie sich zweimal links. Es geht nun zum Elbsee-Aussichtspunkt **Seeblick Auf'm Kieselberg ❹**.

Der Elbsee ist eine ehemalige Kiesgrube und seit 2010 Naturschutzgebiet. Der See und die zentral gelegene Insel haben große Bedeutung als Lebensraum für eine Vielzahl von Vogelarten. Am Elbsee befinden sich Aussichtspunkte, wie hier der Seeblick Auf'm Kieselberg, das Wellnesscenter Vabali Spa und ein großer Aussichtsturm.

Folgen Sie dem Weg am Aussichtspunkt vorbei und entlang des Elbsees, bis er an einem Asphaltweg endet. Auf diesem wandern Sie nach rechts, am Vabali Spa vorbei. Am Ende vom Spa-Gelände geht es schräg links über die Straße zu einem Weg am Menzelsee (Langersee), auf dem Sie nun nach rechts laufen. Sie treffen dann auf einen Asphaltweg und gehen nach links weiter. Zu Ihrer Linken liegt nun ein Aussichtspunkt am Menzelsee, rechts ein Aussichtsturm am Elbsee. Sie wandern weiter und biegen am Holzzaun links ab. Am Zaunende geht es auf einer Brücke über den schönen **Menzelsee** ❺.

Wenn Sie zu Fuß nach **Hilden-Mitte** ⌘ gehen möchten, können Sie hinter der Menzelsee-Brücke links abbiegen. Sie wandern dann geradeaus über eine weitere Brücke, biegen anschließend vor einem Firmengelände rechts und folgen dem Verlauf vom schmalen Schotterweg bis zur breiten Hülsenstraße. Dort geht es links zur Ampel und dann schräg rechts in die Ellerstraße. Wenn Sie dieser immer geradeaus folgen, erreichen Sie das links liegende Stadtzentrum (➲ 2,6 km). Von der Ellerstraße gibt es zuvor eine Abzweigmöglichkeit zum S-Bahnhof Hilden (➲ 2,2 km, Etappenende) und eine zum ⌘ **Wilhelm-Fabry-Museum** (➲ 2,3 km).

Gründung der wissenschaftlichen Chirurgie

Im Mittelalter, und auch danach bis ins 19. Jahrhundert hinein, gab es neben den akademischen Medizinern handwerklich ausgebildete Wundärzte. Die Tätigkeitsbereiche der beiden Berufsgruppen waren klar getrennt. Während akademische Ärzte die innere Medizin übernahmen, waren Wundärzte für die chirurgischen Eingriffe zuständig. Wundärzte kümmerten sich um äußere Wunden und Tumore, Verbrennungen und Amputationen. Einer der bedeutendsten Wundärzte war der 1560 in Hilden geboren Wilhelm Fabry. Nach seiner Ausbildung arbeitete er in verschiedenen Städten und wurde als Krönung seiner beruflichen Laufbahn Stadtchirurg von Bern, wo er 1634 auch verstarb. Mit seinen Heilerfolgen, Fallberichten und medizinischen Werken gilt er als Begründer der wissenschaftlichen Chirurgie und als der berühmteste Sohn Hildens. Dort ehrt ihn eine Bronzebüste am alten Markt und das medizinhistorische Wilhelm-Fabry-Museum. Auch der Ort des Museums ist bemerkenswert – es findet sich in den Geschäfts- und Lagerräumen der ehemaligen Dampfkornbranntwein-Brennerei Vogelsang. Die historische Kornbrennerei ist heute Industriedenkmal und kann ebenfalls besichtigt werden.

⌘ Wilhelm-Fabry-Museum & Historische Kornbrennerei, Benrather Straße 32a, 40721 Hilden, ☎ 021 03/59 03, wilhelm-fabry-museum@hilden.de, www.wilhelm-fabry-museum.de, Di, Mi, Fr 15:00-17:00, Do 15:00-20:00, Sa 14:00-17:00, So 11:00-17:00, Erwachsene € 3, ermäßigt € 1,50

Der neanderland STEIG führt hinter der Brücke jedoch zunächst nach rechts, dann biegen Sie links und gehen durch die Unterführung. An der zweiten Abzweigmöglichkeit hinter der Unterführung nehmen Sie links den Wiesenweg, parallel zur Hochspannungstrasse. Sie folgen ihm geradeaus zu einem Schotterweg, welchen Sie kreuzen, und gehen neben der Bank in den Wald zum Hoxbach. Der Weg führt dann zurück zum Schotterweg, auf den Sie nach links abbiegen. Zu Ihrer Linken befinden sich nun rot-weiße Poller vor einer Brücke.

Wenn Sie über die Brücke und dann geradeaus bis zur Hülsenstraße laufen, liegt dort links das Hotel & Restaurant Haus Fabry (0,5 km, Etappenende).

Sie ignorieren jedoch die Brücke und folgen dem Weg an Bänken vorbei, bis eine Brücke zur breiten Hülsenstraße an der Stadtgrenze zwischen Düsseldorf und Hilden führt. Diese überschreiten Sie. Dort befindet sich der P Wanderparkplatz Am Schönenkamp und das Etappenziel, die an Hildens westlichem Stadtrand liegende **Bushaltestelle „Hoxbach, Düsseldorf“** (Hülsenstraße 158, 40721 Hilden).

Hilden

Hotel & Restaurant Haus Fabry, Hülsenstraße 90, 40721 Hilden, 021 03/25 86 70, info@haus-fabry.de, www.haus-fabry.de, EZ ab € 45, DZ ab € 65, F € 9

Bushaltestelle „Hoxbach, Düsseldorf“, Busverbindung nach Düsseldorf („Heinrich-Heine-Allee“, „Reisholz“), Hilden („Fabriciusstraße“, „Fritz-Gressard-Platz“, S-Bahnhof Süd), Langenfeld (Stadtmitte, S-Bahnhof)

S-Bahnhof Hilden, 2,5 km vom Etappenziel, siehe auch Abzweig zuvor, Bahnverbindung mit S1 nach Essen Hbf, Mühlheim Hbf, Duisburg Hbf, Düsseldorf (Flughafen Bf, Unterrath, Hbf), Solingen (Vogelpark, Hbf); siehe auch Abzweig nächste Etappe zum Bahnhof Düsseldorf-Benrath

Hilden ist eine Stadt im Kreis Mettmann mit rund 55.000 Einwohnern. Die heutige Etappe endet jedoch nicht im Stadtzentrum mit dem historischen Marktplatz, sondern rund 3 km außerhalb an einer Hauptstraße im westlichen Grenzgebiet zu Düsseldorf. In Hilden-West gibt es einzelne Übernachtungs- und Einkehrmöglichkeiten. Falls Sie sich jedoch ins Zentrum begeben (S. 106), erwarten Sie am alten Markt Restaurants, Cafés und die große Reformationskirche – eine spätromanische Emporenbasilika aus dem 13. Jahrhundert. In den nahen Gassen wie Markt- und Schwanenstraße stehen schöne Fachwerkhäuser. Im Stadtzentrum gibt es auch Hotels und eine Einkaufsstraße. Nicht weit von dort liegen der S-Bahnhof Hilden, das Wilhelm-Fabry-Museum und die historische Kornbrennerei (S. 106).

12. Etappe: Hilden – Düsseldorf-Garath

12,4 km, 3 Std. 30 Min., 375 m, 374 m, 42-73 m

0,0 km	45 m	Hilden, Bushaltestelle „Hoxbach, Düsseldorf“
0,9 km	58 m	Waldklassenzimmer
2,3 km	44 m	Abzweig Schloss Benrath (1,3 km)
4,6 km	66 m	Eingang Wildschutzgebiet
5,8 km	49 m	Ausgang Wildschutzgebiet
7,1 km	46 m	Vogelbeobachtungshütte
9,3 km	44 m	Rasthütte Wolfshagener Straße
11,8 km	46 m	Garather Schlosspark
12,4 km	46 m	Düsseldorf-Garath, Bushaltestelle „Garather Kirchweg, Düsseldorf“, in Düsseldorfs Zentrum

Vom Hildener Stadtrand geht es zunächst zu Rastmöglichkeiten im sogenannten Waldklassenzimmer, dann passieren Sie einen Abzweig zum Schloss Benrath. Der neanderland STEIG führt Sie danach entlang der Itter und durch ein Waldstück in ein Wildschutzgebiet. Nachdem Sie dieses durchquert haben, geht es zum Oerkhaussee, wo eine Vogelbeobachtungshütte tolle Blicke auf den See freigibt. Sie wandern dann über Felder, durch ein Waldstück und an einem Wohngebiet vorbei. Die Etappe endet in Düsseldorf-Garath, nach der Durchquerung des Parks von Schloss Garath.

Die 12. Etappe beginnt an der Stadtgrenze von Hilden und Düsseldorf an der **Bushaltestelle „Hoxbach, Düsseldorf“** (Hülsenstraße 158, 40721 Hilden). Sie gehen auf der Straßenseite vom P Wanderparkplatz Am Schönenkamp entlang der breiten Hülsenstraße in Richtung Hilden und biegen an der ersten Mög-

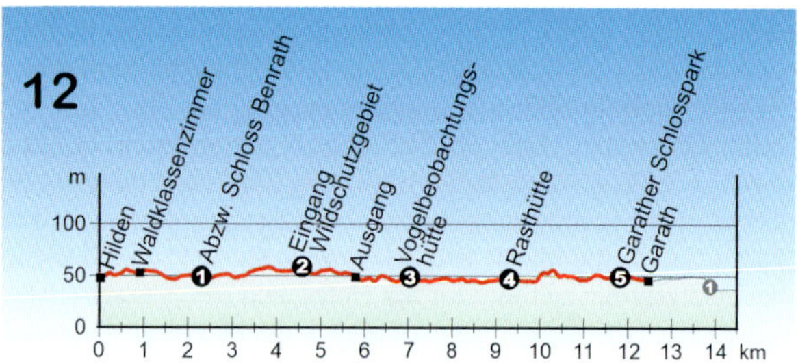

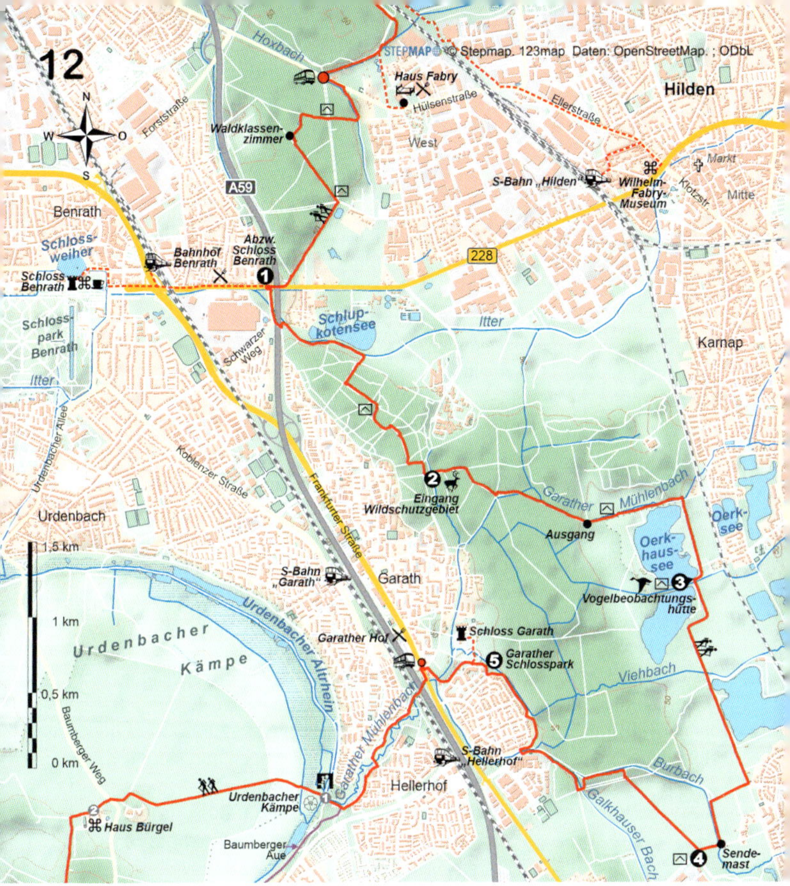

lichkeit rechts in den Düsseldorfer Stadtwald. Folgen Sie dem Pfad am Bach entlang zu einer Brücke, welche Sie nach rechts überqueren. Wandern Sie dann den breiten Waldweg geradeaus an der ⌂ Rasthütte vorbei bis zur Abzweigung mit dem Holzschild „Teich". Sie biegen nun links ab, passieren einen Tümpel und erreichen die geschnitzten Holzfiguren und ⩩ Rastmöglichkeiten vom **Waldklassenzimmer**. Überqueren Sie das Areal nach links und biegen Sie auf dem dahinter verlaufenden Weg ebenfalls links ab. Dann geht es geradeaus bis zur ⌂ Rasthütte an der zweiten Kreuzung. Dort folgen Sie rechts dem Weg (nicht scharf rechts) bis zur breiten Hildener Straße, wo es rechts unter der A59-Brücke hindurch zum Wegweiser an der Ampel geht ❶.

Wenn Sie geradeaus weitergehen, erreichen Sie die Straßenbahnhaltestelle „Düsseldorf-Benrath Btf". Laufen Sie auch dort geradeaus, bis die Straße eine Rechtskurve macht. Nun gehen Sie geradeaus durch die Unterführung. Zu Ihrer Rechten liegt dann der Bahnhof Düsseldorf-Benrath.

Bahnhof Düsseldorf-Benrath, Bahnverbindung z. B. mit S6 nach Essen (Hbf, Kettwig, Kettwig Stausee), Ratingen Ost, Düsseldorf (Hbf, Garath), Langenfeld

Sie gehen jedoch immer weiter geradeaus, über die Fußgängerampeln, bis zur Urdenbacher Allee. Dort geht es dann nach rechts zum Eingang von **Schloss Benrath** und dem Schlosscafé (1,3 km).

Schloss und Park Benrath

In Düsseldorfs Süden liegt das bedeutsame architektonische Gesamtkunstwerk Schloss Benrath – ein adeliges Lustschloss mit Flügelgebäuden, Schlossweiher und Schlosspark. 1755 beauftragte Kurfürst Carl Theodor von der Pfalz den Franzosen Nicolas de Pigage mit der Errichtung des Ensembles. 16 Jahre später war Schloss Benrath mit rund 100 Zimmern und unterirdischen Verbindungsgängen zwischen Hauptgebäude und Flügelbauten fertiggestellt. Heutzutage kann der 61 Hektar große und gartenkünstlerisch bedeutende Schlosspark ganzjährig kostenfrei besucht werden. Das adelige Hauptgebäude, der sogenannte Corps de Logis, ist allerdings nur mit einer Eintrittskarte zugänglich. In den Flügelbauten befinden sich ein Museum für Gartenkunst und ein Naturkundemuseum. Zudem gibt es regelmäßig Schlossführungen – wie die Führungen durch die verborgenen Räume, bei der die Infrastruktur des Schlosses erkundet wird.

⌘ Schloss Benrath, Benrather Schloßallee 100-106, 40597 Düsseldorf, 02 11/892 19 03, info@schloss-benrath.de, www.schloss-benrath.de, Mo-Di 11:00-17:00, Fr 14:00-17:00, Sa, So 11:00-18:00, Schlossticket (inklusive Museen) ab € 14, Museen ohne Schlossbesichtigung ab € 6

Schlosscafé Schloss Benrath, Benrather Schloßallee 108, 40597 Düsseldorf, 02 11/26 17 92 48, schlosscafe@schloss-benrath.de, www.schloss-benrath.de/schlosscafe, Fr-So 12:00-17:00

Der neanderland STEIG führt am Wegweiser jedoch links über die Ampel. Gehen Sie danach auch direkt über die zweite Ampel und laufen Sie dann entlang der Straße Am Buchholzer Busch über den Fluss Itter. Halten Sie sich nun links unter der nächsten Autobahnbrücke hindurch und dahinter sofort wieder links zur Itter. An dieser wandern Sie entlang. Sie ignorieren den abzweigenden Pfad und danach auch den abzweigenden Weg.

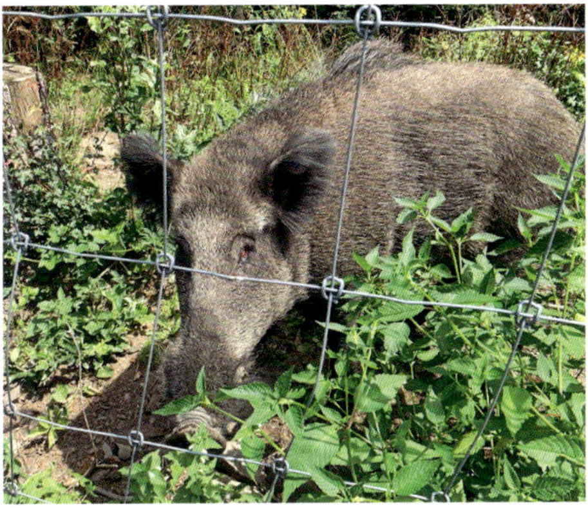

Wildschwein im Naturschutzgebiet

An der dritten Möglichkeit biegen Sie dann rechts ab. Laufen Sie geradeaus durch den Wald, bis ein gleich breiter Weg kreuzt. Dort biegen Sie nach links ab. Dann geht es auf dem Weg immer geradeaus bis zur ⌂ Rasthütte. Sie gehen in einer Rechtskurve an der Rasthütte vorbei, biegen an der nächsten Möglichkeit links und danach an der großen T-Kreuzung mit Bank wieder links. Dann geht es direkt wieder rechts ab. Sie folgen nun dem Waldweg an einer Bank vorbei, ignorieren den links abzweigenden breiten Weg und laufen bis zur T-Kreuzung am Ende. Biegen Sie nun links ab. An der Kreuzung danach geht es nach rechts zu einer weiteren Kreuzung. Links von Ihnen ist nun ein eingezäuntes **Wildschutzgebiet ❷** zu sehen. Gehen Sie dorthin.

Sie passieren am Eingang die Drehtür und das Schild „Achtung Wildtiere", ignorieren die Rechtsabzweigung am Beginn der Lichtung und wandern geradeaus, bis rechts ein Waldweg abzweigt. Diesem folgen Sie durch eine leichte Linkskurve, wo Sie die Rechtsabzweigung ignorieren, zu einer Kreuzung vor einer abgesperrten Brücke. Dort geht es schräg links am Garather Mühlenbach entlang. Folgen Sie nun dem Wegverlauf bis zum Ausgang vom Wildschutzgebiet, dabei passieren Sie Bänke und überqueren einmal den Bachlauf. Am Ausgang warnt ein Schild vor den Gefahren während der Jagdsaison. Sie gehen durch das Gatter, ignorieren links die Brücke und wandern immer geradeaus auf dem Asphaltweg weiter, vorbei an Bänken und einer ⌂ Rasthütte, bis zu einer Abzweigung mit Wegweiser.

Geradeaus führt ein Zubringer nach Hilden-Süd (➲ 2,5 km).

Sie biegen jedoch nach rechts, laufen am Zaun vom Oerkhaussee entlang, ignorieren die Linksabzweigung und erreichen nach einer Rechtskurve die ⌂ **Vogelbeobachtungshütte** am Oerkhaussee ❸.

Folgen Sie weiter dem Schotterweg, der sich nun entlang von Feldern schlängelt, über die eine große Stromtrasse führt. Nach einer kleinen Brücke über den

Viehbach beginnt auf Höhe einer ⩩ Bank die Asphaltierung. Hier zweigte der alte Wegverlauf vom neanderland STEIG ab. Sie wandern auf dem Asphaltweg jedoch immer geradeaus, unter der Stromtrasse hindurch, bis Sie einen Spielplatz erreichen. Dort biegen Sie nach rechts. Sie laufen zunächst zwischen Feldern, dann weiter geradeaus am grünen Zaun entlang. Am Ende wandern Sie links zum Sendemast an der Wolfshagener Straße. Gehen Sie diese Asphaltstraße nach rechts zur nächsten Kreuzung mit einer kleinen ⌂ **Rasthütte ❹**.

Dort biegen Sie rechts auf den Asphaltweg ab, unterqueren die Stromtrasse und laufen entlang der Felder bis zum Waldrand. Es geht direkt in den Wald hinein und geradeaus weiter bis zum Querweg vor dem Bachlauf. Wandern Sie nach links am Bach entlang, bis zu Ihrer Linken eine Brücke mit grünem Geländer zu erkennen ist. Sie gehen zur Brücke, überqueren sie und laufen zum Asphaltweg, wo Sie rechts abbiegen. Ignorieren Sie nun Abzweigungen und wandern Sie immer geradeaus am Bach entlang. Nach einem Basketballplatz gehen Sie auf einer Brücke nach rechts über den Bach. Dahinter folgen Sie rechts dem gepflasterten Weg zwischen Bach und Wohngebiet. Am ersten Spielplatz geht es geradeaus entlang, am zweiten Spielplatz halten Sie sich rechts, um auch an ihm entlangzulaufen. An den zwei ⩩ Bänken danach gehen Sie geradeaus vorbei. Hinter dem Zaun sind gelegentlich Wildschweine zu sehen. Dann geht es rechts durch den Bogen, wobei Sie alle Linksabzweigungen ignorieren, bis zum **Garather Schlosspark ❺**. Laufen Sie weiter zum Wegweiser.

Schloss Garath

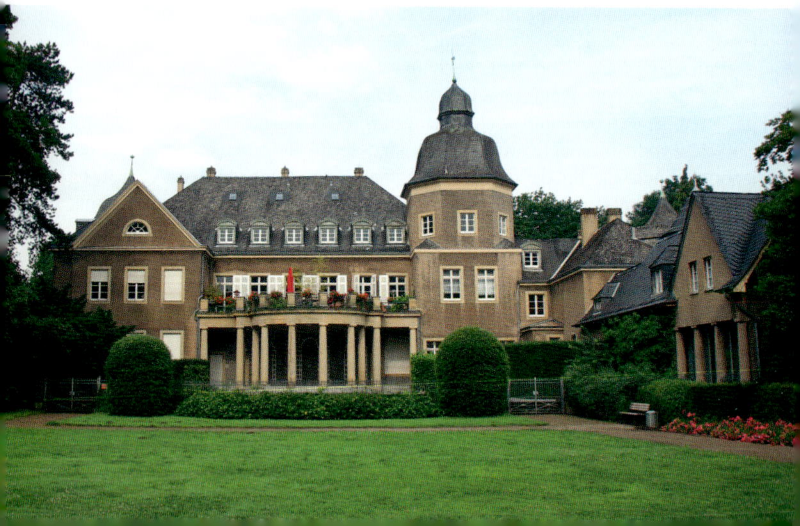

↳ Am Wegweiser im Schlosspark führt rechts ein Weg nach **Schloss Garath** (➲ 0,2 km).

Schloss Garath wurde im frühen 20. Jahrhundert erbaut. Es gab jedoch ältere Vorgängerbauten. Der Rittersitz Garath existierte vermutlich schon im 9. Jahrhundert. 1978 wurde der Schlosspark für die Öffentlichkeit zugänglich gemacht, fünf Jahre später kam das Schloss mit dem Park in die Denkmalliste. Heute ist im Schloss ein Management Center untergebracht.

Schlösser in Düsseldorf

Schloss Garath ist das südlichste von mehreren sehenswerten Schlössern und Burgen in Düsseldorf. Reist man einmal von Süd nach Nord durch die Landeshauptstadt, kommt dann zunächst Schloss Benrath und danach die Schlösser Elbroich in Holthausen und Mickeln in Himmelgeist, welches heute die Heinrich-Heine-Universität nutzt. Schloss Eller, im gleichnamigen Stadtteil, besitzt einen an die englischen Landschaftsgärten angelehnten Park. In der Altstadt ist vom ehemaligen Düsseldorfer Schloss nur noch der Schlossturm erhalten, in dem heute das Schifffahrtsmuseum seine Besucher empfängt. Durchquert man von dort den Hofgarten nach Pempelfort, trifft man auf Schloss Jägerhof, welches wiederum ein Goethe-Museum beherbergt. Im Norden von Düsseldorf folgt dann die Ruine der Kaiserpfalz nahe dem historischen Stadtkern von Kaiserswerth. In Kalkum gibt es ein großes klassizistisches Wasserschloss mit einer Skurrilität: An dem adeligen Schloss Kalkum ehrt eine Gedenkstätte den Arbeiterführer Ferdinand Lassalle – die Gräfin war Sozialistin und mit Lassalle eng verbunden. Passend schmückt den Gedenkpavillon im Schlossgarten sein Zitat: „Die Sache der unteren Klassen der Gesellschaft ist die Sache der gesamten Menschheit.“ Im nördlichsten Stadtteil Angermund liegen dann noch die eingezäunte Burg Angermund, auch Kellnerei genannt, sowie das Schloss Heltorf, ein Wasserschloss in einem Waldpark an der Grenze zu Duisburg. Die meisten der Schlösser sind nicht öffentlich zugänglich – die meisten Schlossparks jedoch schon.

Sie laufen jedoch geradeaus am Wegweiser vorbei durch den Park, vorbei an Bänken und Abzweigungen. Vor dem kleinen Spielplatz geht es dann rechts an der rot-weißen Barriere vorbei und über den Garather Mühlenbach zu einer Straße. Sie biegen nun nach links ab in Richtung der Tankstelle an der Frankfurter Straße und dort rechts zum Etappenende, der **Bushaltestelle „Garather Kirchweg, Düsseldorf“** (Frankfurter Straße & Am Kapeller Feld, 40595 Düsseldorf).

Parallel zur Frankfurter Straße geht es zum S-Bahnhof Düsseldorf-Garath – dort die Treppen hinauf und dann nach links erreichen Sie das Garather Stadtzentrum (1 km).

Düsseldorf-Garath

Garather Hof, Frankfurter Straße 261, 40595 Düsseldorf-Garath, 02 11/70 75 97, info@garatherhof.com, Do-Sa 17:00-23:00, Küche bis 22:00, So 11:30-22:00

Bushaltestelle „Garather Kirchweg, Düsseldorf", Busverbindung nach Düsseldorf (Holthausen, Benrath, S-Bahnhof Garath, Hellerhof) und Monheim (Busbahnhof, „Heerweg")

S-Bahnhof Düsseldorf-Garath, 1 km vom Etappenziel, Bahnverbindung z. B. mit S6 nach Essen (Hbf, Kettwig, Kettwig Stausee), Ratingen Ost, Düsseldorf (Hbf, Benrath), Langenfeld

In der Landeshauptstadt Düsseldorf leben weit über 600.000 Menschen. Die heutige Etappe endet im südlichen Stadtteil Garath. Garath wurde maßgeblich in den 1960er-Jahren als Großwohnsiedlung errichtet – als Maßnahme gegen Wohnungsnot baute man damals die „Wohnstadt Garath" mit 8.000 Wohnungen für über 30.000 Menschen. Sehenswert ist das Schloss Garath (S. 113), von dem der Stadtteil seinen Namen hat. Ansonsten ist Garath keine Attraktion. Nahe dem Bahnhof gibt es eine kleine Fußgängerzone mit Einkehrmöglichkeiten.

Mit der S-Bahn gelangen Sie schnell in Düsseldorfs Zentrum, wo es ein vielfältiges kulturelles und kulinarisches Angebot sowie zahlreiche Hotels gibt. Empfehlenswert ist die begehbare Netz-Installation „in orbit" in 25 m Höhe unter der Glaskuppel vom ⌘ K21/Ständehaus. Für die Begehung sind Schuhe mit griffigem Profil erforderlich – wie Trekkingschuhe.

Best Western Hotel Ambassador, Harkortstraße 9, 40210 Düsseldorf, 02 11/876 77 40, info@ambassador-duesseldorf.bestwestern.de, www.bestwestern.de/hotels/duesseldorf/best-western-ambassador-hotel, Preis variiert je nach Buchungstag, S6 vom S-Bahnhof Düsseldorf-Garath bis Düsseldorf Hbf

Jugendherberge Düsseldorf, Düsseldorfer Straße 1, 40545 Düsseldorf, 02 11/55 73 10, duesseldorf@jugendherberge.de, www.jugendherberge.de, ÜF ab € 29,90, z. B. S6 vom S-Bahnhof Düsseldorf-Garath bis Düsseldorf Hbf, dann U-Bahn bis Luegplatz in Oberkassel

⌘ K21/Ständehaus, Ständehausstraße 1, 40217 Düsseldorf, 02 11/838 12 04, 01 51/11 61 80 90, service@kunstsammlung.de, www.kunstsammlung.de, Di-Fr 10:00-18:00, Sa-So 11:00-18:00, Erwachsene € 12, ermäßigt max. € 10

13. Etappe: Düsseldorf-Garath – Monheim

15,5 km, 4 Std. 30 Min., 214 m, 219 m, 33-56 m

0,0 km	46 m	Düsseldorf-Garath, Bushaltestelle „Garather Kirchweg, Düsseldorf"
1,5 km	37 m	Urdenbacher Kämpe
3,1 km	39 m	Römisches Museum Haus Bürgel ⌘
3,8 km	50 m	Abzweig Zons ⌘ (1,8 km, Fähre)
5,2 km	38 m	Museumsschiff ⌘
7,3 km	41 m	Piwipper Böötchen
9,0 km	37 m	Abzweig Monheim Altstadt
11,7 km	39 m	Ausblick Chempark Dormagen
15,5 km	41 m	Monheim, Bushaltestelle „Alfred-Nobel-Straße, Monheim" ⌘

Von Düsseldorf-Garath geht es zunächst am Garather Mühlenbach entlang zum Urdenbacher Altrhein. Der Hauptstrom vom Rhein hatte vor Jahrhunderten sein Bett von dort wegverlagert. Anschließend wandern Sie durch das Naturschutzgebiet Urdenbacher Kämpe zum Römischen Museum Haus Bürgel, welches auf dem Fundament eines römischen Kastells errichtet wurde. Kurz darauf bietet sich noch die Möglichkeit für einen Abstecher per Fähre ins mittelalterliche Städtchen Zons. Sie stoßen dann auf den Rhein, wandern für längere Zeit an ihm entlang und passieren die Monheimer Altstadt. Dann geht es durch den Rheinbogen zum Etappenziel im südlichen Monheim.

Die 13. Etappe beginnt an der **Bushaltestelle „Garather Kirchweg, Düsseldorf"** (Frankfurter Straße & Am Kapeller Feld, 40595 Düsseldorf). Sie gehen von der Bushaltestelle an der Tankstelle vorbei und biegen dahinter rechts auf den Weg am Garather Mühlenbach. Er führt unter einer A59-Brücke und eine Eisenbahnbrücke hindurch zu einer gepflasterten Kreuzung. Dort geht es schräg links am Holzgeländer die Stufen hinab. Sie ignorieren nun Abzweigungen und folgen dem Pfad parallel zum Garather Mühlenbach durch ein Waldstück, vorbei an einer Fernleitungsanlage und einem Spielplatz, zu einer links liegenden Brücke. Überqueren Sie dort den Bach und biegen Sie hinter der Brücke rechts auf den geteilten Fahrrad- und Fußweg. Es geht nun immer geradeaus am Wohngebiet entlang, bis Sie an rot-weißen Pollern eine Rechtsabzweigung erreichen. Dort gehen Sie rechts den Weg am kleinen Hügel vorbei. Sie erreichen ein Hinweisschild zur beginnenden **Urdenbacher Kämpe ❶** und eine Aussichtsplattform mit Blick auf den Urdenbacher Altrhein.

Die Urdenbacher Kämpe ist eine alte Kulturlandschaft mit Streuobst- und Feuchtwiesen, Weiden und Ackerland, Baumreihen, Hecken und Auenwäldern. Es handelt sich um eine der wenigen nicht eingedeichten und somit bei Hochwasser regelmäßig überschwemmten Flussauen am Niederrhein. Die Urdenbacher Kämpe ist Düsseldorfs größtes Naturschutzgebiet.

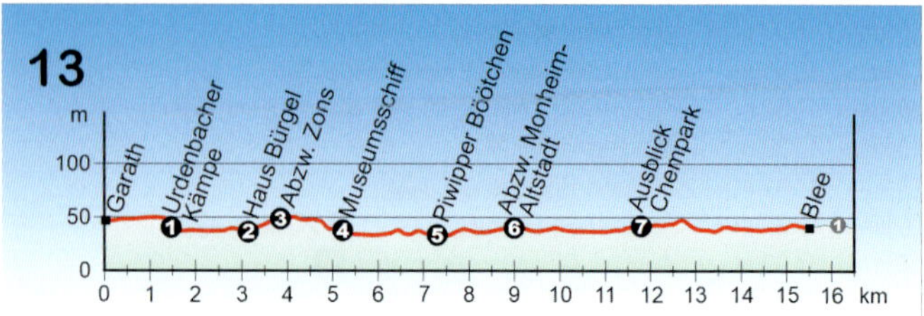

Hier verläuft auch die **Entdeckerschleife „Baumberger Aue"**, die die beeindruckende Landschaft der Urdenbacher Kämpe mit Haus Bürgel (☞ unten) und Baumbergs Ortskern verbindet (➲ Länge des Rundwanderwegs: 8,1 km).

Sie nehmen den Weg, der links an der Aussichtsplattform mit dem Schild „Blick in den alten Rhein" vorbeiführt. Folgen Sie nun dem Wegverlauf durch die Urdenbacher Kämpe und ignorieren Sie alle Abzweigmöglichkeiten. Bei Ihrer Wanderung passieren Sie Wiesen, Weiden und Felder. Zum Ende führt der Weg nach einer Rechtskurve an Bäumen entlang zu einer T-Kreuzung. Sie biegen nun nach links ab und laufen dann rechts zur Bushaltestelle „Haus Bürgel, Monheim" (Busverbindung nach Bahnhof Düsseldorf-Benrath und Monheim Busbahnhof). Dort, an der Grenze von Düsseldorf und Monheim, kreuzen Sie vorsichtig die Landstraße und laufen gegenüber den Schotterweg zum ehemaligen römischen Kastell und heutigen ⌘ **Römischen Museum Haus Bürgel ❷**.

Römer am Rhein

Das Römische Reich erstreckte sich vor 2.000 Jahren über drei Kontinente. Die Außengrenze des von Rom beherrschten Imperiums war zeitweise 7.500 km lang. Ein bedeutender Teil der Grenze war der rund 400 km lange Niedergermanische Limes. Er führte von Katwijk an der niederländischen Nordseeküste über Nordrhein-Westfalen bis Bad Breisig in Rheinland-Pfalz. Eine durchgängige Befestigung mussten die Römer hier nicht errichten, als natürliche Grenze zwischen der römischen Provinz Niedergermanien und dem freien Germanien diente der Rhein. Am linken Rheinufer verband die Limesstraße dabei römische Legionslager, Militärkastelle und Wachtürme. 2021 wurde der Niedergermanische Limes mit

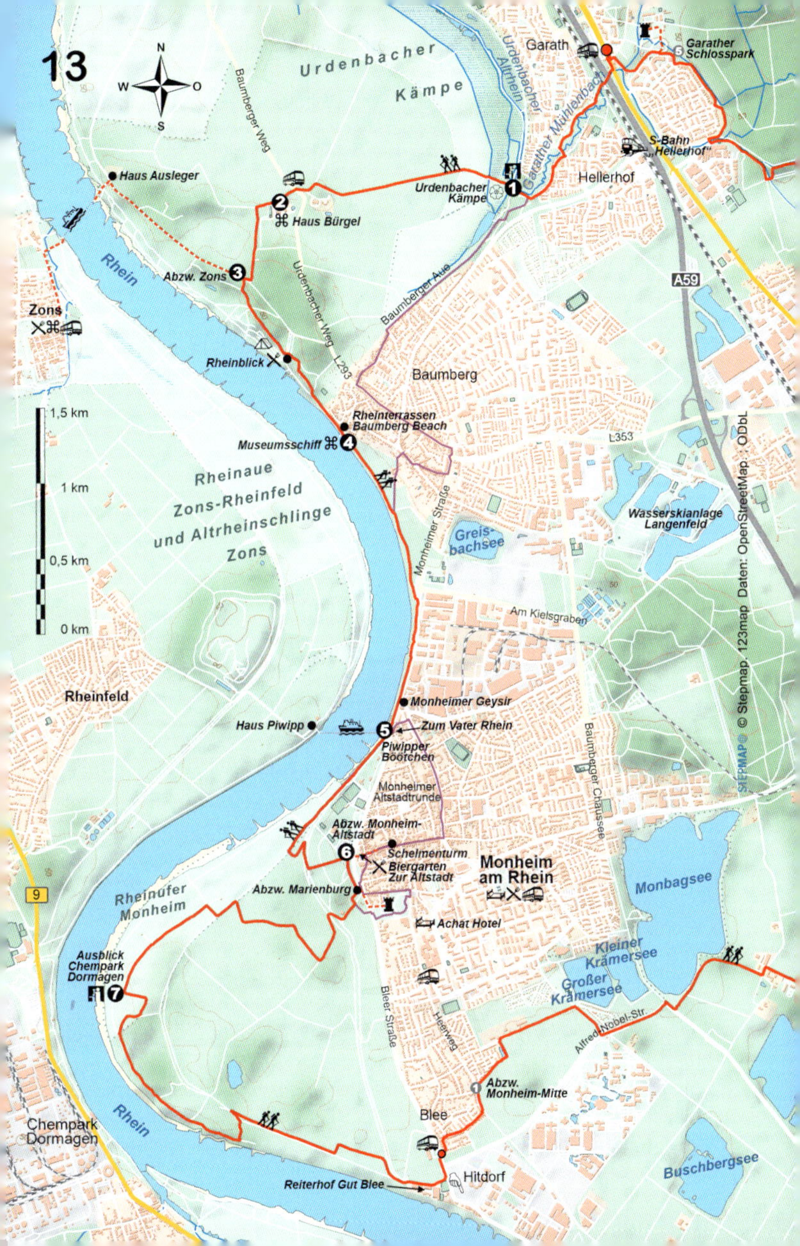
13
N
W
O
S
Urdenbacher Kämpe
Garath
Garather Schlosspark
S-Bahn „Hellerhof"
Hellerhof
Urdenbacher Altrhein
Garather Mühlenbach
Baumberger Weg
Haus Ausleger
Haus Bürgel
Urdenbacher Kämpe
Abzw. Zons
Zons
Rhein
Urdenbacher Weg L293
Baumberger Aue
A59
Rheinblick
Baumberg
Rheinterrassen Baumberg Beach
Museumsschiff
L353
1,5 km
1 km
0,5 km
0 km
Rheinaue Zons-Rheinfeld und Altrheinschlinge Zons
Monheimer Straße
Greisbachsee
Wasserskianlage Langenfeld
Am Kielsgraben
Rheinfeld
Monheimer Geysir
Haus Piwipp
Zum Vater Rhein
Piwipper Böötchen
Monheimer Altstadtrunde
Baumberger Chaussee
Abzw. Monheim-Altstadt
Schelmenturm
Biergarten Zur Altstadt
Monheim am Rhein
Abzw. Marienburg
Monbagsee
Rheinufer Monheim
Achat Hotel
Kleiner Krämersee
Großer Krämersee
Ausblick Chempark Dormagen
Bleer Straße
Heerweg
Alfred-Nobel-Str.
Abzw. Monheim-Mitte
Chempark Dormagen
Rhein
Blee
Hitdorf
Reiterhof Gut Blee
Buschbergsee
© Stepmap, 123map Daten: OpenStreetMap ; ODbL
STEPMAP®

44 archäologischen Fundplätzen UNESCO-Welterbe. Einer der Fundorte liegt unter dem mittelalterlichen Haus Bürgel – es wurde auf einem 64 mal 64 m großen Fundament eines römischen Kastells errichtet. Der römische Mauerkern ist heute noch bis zu 4 m hoch erhalten. Am Platz des ehemaligen Kastells gibt es jetzt ein Römermuseum. Es zeigt Ausgrabungsfunde und stellt verschiedene Aspekte der römischen Zeit da – wie den Alltag, das Militärwesen und die Besatzungspolitik. Wer sich wundert, dass das ehemalige Kastell auf der rechten Rheinseite liegt, also auf germanischem Gebiet: 1374 verlagerte der Rhein bei einem Hochwasser sein Bett und Haus Bürgel wechselte das Ufer.

⌘ Römisches Museum Haus Bürgel, Urdenbacher Weg, 40789 Monheim am Rhein, ☏ 021 73/951 89 30, ✉ hausbuergel@monheim.de, 💻 www.hausbuergel.de, 🚪 Sa, So, Fei 10:00-18:00, Erwachsene € 3, ermäßigt € 1,50

Römisches Museum Haus Bürgel

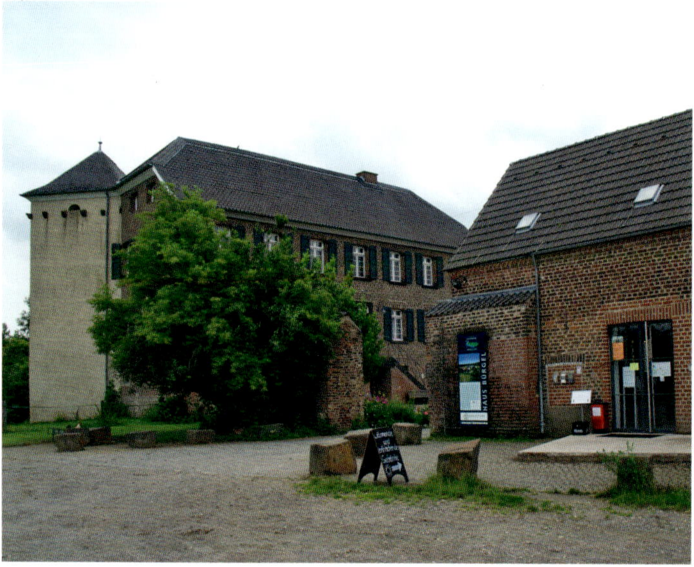

Sie passieren das Museum und die Weiden und biegen an der Infotafel „Feld und Forst in der Urdenbacher Kämpe" links ab. Wandern Sie dann geradeaus am Waldrand entlang bis zur T-Kreuzung am Ende. Dort geht es nach rechts zum Wegweiser ❸ nahe einer ⩩ Bank.

Von hier können Sie über eine Rheinfähre das mittelalterliche Städtchen **Zons** erreichen (1,8 km). Laufen Sie dafür immer geradeaus, auf Höhe des Restaurants Haus Ausleger ist links der Fähranleger zu sehen. Auf der anderen Rheinseite halten Sie sich dann links.

Rheinfähre Zons-Urdenbach, Am Ausleger, 40593 Düsseldorf, 01 51/18 42 10 62, info@faehre-zons.de, www.faehre-zons.de, März-Okt Mo-Fr 6:15-20:00, Sa, So, Fei 10:00-20:00, Nov-Feb Mo-Fr 6:15-19:00, Sa, So, Fei 10:00-18:00, Erwachsene € 1,50, Kinder € 0,50, aktuelle Hinweise auf Webseite beachten

Abstecher ins Mittelalter

Auf der linken Rheinseite, direkt gegenüber vom neanderland STEIG, wartet ein echtes Highlight auf Sie: das kleine Städtchen Zons. Eine mittelalterliche Stadt mit einer so gut erhaltenen Befestigungsanlage ist im Rheinland eine Besonderheit. 1373 wurde Zons zur Stadt erhoben, ein Jahr zuvor der Rheinzoll von Neuss nach Zons verlegt. Die Errichtung der heute noch in weiten Teilen erhaltenen Stadtbefestigung mit Stadttoren, Türmen, Mauern und Gräben war im 15. Jahrhundert abgeschlossen. Interessant: Zons und Haus Bürgel, welches Sie zuvor passierten, gehörten früher kirchlich und gerichtlich zusammen – bis zum großen Rheinhochwasser im 14. Jahrhundert, wo der Fluss sein Bett verlagerte, befanden sie sich sogar auf derselben Rheinseite. In den Jahrhunderten danach traf es Zons besonders hart. Zunächst wütete dreimal ein Feuer in der Stadt, danach dreimal die Pest. Ende des 18. Jahrhunderts besetzten die Franzosen die Stadt. Im 19. Jahrhundert wurde Zons preußisch. Seit 1975 gehört Zons offiziell zu Dormagen. 2014 wurde die komplette Altstadt unter Denkmalschutz gestellt.

Alternative Rückkehr zum neanderland STEIG: Wandern Sie von Zons linksrheinisch zum Restaurant Haus Piwipp (4,2 km) und nehmen Sie vom Anleger dort das Piwipper Böötchen zurück über den Rhein (beachten Sie jedoch die selteneren Fährzeiten).

Haus Piwipp & Piwipper Böötchen, 41539 Dormagen, 01 72/260 53 13, piwipp.boot@web.de, www.piwipp-boot.de, April-Mitte Okt Sa, So, Fei 10:30 bis ca. 18:00 (Stand 2022), Erwachsene € 2, Kinder frei, aktuelle Hinweise auf Webseite beachten

Wenn Sie nicht nach Zons möchten, gehen Sie am Wegweiser links in den Wald hinein bis zur T-Kreuzung. Dort biegen Sie links ab. Folgen Sie nun dem Wegverlauf immer geradeaus und über die Kreuzung bis zum Campingplatz und Restaurant Rheinblick.

⛺ ✕ Campingplatz Rheinblick, In der Aue, 40789 Monheim am Rhein (Navi Adresse: Urdenbacher Weg), ☏ 021 73/644 00, 💻 www.campingplatz-rheinblick.de, Zelten ab € 14, Anreise bis 18:00

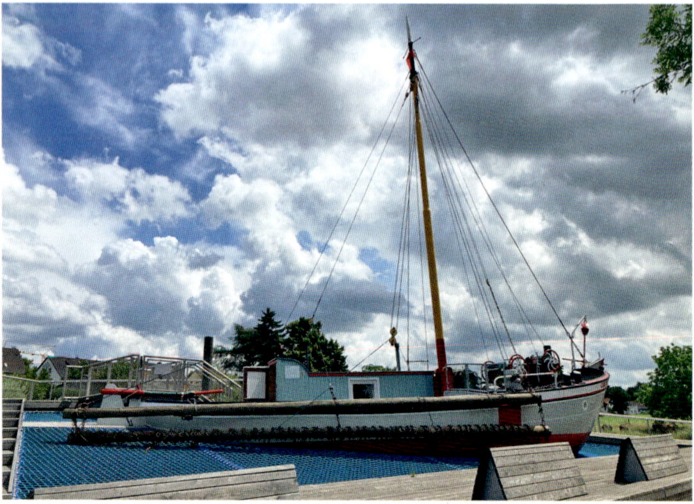

Museumsschiff

Sie laufen an der Restaurantfront entlang in den Wald hinein und folgen dort dem rechts abzweigenden Weg bis zum Rhein. Es geht nun aus dem Wald hinaus und weiter auf dem parallel zum Rhein verlaufenden Asphaltweg. Sie passieren ⩩ Bänke und die Rheinterrassen Baumberg Beach, dann geht es die Schräge hinauf zum tagsüber frei zugänglichen ⌘ **Museumsschiff** ❹ (🚪 Mo-So 10:00-18:00). In der Kajüte ist nachzulesen, dass es sich um das Piratenschiff vom Cover des Toten-Hosen-Albums „Unter falscher Flagge" handelt.

Auf dem geteilten Fahrrad- und Fußweg laufen Sie am Museumsschiff vorbei weiter am Rhein entlang. Sie ignorieren die Abzweigung nach Monheim-Baumberg, wandern weiter parallel zum Fluss und erreichen eine Hauptstraße. Auch dort führt Ihr Weg geradeaus weiter am Rhein entlang, vorbei an Bushaltestellen und ⩩ Bänken, dem Rheinpark mit Unternehmenszentralen, einem Denkmal von Professor Markus Lüpertz und einem Kreisverkehr mit Geysir. Der Monheimer Geysir von Künstler Thomas Stricker bricht in unregelmäßigen Abständen mit einer bis zu 12 m hohen Wassersäule aus, was dann den Autoverkehr zum Erliegen bringt.

Es geht am Geysir weiter geradeaus. Nach der Bushaltestelle „Deusserhaus/Marienkapelle, Monheim“ sehen Sie dann das Hotel-Restaurant Zum Vater Rhein, das ⌘ Heimatmuseum Deusserhaus und den Anleger vom **Piwipper Böötchen ❺**.

⌘ Heimatmuseum Deusserhaus, An d'r Kapell 2, 40789 Monheim am Rhein, 021 73/514 54, heimatbund-monheim@t-online.de, www.monheim-heimatbund.de, So 11:00-13:00

Hier treffen Sie auch auf die **Entdeckerschleife „Monheimer Altstadtrunde“**, die das Deusserhaus, den Monheimer Rheinbogen, den Marienburgpark und die Monheimer Altstadt verbindet (➲ Länge des Rundwanderwegs: 4,9 km).

Monheimer Altstadt

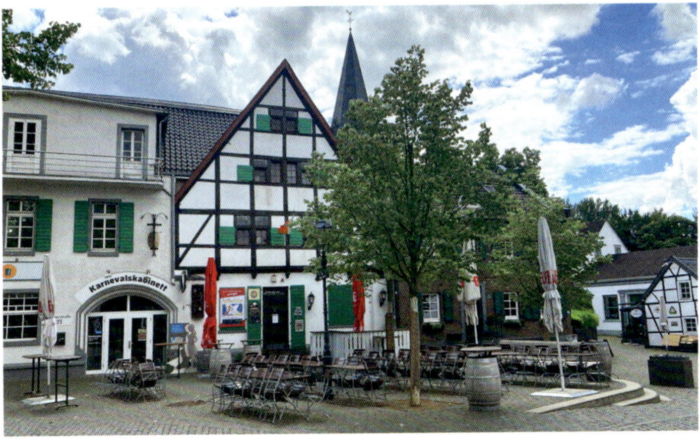

Sie gehen auf dem neanderland STEIG neben dem Anleger die Schräge hinab. Dann folgen Sie geradeaus dem Wiesenpfad. Sie ignorieren es, wenn der Weg hinauf zur Mauer führt, und laufen immer geradeaus am Deich entlang. Es geht dann auf einem Weg geradeaus weiter zu einer Linksabzweigung mit einem großen Baum, an dem eine Schaukel hängt. Dort laufen Sie nach links den Deich hinauf. Oben angekommen gehen Sie nach rechts und dann wieder schräg links hinab zur Allee. Wandern Sie nun links durch die Allee bis zu den Treppen hinter dem **Wasserspielplatz ❻**.

Geradeaus befindet sich die **Monheimer Altstadt** (☞ Text am Etappenende) und der Biergarten zur Altstadt (➲ 0,1 km).

Biergarten zur Altstadt, Turmstraße 28, 40789 Monheim am Rhein,
01 77/467 55 22, pascalluetz@icloud.com, www.biergarten-monheim.de,
Mai-Aug täglich ab 12:00, Sep-April Mi-Fr ab 15:00, Sa-So ab 12:00

Sie biegen an den Treppen jedoch rechts ab und passieren Metallskulpturen mit dem Fantasienamen „Archos Palingenius" – bei dem Kunstwerk handelt es sich um ein imaginäres Fundstück, ein Fabelwesen aus Monheims Frühgeschichte. Laufen Sie links über die Holzbrücke zur Weggabelung.

Wenn Sie hier links zur Bleer Straße gehen und dort nach rechts biegen, erreichen Sie den auf der linken Seite liegenden Eingang zum Marienburgpark mit der **Marienburg** (➲ 0,2 km).

Die Marienburg wurde von 1879 bis 1880 erbaut. Der Entwurf stammte von dem Architekten August Carl Lange. Das Backsteingebäude wird heute vorrangig für Tagungen, Konferenzen und Events genutzt. Der Marienburgpark gehört zur Straße der Gartenkunst zwischen Rhein und Maas, ein Zusammenschluss besonders schöner Gärten und Parks.

Sie laufen an der Weggabelung jedoch nach rechts und biegen danach an den Pollern rechts auf den Asphaltweg ab. An der Pflasterung geht es rechts den Deich ganz hinauf, auf der anderen Seite direkt wieder hinunter und auf dem Weg weiter durch den Rheinbogen. Sie passieren Streuobstwiesen und Weiden mit schottischen Hochlandrindern und biegen die erste Möglichkeit rechts auf einen Schotterweg ab. Er schlängelt sich an weiteren Weiden vorbei durch den Rheinbogen zu einer T-Kreuzung vor einem runden Turm. Dort geht es nach links, dann die nächste Möglichkeit rechts und am Wegweiser wieder links auf einen Feld- und Wiesenpfad.

Sie ignorieren nun Abzweigmöglichkeiten und wandern immer geradeaus bis zu einer Linkskurve nahe dem Rhein ❼ – auf der anderen Rheinseite ist nun der **Chempark Dormagen** zu sehen. Das riesige Gelände mit den zahlreichen Chemiebetrieben liegt auf dem Gebiet von Dormagen und Worringen, dem nördlichsten Stadtteil von Köln.

Der Weg führt durch die Linkskurve wieder vom Rhein weg, dann durch eine Rechtskurve zu einem Querweg. Sie gehen nach rechts auf einen Turm zu und dort links zurück zum Rhein. Folgen Sie dann dem Wegverlauf, immer parallel zum Rhein und den Chemieanlagen. Es geht geradeaus weiter über ein Wiesenstück und durch ein Wäldchen, bis Sie eine Wiesenkreuzung erreichen.

↳ Rechts geht es in wenigen Metern zum Rhein hinab.

Sie biegen jedoch nach links und erreichen wieder den Deich. Auf diesen gehen Sie hinauf und oben ein paar Schritte nach links, nur um auf der anderen Seite wieder hinunterzulaufen. Wandern Sie nun immer geradeaus am Deich entlang. Der Weg führt dann um ein eingezäuntes Areal herum und erneut den Deich hinauf zu einer Kreuzung mit zwei Bänken. Sie laufen geradeaus den Asphaltweg am Reiterhof und Landgasthaus Gut Blee vorbei zum Wegweiser an der Straße. Links ist das Etappenende bereits zu sehen, die in Monheims Süden liegende **Bushaltestelle „Alfred-Nobel-Straße, Monheim“** (Alfred-Nobel-Straße & Bleer Straße, 40789 Monheim am Rhein).

↳ Wenn Sie die Bleer Straße an der Haltestelle vorbei immer geradeaus laufen, erreichen Sie wieder die Altstadt von Monheim (➲ 2,2 km).

Monheim

Achat Hotel Monheim am Rhein, Delitzscher Straße 1, 40789 Monheim am Rhein, ☏ 021 73/33 03 80, monheim@achat-hotels.com, www.achat-hotels.com/hotels/monheim-am-rhein, EZ ab € 75, DZ ab € 85, F € 15

Bushaltestelle „Alfred-Nobel-Straße, Monheim“, Busverbindung nach Monheim („Heerweg“, Busbahnhof), Bf Leverkusen Mitte und wochentags nach Langenfeld S-Bahnhof; Bushaltestelle „Creativ Campus, Monheim“, ➲ 0,2 km vom Etappenziel, Busverbindung wochentags gelegentlich auch nach Düsseldorf-Benrath; Bushaltestelle „Heerweg, Monheim“, ➲ 1,4 km vom Etappenziel, ☞ siehe auch Abzweig nächste Etappe, Busverbindung nach Monheim Busbahnhof und Düsseldorf (Hellerhof, Garath, Benrath, Holthausen)

Monheim am Rhein ist eine Stadt mit rund 45.000 Einwohnern im Kreis Mettmann. Es gibt zwei Stadtteile: das nördliche Baumberg mit dem ⌘ Museum Haus Bürgel (☞ S. 116) und den einfach als Monheim bezeichneten südlichen Stadtteil mit der Altstadt. Die heutige Etappe endet in Monheim etwas abseits in der alten Ortslage Blee, nahe dem Rhein und der Stadtgrenze zu Leverkusen-Hitdorf (☞ 14. Etappe, S. 126). Die rund 2 km entfernte Monheimer Altstadt ist sehenswert. Am Alten Markt wurden schon im 14. Jahrhundert Waren angeboten. Heute erwarten Sie dort Kneipen, Cafés und Restaurants. Im Altstadtareal um die Turmstraße liegen historische Gebäude, wie das alte Rathaus oder der 26 m hohe Schelmenturm – ein rund 600 Jahre alter Überrest der Befestigungsanlage und heute das Wahrzeichen der Stadt. Stadtführungen gibt es von den Mon-Guides (www.monheimer-kulturwerke.de). Der Busbahnhof von Monheim ist knapp 1 km von der Altstadt entfernt.

14. Etappe: Monheim – Langenfeld-Reusrath

15 km, 4 Std. 30 Min., ↑ 299 m, ↓ 268 m, ⇧ 38-79 m

0,0 km	⇧ 41 m	Monheim, Bushaltestelle „Alfred-Nobel-Straße, Monheim“
0,6 km	⇧ 44 m	Abzweig Monheim-Mitte (1,6 km)
3,5 km	⇧ 42 m	Schloss Laach
5,6 km	⇧ 41 m	Abzweig Naherholungsgebiet Hitdorfer See (0,5 km)
7,5 km	⇧ 51 m	Friedenspark
9,9 km	⇧ 46 m	Wupper
11,4 km	⇧ 48 m	Gedenkstein Rittersitz Reuschenberg
13,5 km	⇧ 46 m	Abzweig Leverkusen-Opladen (1,4 km)
15,0 km	⇧ 72 m	Langenfeld-Reusrath, Bushaltestelle „Rothenberger Straße, Langenfeld“

Nach dem Start im südlichen Monheim geht es an einem Baggersee vorbei nach Schloss Laach. Dann erreichen Sie Leverkusener Stadtgebiet. Der Fernwanderweg führt Sie dort zunächst zum Hitdorfer See, dann zum schönen Stöckenbergsee. In Leverkusen-Rheindorf durchwandern Sie den Friedenspark, eine Wohnsiedlung und eine Kleingartenanlage. Sie umrunden ein großes Feld und treffen auf die Wupper und einen Gedenkstein für den Rittersitz Reuschenberg. Dann können Sie entscheiden, ob die Etappe am S-Bahnhof Leverkusen-Rheindorf, in Leverkusen-Opladen oder am offiziellen Ziel in Langenfeld-Reusrath enden soll.

Die 14. Etappe beginnt in Monheims Süden an der **Bushaltestelle „Alfred-Nobel-Straße, Monheim“** (Alfred-Nobel-Straße & Bleer Straße, 40789 Monheim am Rhein). Gehen Sie neben dem Haltestellenhäuschen den gepflasterten Weg in die Wohnsiedlung und dann links am Spielplatz vorbei. Nach der Rechtskurve halten Sie sich schräg rechts und folgen dann dem Straßenverlauf durch das Wohngebiet bis zum Ende der Geraden. Dort spazieren Sie am Heerweg nach links auf dem erhöhten Fahrrad-Fußgänger-Weg bis zum **Wegweiser ❶**.

Geradeaus geht es zur Bushaltestelle „Heerweg, Monheim“ (0,8 km, ☞ 13. Etappe, S. 123).

Es führt hier auch ein Zubringer nach Monheim-Mitte (1,6 km).

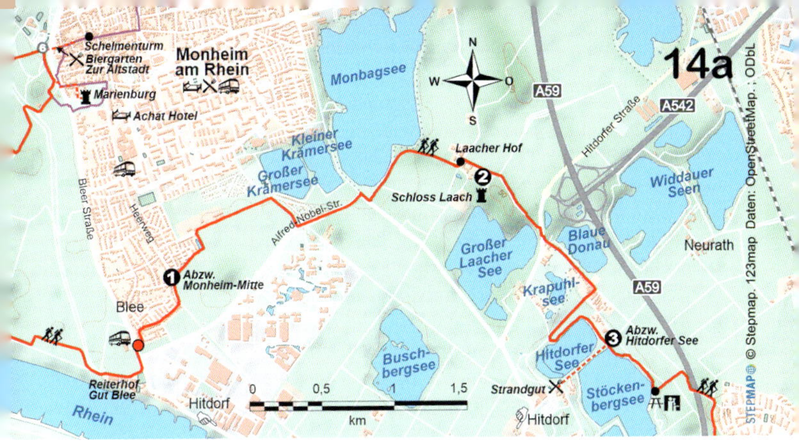

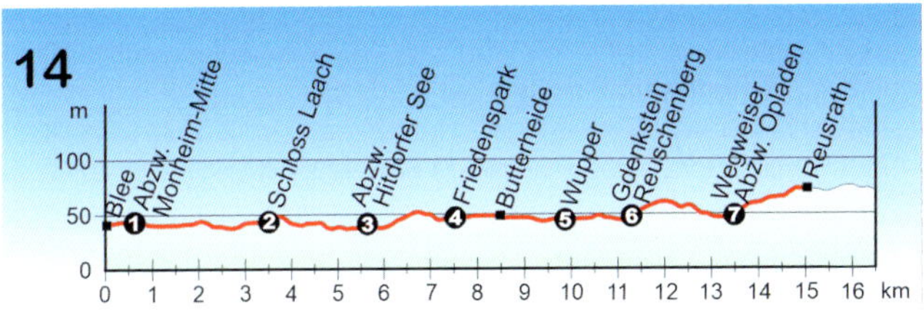

Am Wegweiser biegen Sie jedoch nach rechts auf den Feldweg. Sie ignorieren die Rechtsabzweigung am Feld, laufen am grünen Zaun entlang und weiter auf dem Pfad zum geteerten Wendekreis. Dort biegen Sie nach rechts und folgen der Asphaltstraße unter der Hochspannungstrasse hindurch zur Kreuzung vor der Kleingartenanlage. Es geht nun nach rechts weiter, an einer ⩪ Bank vorbei, zur breiten Alfred-Nobel-Straße. Sie überqueren diese vorsichtig, biegen nach links und laufen an der Straße entlang. Nach dem Ortsausgangsschild von Monheim wechseln Sie am Übergang in der Rechtskurve vorsichtig die Straßenseite. Es geht weiter entlang der Straße zum Wegweiser, wo Sie links abbiegen. Folgen Sie nun dem Weg geradeaus am Monbagsee (Monheimer Baggersee Nord-Ost) vorbei und über die Gleise bis zur Kreuzung vor dem Laacher Hof. Dort gehen Sie links zur Straße und dann rechts, am Hof vorbei, zum ♜ **Schloss Laach ❷**.

♜ Das stattliche Herrenhaus Schloss Laach wurde 1910/11 auf dem Anwesen vom Laacher Hof errichtet, dessen Historie bis in das Mittelalter zurückreicht. Den Laacher Hof kaufte 1962 die Bayer AG. Das Laacher Schloss wurde seit dem Krieg als Lazarett, Erholungsheim für Bergleute, Altenheim, Werbeagentur und Wohnkomplex genutzt.

Auf der Straße geht es am Schlossgrundstück vorbei. Am Ende des Geländes befinden sich auf der linken Straßenseite eine ⛼ Bank und eine Schranke. Nehmen Sie daneben den Feldweg, der parallel zur Straße verläuft und später wieder auf diese trifft. Folgen Sie dann der Straße weiter zur breiten Hitdorfer Straße, hinter dem Zaun versteckt sich dabei der Große Laacher See. Sie überqueren rechts an der Verkehrsinsel vorsichtig die Hauptstraße, passieren das Ortseingangsschild von Leverkusen-Hitdorf und gehen geradeaus über die Kreuzung und am nächsten eingezäunten See vorbei bis zum Wegweiser. Dort biegen Sie rechts ab.

Es geht dann geradeaus an der Schranke vorbei und zwischen den zwei Weidezäunen hindurch. Am Zaunende biegen Sie nach links und dann erneut links zum **Hitdorfer See**. Folgen Sie nun dem Pfad am Ufer um den See herum, bis ein Asphaltweg kreuzt ❸.

↳ Der Asphaltweg nach rechts führt zum **Naherholungsgebiet Hitdorfer See** mit dem ✕ **Restaurant Strandgut** (➲ 0,5 km).

✕ Restaurant Strandgut, Umlag 2b, 51371 Leverkusen, 01 52/33 63 78 98, restaurantstrandgut@gmail.com, Sommersaison Mo-Fr 12:00-21:00, Sa-So 11:00-21:00, Wintersaison Do-So 12:00-21:00 (Öffnungszeiten können wetterbedingt abweichen)

Hitdorf und Hitdorfer See

Die alte Siedlung Hitdorf hat eine wechselvolle Geschichte zwischen eigenen Stadtrechten und der Zugehörigkeit zu Monheim und Leverkusen, zu Letzterem gehört sie auch heute noch. Am Rhein verbindet die Hitdorfer Fähre das Hafenstädtchen mit dem ehemaligen Fischerdorf Langel. Langel liegt neben Worringen und ist heute Teil von Kölns Norden – nicht zu verwechseln mit dem gleichnamigen rechtsrheinischen Stadtteil der Domstadt. Am Rhein, nahe dem Biergarten Zur Hitdorfer Fähre, heißt es auf einer Infotafel: „Das Leben in Hitdorf war seit jeher ein Leben mit dem Fluß. In stürmischen Tagen raubte der Rhein Leben und Wohlstand, in ruhigen Zeiten schenkte er Arbeit, Brot und Reichtum."

Vom Biergarten blickt man auf die zwei großen Türme der katholischen Kirche St. Stephanus. Auf der anderen Seite grenzt Hitdorf an eine ehemalige Kiesgrube, die vom neanderland STEIG passiert wird und die dem Städtchen ihren Namen verdankt: Hitdorfer See. Im Jahr 2000 wurde an dem See ein Freizeitgelände eingerichtet. An einer begrenzten Stelle erlaubte man das Baden auf eigene Gefahr, schüttete ein flaches Ufer auf und legte Liegewiesen an. Es gibt Spielgeräte, eine Möglichkeit zum Skaten, einen Tauchclub und das Restaurant Strandgut mit einem großen Biergarten. Ein perfekter Ort für eine Pause.

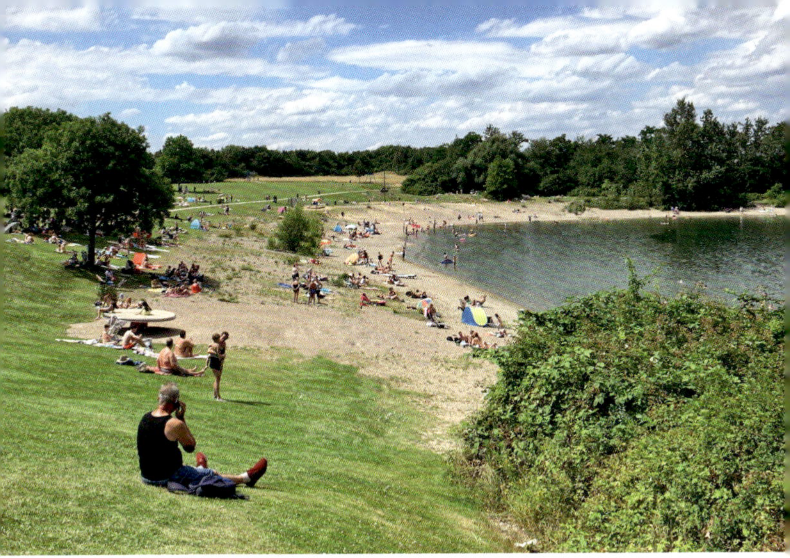

Naherholungsgebiet Hitdorfer See

Sie kreuzen jedoch den Asphaltweg und wandern auf dem Pfad geradeaus am Stöckenbergsee entlang, dabei ignorieren Sie die Abzweigungen zum Wasser. Nachdem der Pfad vom See weggeführt und parallel zu einem Zaun verlaufen ist, halten Sie sich schräg rechts und laufen weiter an dem See entlang. Sie folgen dem Weg, bis er vor einem Feld auf einem Querweg mündet. Zu Ihrer Rechten liegt ein ⛼ Rastplatz mit schönem Seeblick. Sie biegen jedoch nach links ab und laufen geradeaus entlang der Felder bis zur T-Kreuzung am Ende vor der Autobahn. Gehen Sie dann rechts an der ⛼ Bank vorbei und auf der Brücke über die A59. Von der Brücke aus erblicken Sie zwei Hochhäuser und biegen noch vor dem befestigten Weg rechts in den schmalen Waldweg ein. Folgen Sie ihm, bis links ein gleich breiter Weg abzweigt. Dort gehen Sie nach links und danach am Forstweg wieder rechts. Dann zweigt links ein schmaler Weg ab, der zwischen zwei geraden Baumreihen verläuft. Sie laufen auf diesem bis kurz vor das Waldende und biegen dann rechts auf einen kleinen Pfad ab, dem Sie durch den Wald zum **Friedenspark ❹** von Leverkusen-Rheindorf folgen.

Sie laufen geradeaus durch den Friedenspark und über die Kreuzung zur Gabelung. Dort halten Sie sich links, gehen an den Sportgeräten vorbei und weiter zu den Pollern am Parkausgang. Wandern Sie nun immer geradeaus entlang der Memelstraße durch das Wohngebiet, vorbei an der ✝ Kirche zum heiligen Kreuz, bis zur breiten Solinger Straße.

↬ Nach links geht es hier zum 🚆 S-Bahnhof Leverkusen-Rheindorf (➲ 0,7 km, ☞ S. 129).

Sie wechseln an der Verkehrsinsel jedoch vorsichtig die Straßenseite, laufen gegenüber die Boberstraße am Sportplatz entlang und geradeaus über die Kreuzung zum Gartenlokal der Kleingartenanlage Butterheide. Am Ende der Kleingartenanlage geht es dann rechts auf einen Pfad zwischen Feld und Kleingärten. Er führt an einem großen Feld mit Hochspannungstrassen entlang zu Parkbuchten vor einem Wohngebiet.

Sie halten sich nun immer links und gehen weiter um das Feld herum. Dabei passieren Sie ⊼ Bänke und treffen, nachdem Sie eine Rechtsabzweigung ignoriert haben, auf die **Wupper ❺**. Sie fließt hier, etwas versteckt hinter Bäumen, die letzten Kilometer zu ihrer Leverkusener Rheinmündung.

Der Weg führt weiter am Feld entlang zur Bahntrasse Düsseldorf – Köln. Sie biegen dort nach rechts ab und folgen dem Asphaltweg am Leverkusener Schäferhundeverein vorbei zu einer Brücke, auf der es über die Wupper geht. Der Weg führt danach in einer Kurve unter der Brücke und der Bahntrasse hindurch und weiter an Weiden entlang zu einer kleinen Brücke über den Mühlengraben. Sie überqueren auch diese Brücke, biegen dahinter links ab und gehen am Reitstall entlang zum Gedenkstein für den ehemaligen **Rittersitz Reuschenberg ❻**.

Rittersitz Reuschenberg

Der Rittersitz Reuschenberg hat eine lange Historie. Um 1300 gab es hier schon eine Burg der Ritter von Reuschenberg, rund 100 Jahre später wurde sie von Kölnern überfallen und im 17. Jahrhundert als Schloss neu aufgebaut. 1885 zerstörte ein Brand das Schloss Reuschenberg, im Folgejahr war es wieder fertig restauriert. Im Laufe der Zeit kam es zu zahlreichen Besitzerwechseln. 1961 ging das mittlerweile verfallene Schloss an die Stadt Leverkusen, die es sieben Jahre später abreißen ließ. In den 1970er-Jahren wurde das angrenzende Gelände durch einen Zufall zum Wildpark. Ein Zirkus, der in Leverkusen gastierte, hatte einen Bären zurückgelassen. Die Stadt stellte das Gelände zur Verfügung, ein Förderverein ergriff die Initiative, der Name wurde vom Rittersitz übernommen und der Zirkusbär Gründungstier. Heute leben im Wildpark Reuschenberg keine Bären mehr, dafür aber fast 50 verschiedene Wild- und Haustierarten. Es gibt Waldameisen und Bienen, Ziegen und Schafe, Alpakas und Luchse – aber auch große Gänsegeier in Volieren.

Am Gedenkstein biegen Sie nach rechts ab und laufen den Schotterweg in den Wald hinein zu einer Kreuzung ⊼. Biegen Sie dort links ab. Sie ignorieren nun abzweigende Pfade und folgen dem Weg aufwärts an einer ⊼ Bank vorbei und

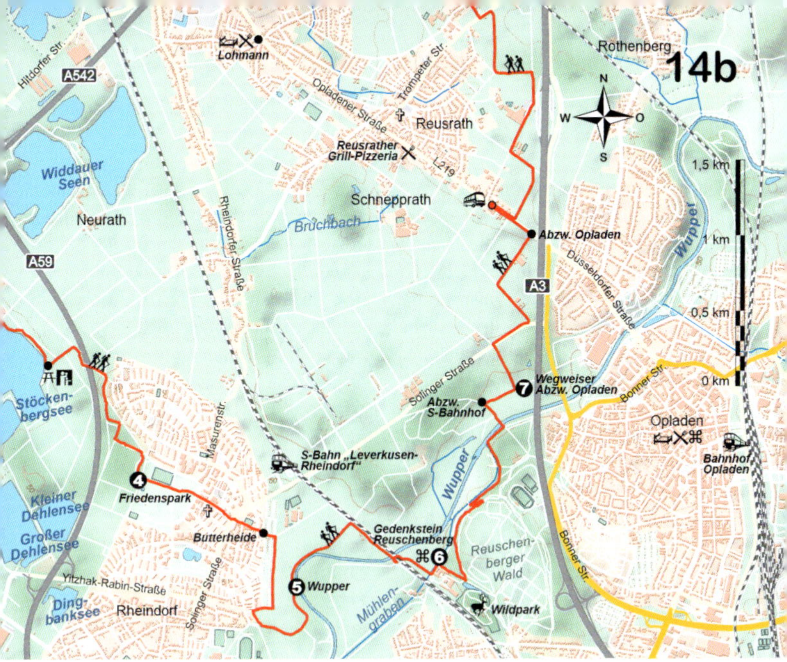

weiter durch den Reuschenberger Wald. Nehmen Sie dann die breite Abzweigung, die scharf links wieder hinabführt. Unten treffen Sie erneut auf den Mühlengraben, vor dem Sie nach rechts abbiegen. Wandern Sie am Mühlengraben entlang. Wenn der Fluss eine Linkskurve macht, biegen auch Sie auf den links abzweigenden Pfad. Es geht dann geradeaus an dem Backsteingebäude vorbei und dahinter auf dem Pfad weiter bis zur Stauanlage, wo der Mühlengraben in die Wupper mündet. Sie wandern nun nach rechts entlang der Wupper bis zur Brücke, überqueren dort den Fluss und laufen hinter den Steinstufen geradeaus bis zur asphaltierten Rechtsabzweigung.

↳ Wenn Sie hier weiter geradeaus durch den Wald bis zur Hauptstraße und dann nach links entlang dieser laufen, können Sie anschließend rechts zum S-Bahnhof Leverkusen-Rheindorf hinabgehen (➲ 1,8 km).

S-Bahnhof Leverkusen-Rheindorf, Bahnverbindung mit S6 nach Essen (Hbf, Kettwig, Kettwig Stausee), Ratingen Ost, Düsseldorf (Hbf, Benrath, Garath), Langenfeld, Leverkusen Mitte, Köln Hbf (bis Sommer 2023 gibt es hier eine Streckensperrung)

Sie biegen an der Abzweigung allerdings nach rechts und laufen auf die A3 zu, bis zum Wegweiser ❼.

↳ Wenn Sie zum Bahnhof in **Leverkusen-Opladen** 🛏 ✕ ☕ ⌘ 🚆 wollen, statt die Etappe in Langenfeld-Reusrath zu beenden, können Sie hier geradeaus den Zubringer ins Zentrum nehmen (➲ 1,4 km) – oder auch die spätere Abzweigmöglichkeit. Im Zentrum von Opladen liegt an der Düsseldorfer Straße 57 das verschieferte Fachwerkhaus der ehemaligen Adler-Apotheke von 1821/22. In der Kölner Straße befindet sich dann eine große Fußgängerzone mit historischen Gebäuden, Geschäften, ☕ Cafés und ✕ Restaurants. Von dort können Sie weiter zum 🚆 Bahnhof Leverkusen-Opladen gelangen (➲ 2,3 km).

🚆 Bahnhof Leverkusen-Opladen, Bahnverbindung z. B. mit RB48 nach Wuppertal (Barmen, Hbf, Vohwinkel), Haan-Gruiten, Haan, Solingen Hbf, Leichlingen, Köln Hbf

☺ Hinter dem Bahnhof liegt die Neue Bahnstadt Opladen mit einem alten Wasserturm, dem Funkenturm, an der Bahnstadtchaussee (➲ 3,3 km).

⌘ Die Neue Bahnstadt Opladen ist ein Projekt zur Nachnutzung ehemaliger Bahnflächen. Dort steht ein denkmalgeschützter, 25 m hoher Wasserturm vom Anfang des 20. Jahrhunderts. Er ist das Wahrzeichen und eines der ältesten erhaltenen Gebäude des ehemaligen Bahnwerks. Auf einer Infotafel ist nachzulesen: „Als Besonderheit enthielt der steinerne Fuß des Turmes Waschgelegenheiten für Arbeiter des Werkes. Auf drei Geschossen befand sich dort eine Badeanstalt mit Brause- und Wannenbädern."

Sie folgen am Wegweiser jedoch links dem Schotterweg durch ein kleines Waldstück zur breiten Solinger Straße. Dort geht es vorsichtig auf die andere Straßenseite und dann nach rechts, entlang der Straße, bis zur 🚌 Bushaltestelle „Autobahnbrücke Solinger Straße, Leverkusen" (Busverbindung nach S-Bahnhof Leverkusen-Rheindorf und Bahnhof Leverkusen-Opladen). Sie biegen links in den Weg Auf den Heunen, passieren einen Kaminholzverkauf und ein Feld und biegen dahinter rechts ab. Laufen Sie dann geradeaus zum Wegweiser an der breiten Opladener Straße.

↳ Nach rechts und dann immer geradeaus geht es nun erneut nach Leverkusen-Opladen 🛏 ✕ ☕ ⌘ 🚆 (➲ 1,3 km).

Sie gehen jedoch links am Ortseingangsschild von Langenfeld-Reusrath vorbei zum Etappenende, der 🚌 **Bushaltestelle „Rothenberger Straße, Langenfeld"** (Opladener Straße & Rothenberger Straße, 40764 Langenfeld).

Weiter entlang der Opladener Straße geht es in das kleine Reusrather Zentrum (➲ 1 km).

Langenfeld-Reusrath

Landhotel Lohmann, Opladener Straße 19, 40764 Langenfeld-Reusrath, ☏ 021 73/916 10, info@landhotel-lohmann.de, www.landhotel-lohmann.de, EZ ab € 79, DZ ab € 109, F € 9,50

Reusrather Grill-Pizzeria, Opladener Straße 159, 40764 Langenfeld-Reusrath, ☏ 021 73/183 72, Di-Sa 11:30-22:00, So, Fei 13:00-22:00

Bushaltestelle „Rothenberger Straße, Langenfeld“, Busverbindung nach Langenfeld (Stadtmitte, S-Bahnhof) und Leverkusen-Opladen („Gerhart-Hauptmann-Straße“, Bahnhof)

☞ siehe Abzweige zuvor zum S-Bahnhof Leverkusen-Rheindorf und zum Bahnhof Leverkusen-Opladen

Langenfeld ist eine Stadt im Kreis Mettmann mit rund 60.000 Einwohnern. Der Stadtteil Reusrath, das Ziel der heutigen Etappe, liegt mehrere Kilometer von der Innenstadt entfernt an der südlichen Stadtgrenze zu Leverkusen-Opladen (☞ S. 130).

In der beschaulichen Ortschaft Reusrath gibt es schöne ✝ Kirchen, man kann etwas essen und übernachten. Sehenswert ist die ♜ Dückeburg, die der neanderland STEIG im späteren Verlauf noch passiert (☞ 15. Etappe, S. 133). Langenfeld selbst ist eine Stadt ohne historischen Ortskern, ohne erhaltene Stadtmauer und ohne imposanten Dom. In der Innenstadt gibt es jedoch eine Fußgängerzone, Geschäfte und ✕ Restaurants.

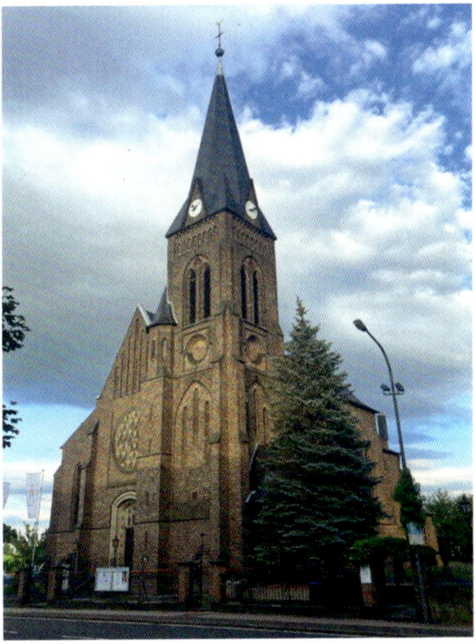

Kirche St. Barbara in Langenfeld-Reusrath

Langenfeld hat auch eine ganz besondere Attraktion: Hier steht eine der größten Wasserskianlagen der Welt. Die Anlage mit sechs Seilbahnen liegt jedoch weit entfernt vom Etappenziel im Westen der Stadt. www.wasserski-langenfeld.de

15. Etappe: Langenfeld-Reusrath – Solingen

17,9 km, 5 Std., ↑ 605 m, ↓ 568 m, ⇧ 54-126 m

0,0 km	⇧ 72 m	Langenfeld-Reusrath, Bushaltestelle „Rothenberger Straße, Langenfeld"
2,8 km	⇧ 62 m	Gut Dückeburg
7,1 km	⇧ 90 m	Leichlinger Sandberge
8,1 km	⇧ 100 m	Aussichtspunkt Heidberg
9,5 km	⇧ 101 m	Abzweig Mahnmal Wenzelnberg (0,3 km)
10,5 km	⇧ 107 m	Abzweig Biergarten-Landwehr (0,1 km)
14,2 km	⇧ 76 m	Abzweig Wasserburg Haus Graven (0,6 km)
17,2 km	⇧ 82 m	Engelsberger Hof
17,9 km	⇧ 109 m	Solingen, Bushaltestelle „St. Lukas Klinik, Solingen" ⌘

Vom Start in Langenfeld-Reusrath wandern Sie zur Dückeburg und weiter zum Wald- und Feuchtgebiet Further Moor. Dann geht es am Autobahnkreuz Langenfeld vorbei. Auf und ab laufen Sie danach durch die Leichlinger Sandberge. Der Weg passiert einen Abzweig zum Mahnmal für ein Nazi-Massaker, dann überschreiten Sie mit dem Wenzelnberg Langenfelds höchste Erhebung. Entlang von Feldern und durch Wälder geht es am Abzweig Wasserburg Haus Graven vorbei zu den malerischen Fachwerkhäusern in der Krüdersheide. Nach dem Engelsberger Hof erreichen Sie durch einen Aufstieg das Etappenziel Solingen-Ohligs.

Die 15. Etappe beginnt in Langenfeld-Reusrath an der **Bushaltestelle „Rothenberger Straße, Langenfeld"** (Opladener Straße & Rothenberger Straße, 40764 Langenfeld). Von der Bushaltestelle gehen Sie zurück und biegen hinter dem Ortsausgangsschild von Langenfeld am Wegweiser links ab. Sie laufen dann geradeaus am Gewächshaus vorbei, biegen am Asphaltweg links und passieren die Reitanlage Buchheim. An der Kreuzung geht es dann nach rechts, vorbei am Reusrather Blumenhof. Sie halten sich an der Gabelung neben dem Autobahnparkplatz links und biegen am Ende der Hecke wieder nach links auf einen Wiesenweg ab. Er führt zu einer Kreuzung mit Bank, an der es nach rechts an Weiden und Bäumen vorbei zur breiten Trompeter Straße geht. Dort laufen Sie nach links, überqueren am Schild „Kunstschmiedschlosser" vorsichtig die Straße und biegen in die Alte Schulstraße ab. Wandern Sie diese immer geradeaus am Jesuskreuz und den Häusern vorbei zu einem Schafgehege, wo es nach links weitergeht. An der nächsten Kreuzung gehen Sie auf der Reusrather Straße nach rechts zum ehemaligen Rittersitz **Gut Dückeburg ❶**.

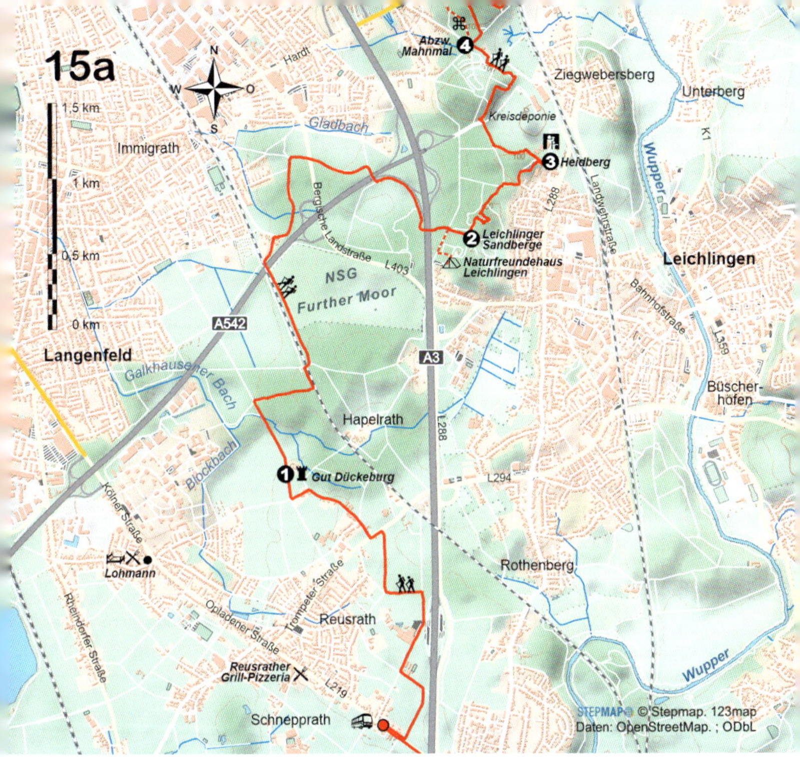

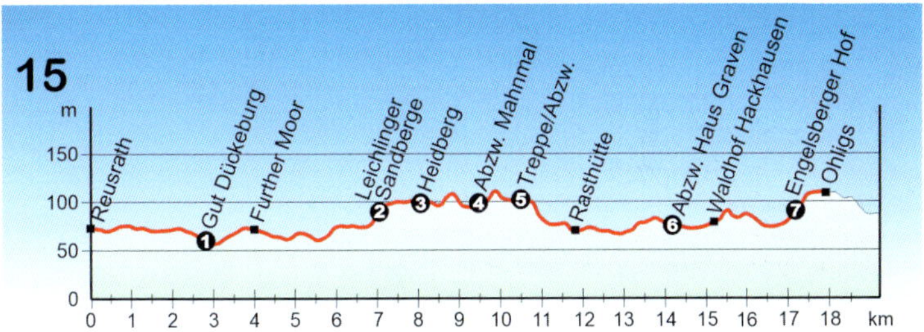

♜ Der früher von Wassergräben umgebene Rittersitz Gut Dückeburg wurde bereits Mitte des 15. Jahrhunderts urkundlich erwähnt. Nach einem Brand 1795 baute man die Hofanlage auf den erhaltenen Mauern neu auf. Heute ist alles in Privatbesitz. Vor einigen Jahren sorgten Pläne der Eigentümer, einen Hubschrauberlandeplatz zu errichten, für massiven Protest.

Der Weg führt an der Dückeburg, an Wiesen und Feldern vorbei in einen Wald hinein. Zunächst geht es dort über den Galkhausener Bach. Dann biegen Sie, auf Höhe einer ⛼ Bank, rechts auf einen Weg tiefer in den Wald ein. Wandern Sie bis zum Ende der Geraden und erst dort nach links, parallel zu den Gleisen. Nun geht es rechts auf der Brücke über die Güterzugstrecke. Am Brückenende biegen Sie links ab. Ihr Weg führt Sie dann zwischen der Bahntrasse und dem Naturschutzgebiet ❀ **Further Moor** entlang.

❀ Das Further Moor ist seit den 1930er-Jahren ein Naturschutzgebiet. Im Zentrum des über 40 Hektar großen Wald- und Feuchtgebiets liegt ein etwa 4 Hektar großer Moorbereich. In dem Langenfelder Naturschutzgebiet finden sich auch Moorbirkenbruchwälder. Das Further Moor darf nicht betreten werden.

Sie folgen dem Weg zu einer Unterführung, wo Sie neben den Gleisen die A542 unterqueren und danach zu einer Straße geführt werden. Dann geht es rechts zu einem Wendehammer und auf einem schmalen Weg in den Wald hinein. Ignorieren Sie Abzweigungen und folgen Sie dem Wegverlauf, später an einem schmalen Graben entlang, durch den Wald. Am Waldende biegen Sie auf der Straße nach rechts ab.

Aussichtspunkt Leichlinger Sandberge

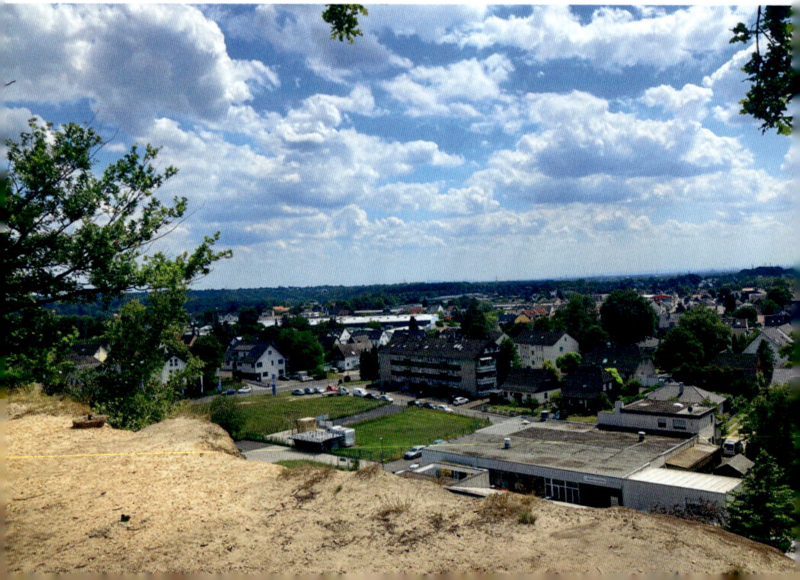

Der neanderland STEIG führt dann auf einer Brücke über die Bergische Landstraße und weiter am Waldrand entlang zu einer T-Kreuzung am Straßenende. Nun müssen Sie am Autobahnkreuz Langenfeld vorbei. Dafür geht es zunächst rechts durch eine weitere A542-Unterführung, dann biegen Sie nach links und folgen dem Schotterweg entlang der Felder und auf einer Brücke über die A3. Auf der anderen Brückenseite erreichen Sie eine breite Schotterkreuzung ⛩, an der Grenze von Langenfeld und Leichlingen.

↳ Rechts entlang geht es zum ⛺ Naturfreundehaus Leichlingen (➲ 0,2 km) – das Haus mit 40 Betten ist sanierungsbedürftig, Zelten ist jedoch möglich.

⛺ Naturfreundehaus Leichlingen, Am Block 4, 42799 Leichlingen,
☎ 021 75/978 35 77, ✉ info@naturfreunde-leichlingen.com,
💻 www.naturfreunde-leichlingen.blogspot.com, Zelten € 7

Sie wandern jedoch weiter geradeaus, bis neben einer ⛩ Bank ein Pfad links in den Wald zu den **Leichlinger Sandbergen** führt ❷.

Leichlinger Sandberge

Der neanderland STEIG führt in seinem weiteren Verlauf durch ein Gebiet, das seit etwa 1800 als Leichlinger Sandberge bezeichnet wird. In dem Areal zwischen Langenfeld und Leichlingen gab es einst enorme Mengen feinen Sandes. In den letzten Jahrhunderten wurden allerdings große Teile davon für die Glas- und Baustoffindustrie abgebaggert. Manche Sandberge wurden ganz abgetragen, vier blieben zumindest in Teilen erhalten: Der Kellerhansberg ist heute stark zerklüftet und der Heidberg besteht sogar nur noch zur Hälfte – die geologischen Schichten des angeschnittenen Berges sind freigelegt. Seit 1983 ist er offizielles Naturdenkmal. Die durch den Sandabbau am Spürklenberg entstandene Hohlform wird heute als Deponie genutzt. Der letzte Berg ist mit etwa 112 m zugleich die höchste Erhebung der Stadt Langenfeld – der Wenzelnberg. Das gesamte Gebiet ist heute weitgehend bewaldet.

Der Pfad führt von der Bank kurz bergauf. Oben geht es geradeaus wieder hinab zu einer kleinen Gabelung und dort rechts. Ignorieren Sie nun die kleinen Abzweigungen, die Sandberge werden hier auch zum Mountainbiken genutzt. Der Pfad schlängelt sich durch den Wald und steil einen Hügel hinauf. Oben geht es zunächst links entlang weiter, dann rechts einen weiteren Hügel hinauf. Sie treffen auf einen schmalen Querweg und biegen nach links. Folgen Sie dem Weg, der dann an einem Zaun hinab zu einem breiten Waldweg führt. Auf diesem geht es nach rechts, immer am Zaun entlang, zum Wegweiser vor dem Wohngebiet. Sie gehen dann links wieder in den Wald hinein, ignorieren die Linksabzweigung und folgen dem Wegverlauf immer weiter bergauf. Ganz oben liegt zu Ihrer Rechten ein **Aussichtspunkt** auf dem Heidberg ❸. Von der Abbruchkante hat man eine gute Sicht – ☝ seien Sie jedoch vorsichtig, es besteht Absturzgefahr.

Wenn Sie von der Abbruchkante zurückkehren, liegt vor Ihnen ein nicht abschüssig verlaufender Pfad. Auf diesem geht es geradeaus bis zum Zaun der Kreisdeponie Langenfeld-Immigrath und dort nach links. Sie wandern nun so lange wie möglich den Pfad am Zaun der Deponie entlang. Zunächst geht es an ihm entlang hinab zum Eingangstor, gegenüber in einem kleinen Schlenker wieder hinauf und zurück zum Zaun. Es geht an zwei Bänken vorbei und durch eine Rechtskurve, dann verlässt der Pfad die Deponie in den Wald hinein. Im Wald gehen Sie an der Gabelung rechts, dann nehmen Sie die zweite Möglichkeit nach links. Halten Sie sich nun im Wald parallel zur Weide. Es geht dann am Zaun vom Städtischen Friedhof Langenfeld entlang zum asphaltierten Kapeller Weg und dort links zur Kreuzung mit dem Hinweisschild zum **Mahnmal Wenzelnberg** ❹.

↳ Von der Kreuzung führt schräg rechts der Waldweg zum Mahnmal Wenzelnberg (➲ 0,3 km).

Massaker in der Wenzelnbergschlucht

Am 13. April 1945, kurz vor Ende des Zweiten Weltkrieges, begingen die Nazis in der Wenzelnbergschlucht einen Massenmord. Sie brachten 71 Häftlinge aus den umliegenden Gefängnissen zum Wenzelnberg, fesselten sie aneinander und erschossen sie an einer bereits ausgehobenen Grube. Wenige Tage später erreichten die Alliierten das Bergische Land. Das Massengrab wurde entdeckt, die Ermordeten exhumiert und vor dem Rathaus in Solingen-Ohligs beigesetzt. 1965 erfolgte die Umbettung der Toten an das Mahnmal Wenzelnberg. Dort gibt es jährlich eine Gedenkveranstaltung, abwechselnd ausgerichtet von den Städten Langenfeld, Leverkusen, Leichlingen, Remscheid, Solingen und Wuppertal. Der Massenmord wurde nie gesühnt, die Täter wurden für das Verbrechen auch nach dem Krieg nicht belangt. Ein Gutachten hat später ergeben, dass einer der Beteiligten sogar Chef des Landeskriminalamtes wurde. Die genaue Chronik des Verbrechens beleuchtet eine Infotafel am Mahnmal.

↳ Wenn Sie abkürzen möchten, können Sie am Mahnmal vorbei direkt zur Elberfelder Straße gehen (➲ 0,2 km, ☞ S. 138).

Sie gehen an der Kreuzung jedoch die Straße nach rechts und dann am Schild „Verbot für Reiter“ links auf den Waldweg. Auf diesem geht es immer geradeaus

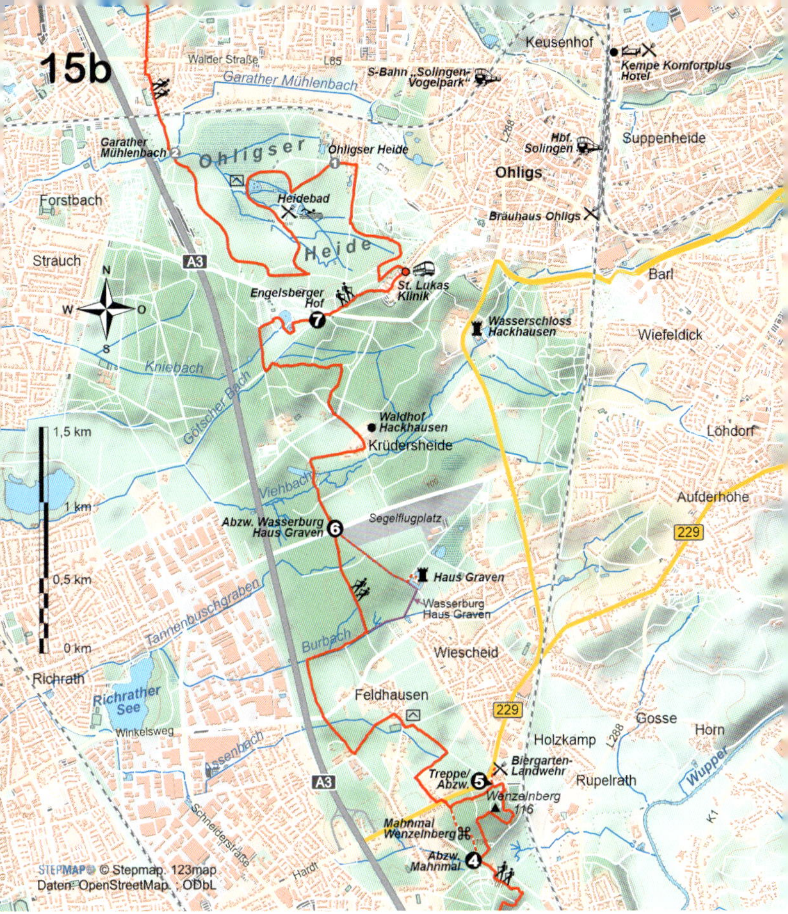

durch den Wald, bis rechts ein Pfad steil auf den Wenzelnberg hinaufführt. Sie halten sich beim Aufstieg zu Langenfelds höchster Erhebung immer auf dem Pfad rechts, parallel zur Kante, bis Sie oben eine ⊼ Bank erreichen. Auf dem Pfad geht es dann an der Bank vorbei wieder hinab und geradeaus weiter bis zum Ende der Geraden. Sie biegen dort links ab und halten sich auch danach mehrmals links, dann führt der Weg nahe einem Sportplatz wieder steil hinauf. Oben gehen Sie den Weg parallel zum Hang. Dann steigen Sie links vorsichtig steil hinab zu einem Seilgeländer. Sie steigen am Seil wieder hinauf und nehmen danach den zweiten Weg links zu einer Treppe ❺.

↳ Rechts führen die Stufen hinab zum ✕ **Biergarten-Landwehr**, er gehört zum Romantik Hotel Gravenberg (➲ 0,1 km).

✕ Biergarten-Landwehr, Elberfelderstraße 45, 40764 Langenfeld, ☎ 021 73/922 00, ✉ chef@gravenberg.de, 💻 www.biergarten-langenfeld.de, 🚪 ca. Mitte April-Ende Okt Mo, Do-Sa ab 17:00, So ab 15:00

Sie ignorieren die Treppen und wandern weiter geradeaus zum Wegende, dann kurz links, direkt wieder rechts und weiter geradeaus bis zur T-Kreuzung vor dem Zaun.

↳ Nach links geht es noch einmal zum Mahnmal Wenzelnberg (➲ 0,2 km).

Sie gehen jedoch rechts zur breiten Elberfelder Straße, wechseln vorsichtig die Straßenseite und laufen links zum Wegweiser. Biegen Sie nun rechts ab und folgen Sie dem Schotterweg, bis rechts ein Feld beginnt. Dort biegen Sie ein und laufen am Feldrand immer geradeaus bis zum Asphaltweg und diesen nach links bis zum Ende.

Dann geht es links zu einer ⌂ Rasthütte in einem Wohngebiet. Gehen Sie dort auf der Straße nach rechts zum Weg Im Mutscheid, auf den Sie links abbiegen. Wandern Sie dann geradeaus durch den Wald zum Wegweiser vor den Gebäuden der Brand Entsorgung GmbH. Sie biegen dort nach rechts und folgen dem Asphaltweg, kreuzen dann vorsichtig die Straße und wandern immer weiter geradeaus.

Sie passieren ein Feld und Weiden, am Ende geht es in einer Kurve in einen Wald hinein. Dort wandern Sie immer am Bach entlang, bis Sie an einer Kreuzung auf ein Schild mit der Aufschrift „Fußgänger" treffen. Sie biegen nun nach links ab, ignorieren Abzweigungen und wandern immer geradeaus bis zur breiten Haus Gravener Straße ❻.

↳ Hier startet die **Entdeckerschleife „Wasserburg Haus Graven"**, die als recht kurze Entdeckerschleife von hier nur nach Haus Graven, entlang des Burbachs und wieder zurückführt (➲ Länge des Rundwanderwegs: 1,9 km).

↳ Scharf rechts am Flugfeld vom Segelflugplatz entlang geht es zur ♜ **Wasserburg Haus Graven** (➲ 0,6 km).

♜ Haus Graven ist eine Wasserburg in Langenfeld. Das heutige Gebäude stammt aus dem 17. Jahrhundert, die Historie von Haus Graven reicht jedoch noch einige Hundert Jahre weiter zurück. Der Verein Wasserburg Haus Graven kümmert sich um die kulturelle Nutzung der Anlage.

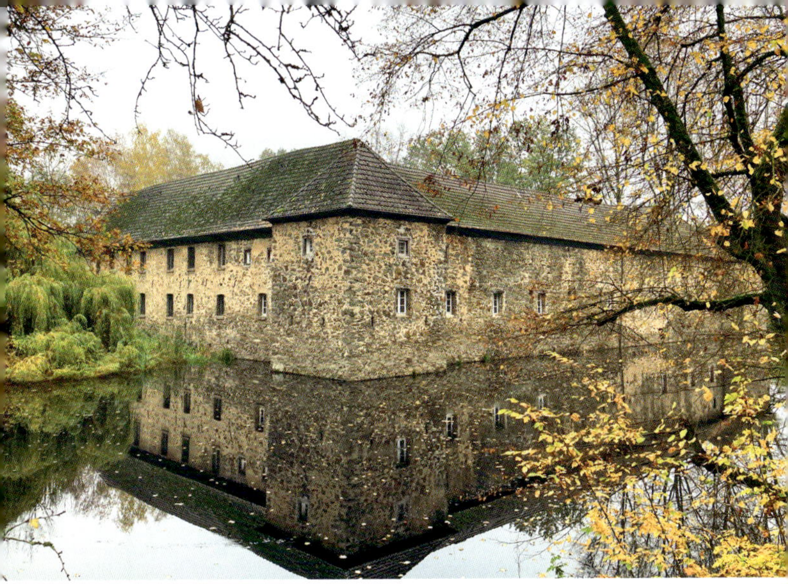

Wasserburg Haus Graven

Sie kreuzen jedoch die Hauptstraße vorsichtig und folgen gegenüber dem Straßenverlauf, dabei ignorieren Sie die Rechtsabzweigungen. Es geht über den Viehbach zu einem Fachwerkhaus. Dort biegen Sie nach rechts auf den Weg zwischen den Weidezäunen ab. Er führt zum malerischen Ortsteil Krüdersheide, auf der Grenze von Langenfeld und Solingen. Laufen Sie nach links entlang der Fachwerkhäuser und biegen Sie an der Kreuzung links ab. Der Asphaltweg führt geradeaus am Herrenhaus vom **Waldhof Hackhausen** vorbei zu einem Schotterparkplatz. Dort biegen Sie hinter der Schranke nach rechts ab, ignorieren Abzweigungen und folgen dem Weg in den Wald hinein zu einer T-Kreuzung mit ⩩ Bank, wo es nach links weitergeht. Folgen Sie dann dem breiten Waldweg, an der ersten Möglichkeit halten Sie sich dabei links, an der zweiten rechts am Poller vorbei. Dahinter gehen Sie den Asphaltweg ein Stück nach links, biegen dann rechts ab und laufen geradeaus den Hügel hinauf. Oben geht es nach rechts zum Spielplatz und rechts an diesem vorbei in den Park hinein. Sie wandern geradeaus über die Kreuzung und halten sich an der Gabelung rechts am See entlang, vorbei an der abgesperrten Brücke und dem Sitzpilz.

Dahinter geht es links um den See herum. Auf der anderen Seite der Brücke biegen Sie rechts ab und laufen dann geradeaus bis zur Kreuzung vor dem Steinpoller, wo Sie links abbiegen. Zu Ihrer Linken liegt nun die Schlesische Schenke im **Engelsberger Hof ❼**.

Sie gehen geradeaus weiter, kreuzen vorsichtig die Hauptstraße und wandern neben der Bank den Waldweg immer geradeaus den ganzen Hügel hinauf. Das Gebiet wird auch zum Mountainbiken genutzt. Oben biegen Sie nach rechts und folgen dem Verlauf vom wurzeligen Pfad bis zum Waldende. Es geht nun hinab zur Wendeschleife und dahinter die Schwanenstraße nach links zum Etappenziel in Solingen-Ohligs, der **Bushaltestelle „St. Lukas Klinik, Solingen"** (Schwanenstraße 132, 42697 Solingen).

Ein Wegweiser hinter der Haltestelle zeigt die Richtung, in der Sie über den Friedhof in das Zentrum von Solingen-Ohligs gelangen (1,4 km).

Solingen

Kempe Komfortplus Hotel, Caspersbroicher Weg 3, 42697 Solingen-Ohligs, 02 12/235 30, solingen@kempehotels.de, www.kempehotels.de, Ü ab € 50, F € 8

Bräuhaus Ohligs, Kieler Straße 1-3, 42697 Solingen-Ohligs, 02 12/23 37 53 25, info@braeuhaus.net, www.braeuhaus.net, Mo-Sa, Fei ab 17:00

Bushaltestelle „St. Lukas Klinik, Solingen", Busverbindung nach Solingen Hbf

Solingen Hbf, 1,7 km vom Etappenziel, Bahnverbindung z. B. mit RB48 nach Wuppertal (Barmen, Hbf, Vohwinkel), Haan-Gruiten, Haan, Leichlingen, Leverkusen-Opladen, Köln Hbf; S-Bahnhof Solingen-Vogelpark, 1,5 km vom Etappenziel, Bahnverbindung mit S1 nach Essen Hbf, Mühlheim Hbf, Duisburg Hbf, Düsseldorf (Flughafen Bf, Unterrath, Hbf), Hilden, Solingen Hbf

Die „Klingenstadt" Solingen im Bergischen Land hat rund 160.000 Einwohner. Bereits im Mittelalter spezialisierte man sich hier auf die Herstellung von Messern, Schwertern und anderen Schneidwaren (17. Etappe, S. 152). Die Großstadt entstand allerdings erst im vergangenen Jahrhundert. 1929 wurden die Städte Solingen, Wald, Gräfrath, Höhscheid und Ohligs zur Großstadt Solingen vereinigt. 1975 kam noch Burg dazu. Das Solinger Stadtgebiet ist bis heute durch die alten Siedlungskerne geprägt. So hat auch Ohligs, wo die heutige Etappe endet, mit der Düsseldorfer Straße eine eigene Fußgängerzone mit historischen Gebäuden und Geschäften, Restaurants und Cafés. Dort befindet sich auch der Solinger Hauptbahnhof.

Etwas abseits liegen in Ohligs die kurze Straße Maubes mit hübschen Fachwerkhäusern und das Wasserschloss Hackhausen. Die Solinger Highlights sind jedoch weit weg: Neben der malerischen Altstadt von Gräfrath (17. Etappe, S. 155) ist das die 1897 eröffnete Müngstener Brücke, die höchste Eisenbahnbrücke Deutschlands, und Schloss Burg, die größte rekonstruierte Burganlage in NRW.

16. Etappe: Solingen – Haan

16,3 km, 4 Std. 30 Min., 510 m, 521 m, 63-120 m

0,0 km	109 m	Solingen, Bushaltestelle „St. Lukas Klinik, Solingen"
1,5 km	79 m	Ohligser Heide
4,5 km	78 m	Garather Mühlenbach
5,5 km	65 m	Abzweig Hilden-Mitte (1,8 km)
7,8 km	86 m	Trimm-dich-Pfad
10,0 km	80 m	Stadtwaldteich
13,8 km	88 m	Schäferhundeverein
15,2 km	106 m	Sandberg
16,3 km	98 m	Haan, Bushaltestelle „Pütt, Haan"

Nach dem Start in Solingen-Ohligs geht es recht bald in die Ohligser Heide, wo Sie Waldgebiete und offene Heidelandschaften durchwandern. Anschließend spazieren Sie durch ein Hildener Wohngebiet und um die Waldkaserne herum. Danach geht es in den Hildener Stadtwald. Sie wandern zum Stadtwaldteich und am idyllischen Bachlauf vom Hoxbach entlang. In der Hildener Heide erwarten Sie weitere Waldwege und ein Aufstieg zum Sandberg. Von dort geht es hinab zum Etappenziel Haan-Hülsberg.

Holzsteg in der Ohligser Heide

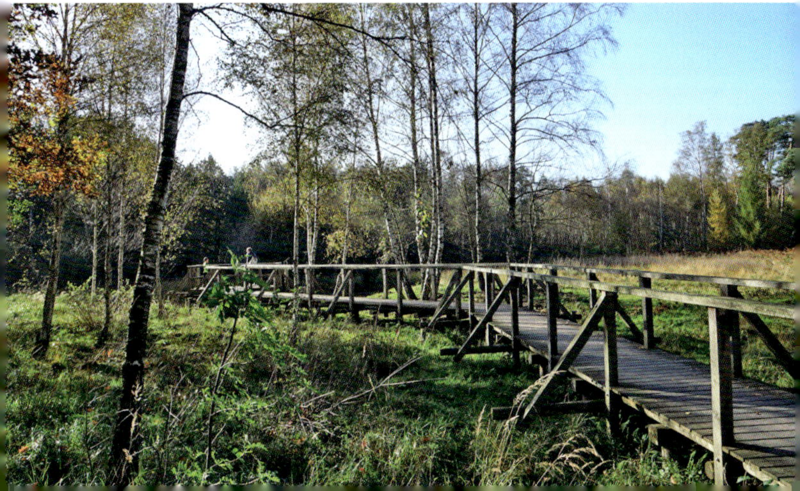

☺ Vom S-Bahnhof Solingen-Vogelpark aus ist die Etappe mit einigen extra Kilometern auch gut als Rundweg machbar.

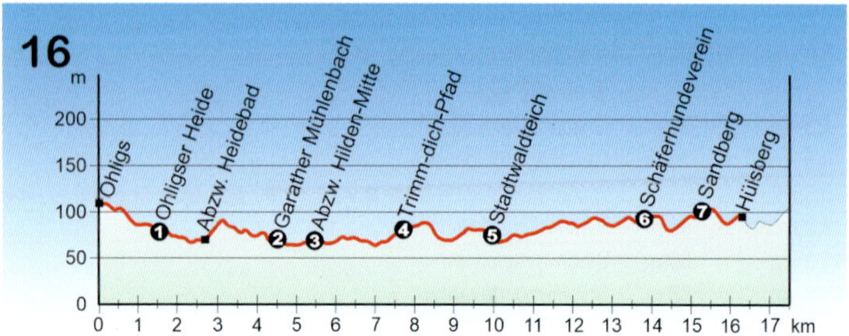

Die 16. Etappe beginnt in Solingen-Ohligs an der **Bushaltestelle „St. Lukas Klinik, Solingen"** (Schwanenstraße 132, 42697 Solingen). Am Wegweiser nahe der Bushaltestelle biegen Sie auf den Pfad, der in den Solinger Stadtwald hinabführt. Ignorieren Sie die erste kleine Abzweigung und steigen Sie dann rechts auf dem etwas breiteren Weg hinab bis zur Bank im Tal. Dort biegen Sie auf den breiten Waldweg nach rechts. Sie ignorieren die zwei Rechtsabzweigungen und folgen dem Weg, der dann an einem Zaun entlangführt. An der nächsten Möglichkeit geht es auf dem Weg nach rechts weiter, vorbei an Bänken und dem Waldfriedhof, zu einer asphaltierten Straße. Sie biegen nach links ab und gehen geradeaus entlang der Häuser. Rechts befindet sich dann ein Parkplatz, links eine Infotafel zum Naturschutzgebiet **Ohligser Heide ❶**.

Ohligser Heide

Die Ohligser Heide ist ein Naturschutzgebiet in Solingen-Ohligs. Neben der typischen offenen Heidelandschaft mit niedrigen Heidekrautgewächsen ist das Gebiet heute in Teilen bewaldet. Es finden sich Birkenmoorwaldbestände sowie Pappeln, Roteichen, Lärchen und Fichten. Die Heideflächen, Bruchwälder, Heidebäche und -weiher verteilen sich über das Naturschutzgebiet. Es ist der Lebensraum seltener Tier- und Pflanzenarten. Um die ursprünglich größeren Heideflächen wieder aufleben zu lassen, werden Waldflächen mit standortfremdem Mischwald gerodet. Inmitten der Ohligser Heide liegt seit 1928 – einige Jahre bevor das Areal zum Naturschutzgebiet wurde – das Heidebad. An dem Freibad mit einem 50-m-Sport- und einem Nichtschwimmerbecken scheiden sich die Geister. Die Badegäste lieben es – Naturschützer wollten es abreißen lassen. Bei einem Bürgerentscheid setzten sich die Befürworter des Schwimmbads durch. Übrigens: Auch Hilden hat eine Heide. Durch die Hildener Heide mit dem Sandberg führt der spätere Etappenverlauf.

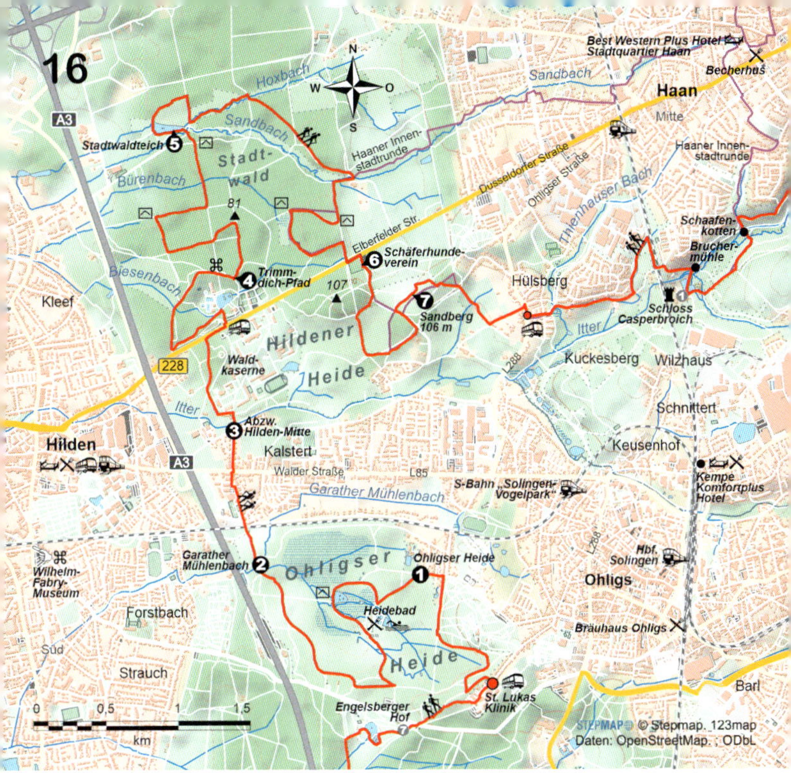

Es geht neben der Infotafel auf den abzweigenden Weg in die Ohligser Heide. Laufen Sie geradeaus zum Wegweiser und biegen Sie erst dann rechts ab. Sie ignorieren nun alle Abzweigmöglichkeiten und folgen dem Wegverlauf, dabei passieren Sie eine Rasthütte am Drei-Insel-Teich und gelangen an einen Holzsteg am Heideweiher. Gehen Sie auf dem Weg weiter am Holzsteg vorbei.

Links ab geht es nun zum **Kiosk & Imbiss im Heidebad** (0,1 km).

Kiosk & Imbiss im Heidebad, Langhansstraße 100, 42697 Solingen, 01 76/64 85 30 03 (auch Whatsapp), teamkliemt@icloud.com, www.facebook.com/heidebadsolinger (dort aktuelle Infos zu Öffnungszeiten beachten), Sommer (Badsaison) täglich 10:30-19:00, ca. März-Mai und Okt-Nov Sa, So, Fei 12:00-17:00 (bei schönem Wetter), Dez-Feb geschlossen, Kaffee, Kuchen, Sa Pizza, So Paella

Sie folgen weiter dem Schotterweg an einer ⚲ Bank vorbei und über die offene Heide. Halten Sie sich am Waldbeginn dann links und laufen Sie den breiten Weg durch den Wald zu einer Kreuzung. Dort geht es scharf rechts auf einen schmalen Weg. Am Wegende geht es nach rechts, dann halten Sie sich direkt zweimal links und folgen dem Verlauf weiter durch den Wald. Es geht nun rechts aus dem Wald hinaus und wieder über die offene Heide. Ignorieren Sie alle Abzweigmöglichkeiten. Mehrere ⚲ Bänken bieten sich hier für eine Pause an, an Wochenenden kann es allerdings voll werden. Der Weg führt dann wieder durch einen Wald, bis es rechts zu einer Holzbrücke über den **Garather Mühlenbach** geht ❷.

Am Brückenende gehen Sie links zum Wegweiser.

↳ Nach links führt hier ein Zubringer nach Hilden-Süd 🚆 (➲ 2,1 km).

Sie biegen am Wegweiser jedoch nach rechts ab und wandern dann immer geradeaus aus der Ohligser Heide heraus zu einer Bahnunterführung. Dort geht es von Solingen unter den Gleisen hindurch nach Hilden. Wandern Sie nun geradeaus durch das gesamte Wohngebiet. Dabei nehmen Sie zunächst den gepflasterten Weg Am Heidekrug. Am Tennisclub Hilden geht es dann entlang der Spielgeräte. Hinter den Spielgeräten biegen Sie links ab und folgen dem Straßenverlauf zur breiten Walder Straße, nahe der 🚌 Bushaltestelle „Heidekrug, Hilden“ (Busverbindung nach S-Bahnhof Hilden Süd und Solingen Hbf). Sie kreuzen die Straße an der Ampel und gehen weiter geradeaus durch das Wohngebiet zu einem Wegweiser ❸.

↳ Nach links führt ein Zubringer nach **Hilden, Stadtmitte** 🛏 ✕ 🛒 ⌘ 🚌 🚆 (➲ 1,8 km) – dort befindet sich auch das ⌘ Wilhelm-Fabry-Museum und die historische Kornbrennerei (☞ S. 106).

Sie gehen jedoch auch hier weiter geradeaus, überqueren die Itter und treffen am Straßenende auf das grüne Tor der Waldkaserne, in der unter anderem das Ausbildungsmusikkorp der Bundeswehr untergebracht ist. Nun geht es einmal um das große Kasernenareal herum. Dafür biegen Sie vor dem Tor nach links und laufen am Prießnitz-Kneipp-Verein vorbei. Ein Reitweg kreuzt, danach biegen Sie an der ⚲ Bank rechts ab und folgen dem Waldweg geradeaus über die Kreuzung ⚲ bis zur breiten Elberfelder Straße. Dort geht es rechts zur Ampel vor der 🚌 Bushaltestelle „Waldschenke, Hilden“ (Busverbindung nach S-Bahnhof Hilden und Bahnhof Haan), von wo ein Blick auf die Waldkaserne geworfen werden kann. Sie gehen nun über die Fußgängerampel, anschließend rechts über die Straße und links zum Wegweiser.

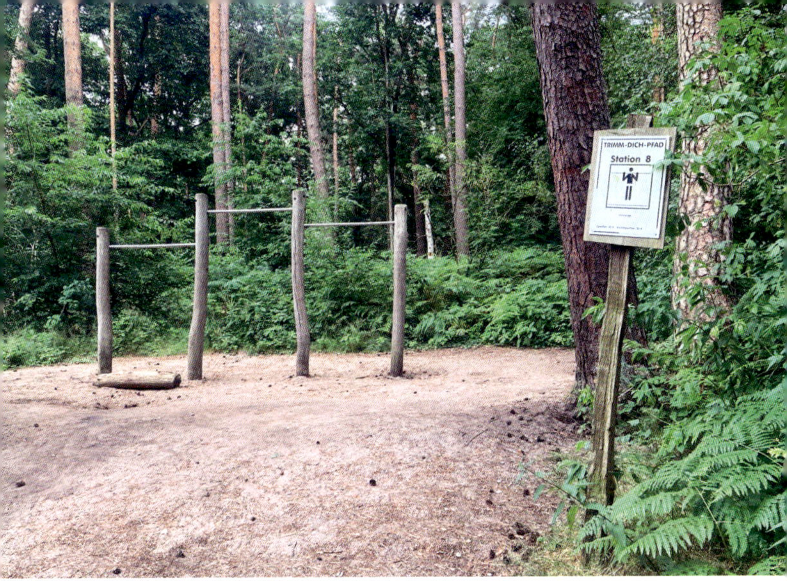

Trimm-dich-Pfad

Sie laufen am Wegweiser geradeaus den Asphaltweg entlang in den Hildener Stadtwald. Vor dem Teich folgen Sie dann am Wegweiser links dem Pfad, parallel zu Parkplätzen, bis er nahe einer Hauptstraße auf einen breiten Waldweg mündet, auf den Sie nach scharf rechts abbiegen. Sie wandern nun immer geradeaus und ignorieren alle abzweigenden Wege, passieren das Denkmal des Stadtwald-Stifters Ferdinand Lieven (1839-1902) und erreichen eine große Gabelung. Dort befindet sich eine hölzerne Infotafel mit Hinweisen zum **Trimm-dich-Pfad** im Stadtwald ❹.

Trimm-dich-Bewegung

Der neanderland STEIG hat bereits auf der 9. Etappe einen Trimm-dich-Pfad passiert. Die Parcours, bei denen sich in einem gewissen Abstand robuste Trainingsgeräte wie Klimmzugstangen und Hangelstrecken aneinanderreihen, gibt es bereits seit den 1970er-Jahren in Deutschland. Die Idee stammte aus der Schweiz, die massenweise Errichtung ging jedoch auf die vom Deutschen Sportbund initiierte Trimm-dich-Bewegung zurück. Als Maßnahme gegen Übergewicht, Schlaganfälle und Kreislauferkrankungen sollte damals die Bevölkerung zu mehr Bewegung animiert werden. Vier mehrjährige Kampagnen mit dem Maskottchen Trimmy, einem fröhlichen Männchen mit hochgerecktem Daumen, wurden durchgeführt. 1970 startete alles mit der Kampagne „Trimm Dich durch Sport“,

1975 folgte „Ein Schlauer trimmt die Ausdauer“, 1979 kam „Spiel mit – da spielt sich was ab“ und 1983 schloss sich „Bewegung ist die beste Medizin“ an. Das Ganze löste einen regelrechten Fitnessboom aus – im ersten Jahrzehnt folgten den Aufrufen zu sportlicher Betätigung bereits über acht Millionen Menschen. Im Zuge der Trimm-dich-Bewegung setzten die Sportvereine neue Programme um und die Kommunen richteten Trimm-dich-Pfade ein. Der Parcours im Hildener Stadtwald hat insgesamt 20 beschilderte Stationen, von denen Sie mehrere passieren.

Sie halten sich an der Gabelung links und folgen dem breiten Waldweg an Stationen vom Trimm-dich-Pfad vorbei. Wenn links ein Weg abzweigt, gehen Sie geradeaus den kleinen Hügel hinauf. Oben geht es nach links auf den schmalen Wanderweg, der dann wieder hinab zu einer Kreuzung mit Wegweiser führt. Sie laufen nun Richtung „Stadtwaldteich“ den breiten Weg durch den Wald zu einer Kreuzung, biegen nach rechts ab und wandern weiter zu einer ⌂ Rasthütte am Waldrand. Nun geht es rechts entlang auf dem breiten Waldweg zu einer Kreuzung. Sie biegen nach links ab und folgen dem Weg, geradeaus über eine Kreuzung mit ⌂ Rasthütte hinweg, bis links ein Weg abzweigt. Dort geht es über die kleine Brücke zum **Stadtwaldteich** ❺ ⊼.

Stadtwaldteich

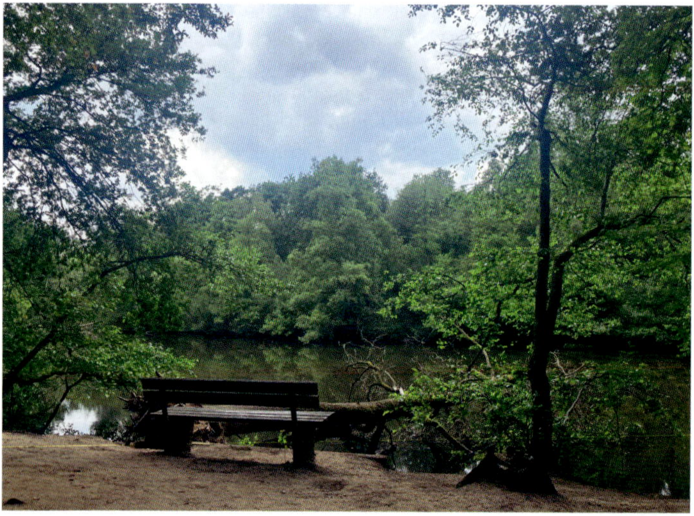

Sie laufen am Teich entlang bis zum Weidezaun und biegen nach rechts ab. Es geht auf dem Weg weiter am Teich entlang und zu einem Wegweiser ⩩, wo Sie wieder rechts abbiegen. Folgen Sie nun diesem Weg, bis er an einem Geländer den Hoxbach überquert. Direkt dahinter biegen Sie links ab. Der Wanderweg führt am idyllischen Bachlauf entlang, auf Steinen über den Bach und weiter zu einer T-Kreuzung mit Wegweiser. Sie gehen kurz rechts und an der ⩩ Bank direkt wieder links. Dann folgen Sie dem Waldweg, sich immer geradeaus haltend, bis zum Ende an einem Wegweiser vor einer Wiese ⩩. Dort geht es rechts hinab über den Sandbach und dahinter wieder rechts. Laufen Sie nun am Bach entlang bis zur ersten Abzweigung, wo es für Sie nach links geht. Sie folgen dem Wegverlauf zur ⌂ Rasthütte, biegen nach rechts ab und wandern auf dem Waldweg zu einer weiteren ⌂ Rasthütte mit einem roten Hydranten, wo Sie links abbiegen. Der Weg schlängelt sich nun, vorbei an einer ⩩ Bank, durch den Wald. An der T-Kreuzung am Ende geht es dann rechts zur breiten Elberfelder Straße. Sie wechseln vorsichtig die Straßenseite, laufen entlang der Hauptstraße nach links und biegen dann rechts zum Parkplatz vom Hildener **Schäferhundeverein ❻** ab.

Nun geht es schräg links zur Hundewiese, an der ⩩ Bank rechts und an der Kreuzung danach geradeaus am Spielplatz vorbei. Sie biegen dann schräg rechts in den Wald der Hildener Heide ein und laufen geradeaus zur großen Kreuzung ⩩. Dort folgen Sie links dem breiten Waldweg leicht abwärts zu einer kleinen Brücke mit Steinrändern. Sie halten sich hinter der Brücke und an der ⩩ Bank danach links, an der Gabelung dann rechts.

Ignorieren Sie nun Abzweigungen und folgen Sie dem Wegverlauf entlang einer Wiese und wieder in den Wald hinein zu einer Kreuzung. Nun biegen Sie nach links und laufen dann geradeaus bis zu einer kleinen Lichtung, wo rechts zwei Wege abzweigen. Nehmen Sie davon den ersten Weg den Hildener ✿ **Sandberg ❼** hinauf.

✿ Der aus der Eiszeit stammende, 106 m hohe Sandberg bildet den Übergang zwischen Rheinebene und Bergischem Land. Zahlreiche Zauneidechsen leben auf dem Berg in der Hildener Heide. Auch wenn die Heideflächen am Sandberg in den vergangenen Jahrzehnten erheblich kleiner geworden sind, sind es noch immer die größten im Kreis Mettmann.

Oben geht es auf dem mittleren Weg zum Schotterweg und dort rechts zu einer Kreuzung. Sie biegen nun rechts und danach links ab, es geht ein paar Schritte am grünen Zaun entlang. Dann steigen Sie rechts auf dem Pfad ganz hinab. Unten geht es über die Kreuzung zum Weidezaun und dann rechts zwischen den Holzzäunen hindurch am Hof vorbei zu einer rot-weißen Barriere.

Sie biegen dort auf den Asphaltweg nach links ab und laufen geradeaus auf das Stadtgebiet von Haan zur Ohligser Straße, welche Sie vorsichtig zum Wegweiser kreuzen.

Vom Wegweiser führt geradeaus ein Zubringer zum Bahnhof Haan (➲ 2 km, ☞ Etappenende).

Rechts ist schon das Etappenziel im Süden von Haan zu sehen, die **Bushaltestelle „Pütt, Haan“** (Hülsberger Busch & Ohligser Straße, 42781 Haan).

Hier verläuft auch die **Entdeckerschleife „Haaner Innenstadtroute“**, die durch Bachtäler führt und ruhige Oasen mit denkmalgeschützten Gebäuden in der Innenstadt von Haan ansteuert (➲ Länge des Rundwanderwegs: 11,7 km).

Haan

Best Western Plus Hotel Stadtquartier Haan, Neuer Markt 23, 42781 Haan, ☏ 021 29/92 20, info@stadtquartier.nrw, www.stadtquartier.nrw, Ü ab € 80, F € 14-17

Becherhus, Kaiserstraße 47, 42781 Haan, ☏ 021 29/347 50 50, 01 60/698 50 83, team@becherhushaan.de, www.becherhushaan.de, täglich ab 11:00, Küche Mo-Sa 11:30-21:30, So, Fei 11:30-20:30

Bushaltestelle „Pütt, Haan“ (die Busse fahren von den gleichnamigen Haltestellen gegenüber), Busverbindung nach Haan (Markt, Bahnhof), Haan-Gruiten und Solingen (Vogelpark, Hbf)

Bahnhof Haan, ➲ 2 km vom Etappenziel, ☞ siehe auch Abzweig zuvor und Abzweige nächste Etappe, Bahnverbindung mit RB48 nach Wuppertal (Barmen, Hbf, Vohwinkel), Haan-Gruiten, Solingen Hbf, Leichlingen, Leverkusen-Opladen, Köln Hbf; ☞ siehe auch Abzweig nächste Etappe zum S-Bahnhof Solingen-Vogelpark

Die „Gartenstadt“ Haan liegt im Kreis Mettmann und hat rund 30.000 Einwohner. Sie umfasst das Siedlungsgebiet von Gruiten (☞ 17. Etappe, S. 157) im Norden und das von Haan im Süden, wo die heutige Etappe endet. Das Ziel liegt jedoch rund 3 km vom Haaner Zentrum entfernt im Wohngebiet Hülsberg, an der Grenze zu Solingen-Ohligs (☞ 15. Etappe, S. 140). Der Besuch der Stadtmitte von Haan lohnt jedoch allemal. Dort gibt es zahlreiche Baudenkmäler. Der Alte Markt mit seinen Cafés ist sehenswert. Davor verläuft die Kaiserstraße mit dem historischen Rathaus und dem verschieferten Becherhus von 1728. Fachwerkhäuser gibt es auch in der Walder Straße. Etwas abseits Am Nachbarsberg findet sich ab Hausnummer 18 eine kleine denkmalgeschützte Siedlung mit ehemaligen Schleifer- und Weberhäusern. Der Bahnhof Haan liegt zwischen Etappenziel und Stadtzentrum.

17. Etappe: Haan – Haan-Gruiten

11,6 km, 3 Std. 30 Min., ↑ 458 m, ↓ 399 m, ⇧ 91-223 m

0,0 km	⇧ 98 m	Haan, Bushaltestelle „Pütt, Haan“
1,8 km	⇧ 101 m	Schloss Caspersbroich
2,6 km	⇧ 101 m	Schaafenkotten
3,7 km	⇧ 119 m	Abzweig Haan, Stadtmitte (0,9 km)
5,4 km	⇧ 152 m	Abzweig Solingen-Wald ⌘ (1 km)
6,6 km	⇧ 190 m	Naturfreundehaus
7,7 km	⇧ 213 m	Abzweig Solingen-Gräfrath ⌘ (1,8 km)
9,5 km	⇧ 197 m	Polnische Mütze
11,6 km	⇧ 157 m	Haan-Gruiten, Bahnhof ⌘

Von Haan-Hülsberg geht es hinauf zu einem Bahndamm und dann hinab zur Bruchermühle und dem Schloss Caspersbroich. Danach wandern Sie durch das Haaner und Solinger Ittertal. Am Bachlauf liegen mehrere alte Mühlen sowie historische Schleiferwerkstätten, die Solingen zur „Klingenstadt“ werden ließen. Sie passieren Abzweige nach Haan (Stadtmitte), Solingen-Wald und zur Aussichtsplattform am Itterstausee. Danach geht es zum Naturfreundehaus im idyllischen Holzer-Bach-Tal. In Fürkeltrath können Sie dann entscheiden, ob Sie noch einen Abstecher in die historische Altstadt von Solingen-Gräfrath machen wollen oder direkt zum Ziel in Haan-Gruiten wandern.

Schleiferdenkmal in Solingen-Wald

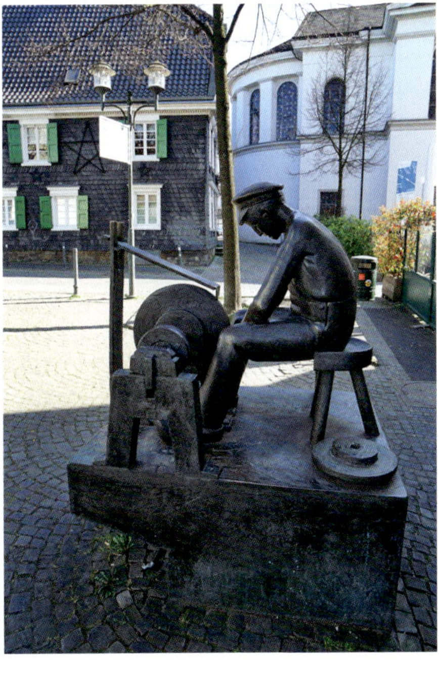

Die 17. Etappe beginnt im Süden von Haan in Hülsberg an der 🚌 **Bushaltestelle „Pütt, Haan"** (Hülsberger Busch & Ohligser Straße, 42781 Haan). Sie biegen von der Ohligser Straße in die Straße Hülsberger Busch und laufen geradeaus durch das Wohngebiet. Wenn die Straße Am Kuckesberg quert, geht es schräg rechts auf dem Schotterweg zu einer Gabelung.

↳ Rechts ab führt ein Zubringer zum 🚆 S-Bahnhof Solingen-Vogelpark (➲ 1,7 km).

🚆 S-Bahnhof Solingen-Vogelpark, Bahnverbindung mit S1 nach Essen Hbf, Mühlheim Hbf, Duisburg Hbf, Düsseldorf (Flughafen Bf, Unterrath, Hbf), Hilden, Solingen Hbf

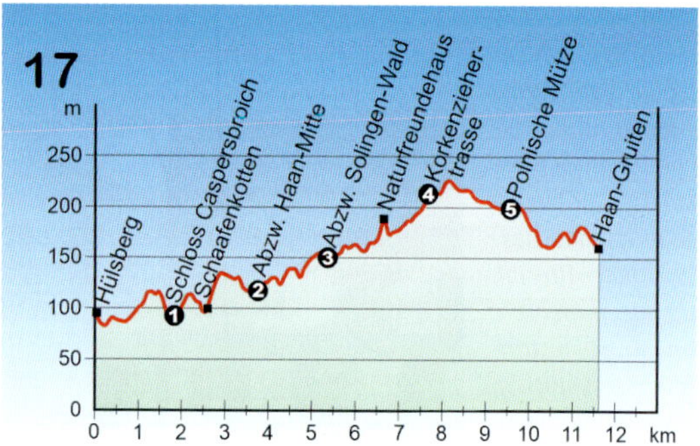

Sie gehen jedoch links über die kleine Brücke, hinter der ein ↳ Zubringer zum 🚆 Bahnhof Haan abzweigt (➲ 1,8 km, ☞ 16. Etappe, S. 148). Sie biegen hinter der Brücke rechts, ignorieren Abzweigungen und wandern immer geradeaus, vorbei an einem Haus, Wiesen und einem Fachwerkhaus. Am Waldbeginn führt neben einem Haus links ein Schotterweg hinauf. Sie ignorieren Abzweigungen und folgen diesem Weg bis zum Ende, zunächst entlang von Grundstücken, dann durch Wald. Dann geht es die Stufen hinauf zu einem Schotterweg am Bahndamm. Sie laufen nun nach rechts bis zum Regenrückhaltebecken, dann links durch die Unterführung und danach rechts die steile Straße Müllersberg hinab. Unten treffen Sie auf die **Bruchermühle**, die früher Wasserkraft zum Mahlen von Getreide nutzte, später ein Ausflugslokal war und heute ein Wohnhaus ist. Sie gehen vor der Mühle durch die Kurve, überqueren auf der Brücke die Itter und laufen entlang des Zauns von **Schloss Caspersbroich ❶**.

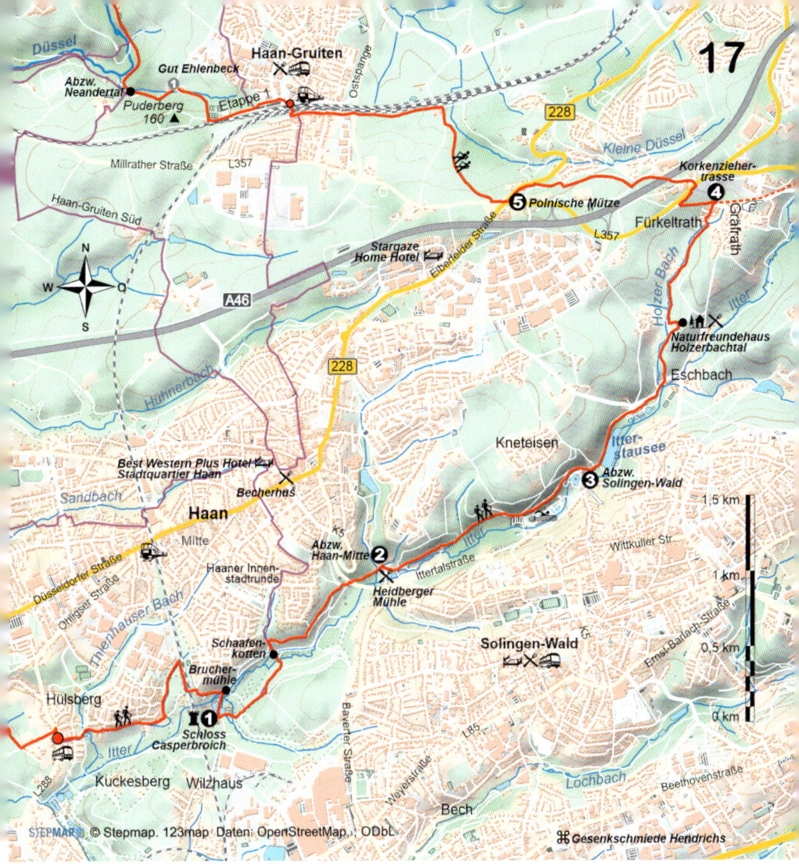

♜ Schloss Caspersbroich ist ein in Privatbesitz befindliches und zum Wohnen genutztes Schloss in Solingen-Ohligs. 1472 wurde Schloss Caspersbroich in der Nähe eines Vorgängerbaus errichtet. Berühmtester Schlossbewohner war Alfred Herrhausen, der 1989 durch ein Bombenattentat ermordete Vorstandssprecher der Deutschen Bank. Zu der Tat bekannte sich die RAF.

Nahe dem Schlosseingang biegen Sie links ab. Es geht über eine Holzbrücke und dahinter links hinauf. Sie wandern den Schotterweg geradeaus an den Abzweigungen ⛼ vorbei und am Feld entlang. Folgen Sie dem Weg dann wieder in den Wald hinab. An der zweiten ⛼ Bank im Wald steigen Sie links den Pfad hinab zur kleinen Itterbrücke, welche Sie zum Fachwerkhaus **Schaafenkotten** überqueren.

Schleifkotten im Ittertal

Die „Klingenstadt“ Solingen und das Umland sind seit dem Mittelalter ein bedeutendes Zentrum der Herstellung von Schneidwaren, z. B. von Schwertern, Messern und Scheren. Der Ursprung dieser Industrie lag in den Bachtälern, da dort mit Wasserkraft die benötigte Energie erzeugt werden konnte. Die Wasserräder trieben die Fallhämmer der Schmieden und die rotierenden Schleifsteine der kleinen Schleiferwerkstätten an, die auch Schleifkotten genannt werden. Der neanderland STEIG führt nun vorbei an mehreren ehemaligen Kotten durch das Haaner und Solinger Ittertal. Am Schaafenkotten wurden jahrhundertelang aus geschmiedeten Rohlingen Rasiermesser und anderes geschliffen, heute ist der Obergraben der Anlage zugeschüttet, das Fachwerkhaus jedoch erhalten. Als Nächstes passieren Sie einen Abzweig zur Breidenmühle, die bereits 1544 urkundlich erwähnt wurde und in späteren Jahren ebenfalls als Schleifkotten diente. Hinter dem Ausflugslokal Heidberger Mühle liegen dann die ehemaligen Schleifereien Ernenkotten, heute ein Airbnb-Appartement, und Bastianskotten, wo neben Rasiermessern auch Taschenmesser und Gabeln geschliffen wurden. Anschließend verlassen Sie Haan über den Klingenpfad nach Solingen, wo Sie das Fachwerkhaus des Zieleskotten und die Bausmühle passieren, die vor ihrer Umwandlung zur Mühle auch ein Kotten war. Übrigens: Im Süden von Solingen, im Tal der Wupper, können zwei historische Kotten besucht werden – die Schleiferei Wipperkotten (💻 www.schleiferei-wipperkotten.de) und das Scheifermuseum Balkhauser Kotten (💻 www.balkhauser-kotten.de). Beachten Sie jedoch die aktuellen Infos zum Stand der Hochwasserschäden.

An der Kreuzung hinter dem Fachwerkhaus nehmen Sie den breiteren Schotterweg, der rechts neben der ⛼ Bank in den Wald hinauf zu einem Wegweiser führt.

↳ Geradeaus führt hier ein Zubringer zum 🚆 Bahnhof Haan (➲ 1,3 km, ☞ 16. Etappe, S. 148).

Sie biegen jedoch nach rechts ab und folgen immer dem Verlauf vom breiten Weg an mehreren ⛼ Bänken vorbei bergauf und bergab durch den Wald zu einem Parkplatz. Dort gehen Sie rechts zum Wegweiser an der breiten Ittertalstraße.

↳ Scharf rechts geht es von hier zur Breidenmühle (➲ 0,2 km).

Sie überqueren jedoch vorsichtig die Ittertalstraße und laufen gegenüber auf dem Schotterweg weiter über eine Brücke bis zur asphaltierten Querstraße ❷.

↳ Links entlang führt nun ein Zubringer in die Stadtmitte von Haan (➲ 0,9 km, ☞ 16. Etappe, S. 148).

Sie biegen allerdings nach rechts zur ✕ Heidberger Mühle.

✕ Restaurant Heidberger Mühle, Walder Straße 50, 42781 Haan, ☎ 021 29/24 14, info@heidberger-muehle.de, www.heidberger-muehle.de, Di-So ab 12:00

Laufen Sie auf der linken Seite an der Heidberger Mühle entlang und geradeaus zur Einfahrt. Dort geht es am Geländer in den Wald hinauf. Sie passieren Ernenkotten und Bastianskotten, die rechts unterhalb von Ihnen liegen, und erreichen einen kleinen Waldplatz mit Quelle, die allerdings kein Trinkwasser führt. Wandern Sie geradeaus weiter auf dem Klingenpfad auf Solinger Stadtgebiet und folgen Sie dem Wegverlauf durch den Wald zu einem Asphaltweg. Dort geht es ein paar Schritte nach rechts und dann direkt auf den schräg links bergauf führenden Schotterweg. Folgen Sie dem Weg, er führt parallel zum Freizeitzentrum Ittertal durch den Wald und dann bergab zu einer Straße mit Wegweiser ❸.

↳ Rechts ab führt ein Zubringer nach **Solingen-Wald** ✕ ⌘ (➲ 1 km). In der Nähe der Walder Kirche finden sich Fachwerkhäuser und ein Schleiferdenkmal.

☺ Hinter Solingen-Wald, im Solinger Stadtteil Merscheid, liegt das ⌘ LVR-Industriemuseum Gesenkschmiede Hendrichs, das einen Besuch wert ist (➲ 2,8 km).

⌘ Im 19. Jahrhundert wurde in Solingen statt der Wasserkraft zunehmend auch die Dampfmaschine als Antrieb für Fallhämmer und Schleifsteine genutzt. Die Produktionsstätten verlagerten sich daher aus den Bachtälern an verkehrsgünstiger gelegene Orte, wie Solingen-Merscheid, wo die Gesenkschmiede Hendrichs ab 1886 Scherenrohlinge herstellte. Im alten Fabrikensemble befindet sich heute ein LVR-Industriemuseum.

♦ LVR-Industriemuseum Gesenkschmiede Hendrichs, Merscheider Straße 289-297, 42699 Solingen, ☎ 02 12/23 24 10, industriemuseum-solingen@lvr.de, www.industriemuseum.lvr.de, Di-Fr 10:00-17:00, Sa, So 11:00-18:00, Erwachsene € 5,50, ermäßigt € 4,50, Kinder und Jugendliche Eintritt frei, 1. Freitag im Monat Eintritt frei

Sie biegen jedoch nach links, ignorieren dann die Abzweigung zum Haus und laufen geradeaus zu einer Abzweigung mit Barrieren.

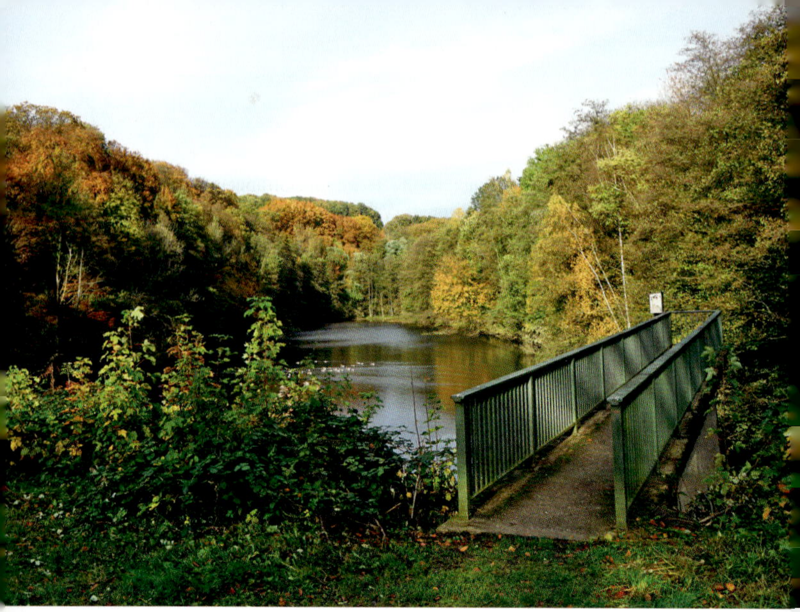

Itterstausee

↳ Rechts liegt hier eine Aussichtsplattform am Itterstausee (➲ 0,1 km).

Sie folgen allerdings dem Wanderweg oberhalb des Stausees immer weiter geradeaus bis zur Kotzerter Straße. Dort geht es entlang der breiten Straße bergab am Fachwerkhaus Zieleskotten vorbei zur Bausmühle und dem Wegweiser auf der linken Straßenseite.

☺ Hier trifft der Bergische Weg wieder auf den neanderland STEIG.

Sie biegen am Wegweiser in den Wald ein, wandern am Zaun entlang und folgen dann dem Waldweg geradeaus, bis er sich gabelt. Dann steigen Sie leicht rechts den Pfad hinauf zum **Naturfreundehaus Holzerbachtal**.

Naturfreundehaus Holzerbachtal, Eipaßstraße 25b, 42719 Solingen-Wald, ☏ 02 12/31 37 91, info@naturfreundehaus-holzerbachtal.de, www.naturfreundehaus-holzerbachtal.de, Ü Kinder ab € 15, Jugendliche ab € 20, Erwachsene ab € 25, Appartement ab € 30, Ferienwohnung ab € 40, Vereinsheim April-Okt So 11:00-17:00, Imbiss, Tagesgericht, Kaffee, Kuchen

Nach den Stufen vor dem Naturfreundehaus geht es zunächst links, dann wieder links und steil hinab durch den Wald zu einer ⩲ Bank. Dort biegen Sie rechts auf den Wanderweg an der Bank und folgen ihm durch das idyllische Holzer-Bach-Tal. An dem rot-weißen Poller kreuzen Sie die Straße und folgen weiter geradeaus dem Wegverlauf. Es geht durch Wald und dann an einem Zaun entlang zu einer kleinen Linksabzweigung mit Brücke. Sie überqueren diese ins Wohngebiet und biegen dort nach rechts. Folgen Sie dem Weg geradeaus hinauf durch den Solinger Ortsteil Fürkeltrath, vorbei an einer ehemaligen Fabrik. Oben treffen Sie auf die **Korkenziehertrasse ❹**. Die Korkenziehertrasse ist eine frühere Bahntrasse, die zu einem Fuß- und Radweg umgebaut wurde (☞ 6. Etappe, S. 63).

↳ Von hier können Sie einen Abstecher in den historischen Stadtkern von **Solingen-Gräfrath** 🛏 ✕ ☕ ⌘ 🚌 (☞ 4. Etappe, S. 51) machen. Folgen Sie dafür der Korkenziehertrasse nach rechts. Nehmen Sie sich vor den Radfahrern in Acht und wandern Sie bis zum Metallschild mit der Inschrift „Standort Walder Straße". Dort gehen Sie rechts den Pfad hinab und unten rechts durch die Unterführung. Dahinter kreuzen Sie vorsichtig die Hauptstraße und laufen weiter geradeaus in die Altstadt. Die Straße In der Freiheit führt dann nach links zum Gräfrather Markt mit historischen Gebäuden und ✕ Restaurants. Über die Kirchtreppe können Sie dort zum **⌘ Deutschen Klingenmuseum** aufsteigen (➲ 1,8 km).

Geschichte der Klinge

Die Erfindung von Schneidinstrumenten war für die menschliche Entwicklung fundamental. Zunächst wurden zum Schneiden und Trennen Steinwerkzeuge wie Faustkeile benutzt. Der technologische Fortschritt verbesserte die Instrumente dann zunehmend. In der Bronzezeit wurden schon Dolche und Kurzschwerter hergestellt – das Deutsche Klingenmuseum zeigt einige solcher jahrtausendealten Waffen. Die Bronzeklingen waren allerdings spröde und schlecht zu schleifen. In der Eisenzeit setzte sich daher die geschmiedete Eisenklinge durch. Im Mittelalter hatte das stählerne zweischneidige Schwert einen enormen Stellenwert. In der Neuzeit gewann der Säbel an Bedeutung, da bei Schlachten keine schwere Körperpanzerung mehr getragen wurde. Das Museum zeigt auch eine Waffenart, die nicht für das Schlachtfeld konzipiert war: das schwere Richtschwert. Ein geübter Scharfrichter konnte mit diesem klobigen Schwert die Enthauptung eines Verurteilten mit einem Schlag ausführen. Auf einigen Richtschwertern wurden Sprüche eingraviert oder Symbole wie Räder und Galgen. Übrigens: Das „Kapitalverbrechen" leitet sich vom lateinischen Wort für „Kopf" ab – ein Verbrechen also, das den Kopf kosten konnte. Bis ins 19. Jahrhundert hinein war in Europa die händische Enthauptung durch Scharfrichter eine gängige Hinrichtungsmethode, neben dem Hängen durch Henker.

⌘ Deutsches Klingenmuseum, Klosterhof 4, 42653 Solingen, ☏ 02 12/25 83 60, klingenmuseum@solingen.de, www.klingenmuseum.de, Di-Do und Sa-So 10:00-17:00, Fr 14:00-17:00, Erwachsene € 4,50, ermäßigt € 2, Familienkarte € 9

Sie wandern die Korkenziehertrasse jedoch nach links zum Trassenbeginn am Rammbock. Dort geht es durch die Kurve hinauf zur Ampel an der Hauptstraße L357, wo die Korkenziehertrasse in den PanoramaRadweg Niederbergbahn übergeht. Sie gehen über die Ampel und gegenüber in die Straße Westring. Dort geht es, teilweise auf einem parallel zur Straße führenden Pfad, zur A46-Unterführung. Sie ignorieren hinter der Unterführung die Rechtsabzweigung und laufen geradeaus über die Brücke. Am Ende vom Brückengeländer biegen Sie rechts auf einen schmalen Pfad ab. Dann wandern Sie immer geradeaus entlang der Kleingärten. Ignorieren Sie Abzweigungen, bis ganz am Ende der Kleingärten ein Pfad ein paar Meter nach rechts zu einem Asphaltweg führt. Sie kreuzen den Asphaltweg und folgen direkt dahinter schräg links dem Pfad zur breiten Elberfelder Straße. Laufen Sie nach links an dieser Straße entlang bis zur großen Kreuzung mit Tankstelle. Sie befinden sich wieder auf Haaner Stadtgebiet, die Ortslage wird auch als **Polnische Mütze** bezeichnet ❺.

Wenn Sie weiter geradeaus entlang der Elberfelder Straße bis zur Bushaltestelle „Thienhaus, Haan" und dort schräg rechts über den Parkplatz laufen, erreichen Sie das Stargaze Home Hotel Haan (➲ 0,6 km).

Stargaze Home Hotel, Schallbruch 15, 42781 Haan, ☏ 021 29/92 00, homehotel@stargaze-hotels.de, www.stargaze-hotels.de, EZ ab € 29, DZ ab € 45, F € 7,99

Sie überqueren an der Ampel jedoch die Elberfelder Straße nach rechts und laufen dann geradeaus an der Tankstelle entlang. Dahinter nehmen Sie rechts den kleinen Feldweg. Folgen Sie ihm entlang des Feldrands in Sichtweite zu einer großen Hochspannungstrasse. Es geht dann geradeaus bis zum Feldende und dort nach links zu einem Asphaltweg. Gehen Sie diesen nach rechts bis zum Wegweiser und biegen Sie dann links ab. Sie ignorieren rechts die Unterführung und wandern den Schotterweg geradeaus am Bahndamm entlang. Halten Sie sich an der Gabelung dann rechts und gehen Sie unter der Brücke hindurch und weiter geradeaus zur Kreuzung mit der Gaststätte Keglerheim Förster. Sie kreuzen dann vorsichtig die Querstraße und gehen weiter geradeaus zum Hintereingang vom Gruitener Bahnhof. Durchqueren Sie diesen zum Endpunkt der 17. Etappe und dem Startpunkt der 1. Etappe – dem Vorderausgang vom **P Bahnhof Haan-Gruiten** (Thunbuschstraße 20, 42781 Haan).

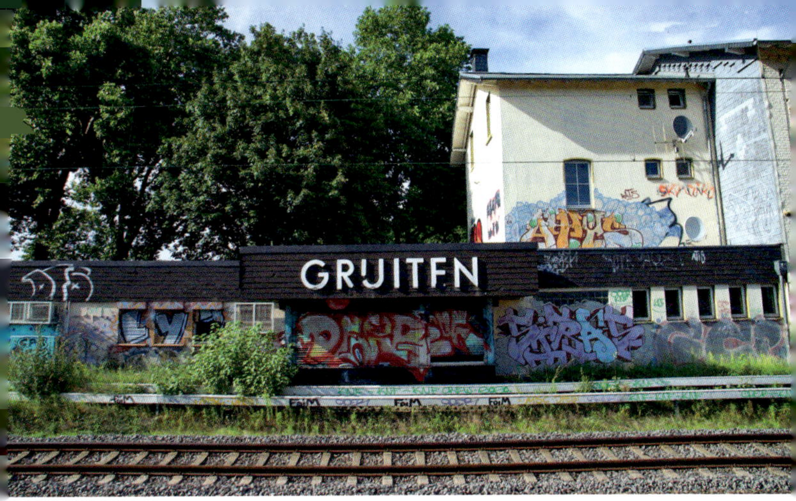

Bahnhof Haan-Gruiten, das Ziel vom neanderland STEIG

Haan-Gruiten

- Venezia Ristorante Pizzeria, Thunbuschstraße 22, 42781 Haan-Gruiten, 021 04/783 61 68, info@venezia-gruiten.com, www.venezia-gruiten.com, Di-So ab 17:30
- Bushaltestelle „Haan-Gruiten", 0,1 km vom Etappenziel, Busverbindung nach Gruiten-Dorf und Haan (Markt, Bahnhof, Pütt), Wuppertal (Vohwinkel, Hahnenfurth/Düssel), Wülfrath (Düssel, Stadtmitte), Mettmann
- Bahnhof Haan-Gruiten, Bahnverbindung z. B. mit RB48 nach Wuppertal (Barmen, Hbf, Vohwinkel), Haan, Solingen Hbf, Leichlingen, Leverkusen-Opladen, Köln Hbf sowie mit S8 auch nach Erkrath und Düsseldorf Hbf

Die heutige Stadt Haan besteht aus dem Haaner Siedlungsgebiet im Süden (16. Etappe, S. 148) und aus dem 1975 eingemeindeten und über lange Zeit vom Kalkabbau geprägten Gruiten im Norden, wo die heutige Etappe endet. Haan-Gruiten besteht wiederum aus zwei Ortsteilen: dem „modernen" Gruiten, wo der Bahnhof und einzelne Restaurants liegen, und dem historischen Gruiten-Dorf (1. Etappe, S. 26). Gruiten-Dorf liegt rund 1,5 km vom Bahnhof entfernt. Es ist ein herausragendes Beispiel für ein altes bergisches Fachwerkdorf. Bei einem Spaziergang zwischen den Fachwerkhäusern fühlt man sich um Jahrhunderte zurückversetzt. Vom erhöht liegenden Friedhof hat man eine schöne Aussicht. Es finden sich viele erhaltene Gebäude, wie das Haus am Quall, die evangelisch-reformierte Kirche oder auch das Bürgermeisterhaus. Info-Tafeln an den Häusern stellen die jeweilige Historie dar.

Index

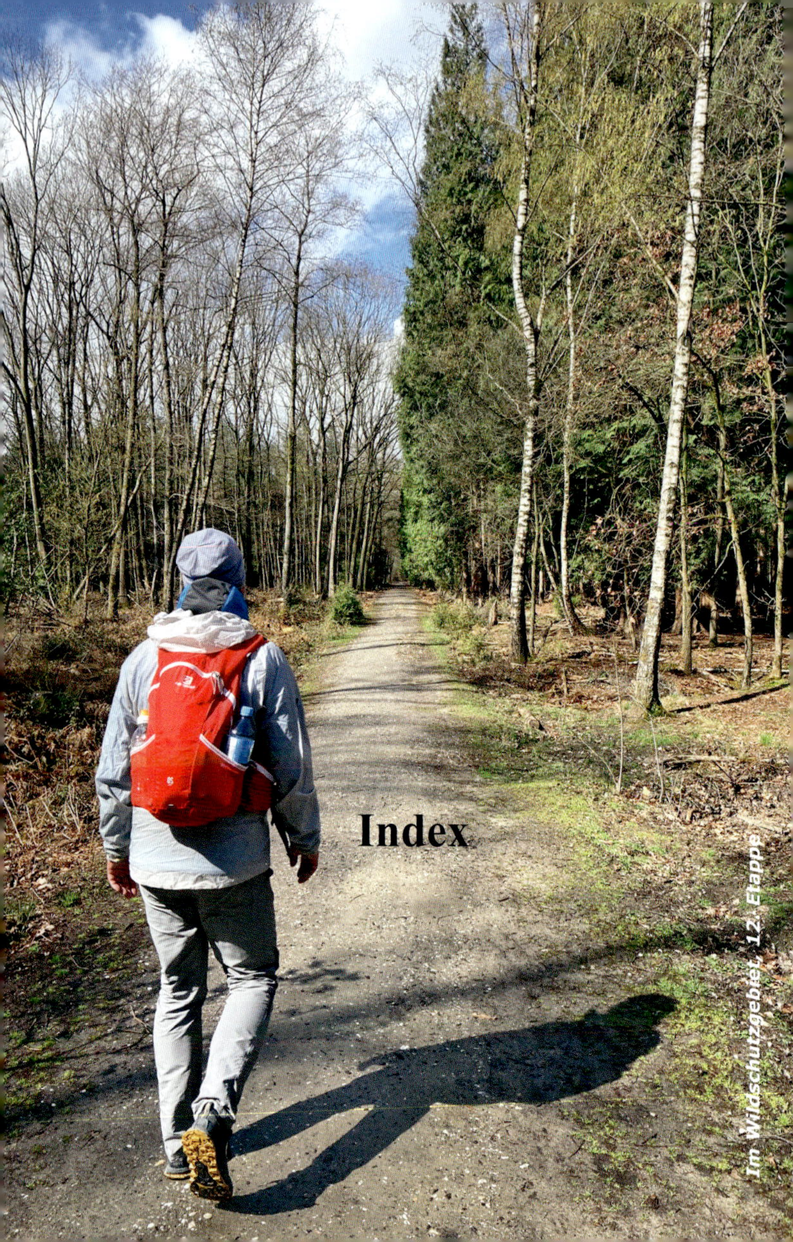

Im Wildschutzgebiet, 12. Etappe

A

B

C/D

E

F

G

H

I/K

L

M

N

O/P

R

S

U

V

W

Z